중년 은행원의
철학, 문학, 글쓰기 창구

자기배려의
인문학

자기배려의 인문학 : 중년 은행원의 철학, 문학, 글쓰기 창구

발행일 초판4쇄 2019년 3월 30일 | **지은이** 강민혁 | **펴낸곳** 북드라망 | **펴낸이** 김현경 |
주소 서울시 종로구 사직로8길 24 1221호(내수동, 경희궁의아침 2단지) | **전화** 02-739-9918 |
이메일 bookdramang@gmail.com

ISBN 978-89-97969-35-7 03100 | 이 도서의 국립중앙도서관 출판시도서목록(CIP)은 서지정보유통지원시
스템 홈페이지(http://seoji.nl.go.kr)와 국가자료공동목록시스템(http://www.nl.go.kr/kolisnet)에서 이용
하실 수 있습니다.(CIP제어번호: CIP2014020958) | Copyright © 강민혁 저작권자와의 협의에 따라 인지는
생략했습니다. 이 책은 지은이와 북드라망의 독점계약에 의해 출간되었으므로 무단전재와 무단복제를 금합
니다. 잘못 만들어진 책은 서점에서 바꿔 드립니다.

책으로 여는 지혜의 인드라망, 북드라망 **www.bookdramang.com**

중년 은행원의
철학, 문학, 글쓰기 창구

자기배려의
인문학

강민혁 지음

BookDramang
북드라망

다시 시작하기 위한
서문

1.

나는 최근에 함께 공부하는 친구들에게 미셸 푸코의 『주체의 해석학』을 읽어 주었다. 대부분 마흔이 넘은 중년의 아저씨거나 아줌마들이다. 직장인도 있고, 주부도 있고, 은퇴하신 분도 계시다. 500페이지가 넘는 철학책을 한 문장 한 문장 소리 내어 읽으며 어느덧 전체를 완독했다. 처음엔 암초 같은 문장들을 보고 어리둥절해하던 분들이 이제는 자신이 직접 책장을 넘긴다. 점심시간, 주말 아침을 만만치 않은 이 텍스트에 바쳤다는 사람도 나타나기 시작했다. 점점 철학책을 읽을 마음이 드는 모양이다. 심지어 용기 내서 에세이를 쓰고 친구들 앞에서 발표까지 했다.

나도 그렇게 새로운 책들을 읽는다. 주말이면 친구들과 〈감이당〉에 모여 한의학의 고수가 읽어 주는 『동의보감』東醫寶鑑과 『황제내경』黃帝內經을 듣는다. 도무지 혼자서는 읽을 엄두가 안 나는 이 무시무시(?)한 책들을 친구들의 도움으로 읽는다. 여전히 많은 부분을 이해하지 못하지만, 나는 정精·기氣·신神, 경혈, 본초같이 낯선 세계를 경이로워하며 주말을 보낸다. 이제는 혼자서도 이 책들을 펼쳐 찾을 정도는 되었다.

내가 아는 것은 내가, 친구가 아는 것은 친구가 읽어 준다. 서로가 서로에게 배우고, 서로가 서로에게 가르쳐 준다. 이런 식으로 철학뿐 아니라 의역학도 만나고, 인류학도 만나고, 자연과학도 만난다. 일반 교양서도 겨우 읽던 사람들이, 더군다나 '학계'와 전혀 상관없는 사람들이, 대가들이 쓴 철학 원전을 직접 읽을 수 있게 되었다. 6년 전 술·담배를 끊고 홀로 찾아가 만난 이 세계는 나에게 진정 새로운 삶을 안겨 주었다. '사회생활'에서 맺은 협소하고 소모적인 인간관계는 끊겼으나, 이 세계에서 '우정의 공동체'라는 광범위한 네트워크를 얻었다. 이곳에서 형성된 지성의 연대는 이른바 '사회생활'에서 겪는 여러 두려움을 없애 주었다. 아니, 그런 두려움은 두려움조차 아니라는 것을 알게 해주었다. 나는 여전히 은행원이고 평범하지만, 내가 딛고 있는 세계는 이전과 달라졌다. 지금 나는 다른 사람이다.

2.

이 책의 제목은 '자기배려의 인문학'이다. '자기배려'epimeleia heautou는 '자기 자신을 돌보기'로 풀어 쓸 수 있다. 언뜻 보면 그 흔한 '힐링'이나 '자기계발'의 다른 버전인가 하고 고개를 갸우뚱할 수도 있겠다. 대체 어느 누가 자기 자신을 돌보지 않는단 말인가. 그러나 푸코가 우리에게 일러주는 '자기배려'는 통념과 완전히 다르다. 그것은 '주체의 변형', 혹은 이리 말해도 괜찮다면, 오히려 '자기 해체'에 가깝다. 그는 이를 "단 한 번도 되어 본 적 없는 자기가 되는 실천"으로 정의하기도 한다. 어떤 의미에서 그것은 전투적인 너무나 전투적인 실천이다. 자기배려의 대륙에 들어서면 '힐링'이니 '자기계발'이니 하는 말들이 허구일 뿐이라는 점을 분명히 깨닫게 된다. 그것들은 푸코의 말대로 '자기포기'에 가까운 말이다.

'자기배려'는 그리스·로마의 철학적 담론에 광범위하게 퍼져 있던 생각이다. 푸코는 이 개념을 돋보기 삼아 플라톤, 에피쿠로스, 세네카, 키케로 등에 이르는 철학자들을 지금까지와 확연히 다르게 재구성해 낸다. 들뢰즈-네그리 식으로 표현한다면 그것은 '소수자 플라톤', '소수자 세네카'라고 할 만하다. 푸코는 심지어 이런 '주체 변형의 구조'(영성의 구조)가 칸트, 후설, 하이데거, 니체, 헤겔에 무언중에 다시 드러났고 마르크스, 라캉에게도 재발견된다고 말한다. 그야말로 철학사 전반을 뒤집는 발언이다.

동아시아 사유에서 이런 주체 변형의 구조는 더 근본적인 태도라고 할 수 있다. 그런데 나는 이런 태도가 20세기 초 근대 동아시아에서 더욱 강렬히 드러났다고 생각한다. 쏟아지는 서구문물과 고착화된 전통 사이에서 당시 지식인들은 무언중에 "자기배려의 방식으로" 싸웠다. 서구문명이 가까이 다가오자 전사前史에서는 너무나 근본적이어서 보이지 않던 동아시아의 '자기배려적 요소'가 비로소 타자로 출현했다고 추측할 수 있다. 루쉰의 '쩡짜'挣扎: 저항, 소세키의 '자기본위'自己本位는 푸코가 발견한 '자기배려'와 멀리 떨어져 있지 않다. 그들은 주체가 변형되지 않고서 전통을 고수하거나, 서구과학을 받아들이는 모든 것을 노예적인 태도로 공격한다. 나는 이런 태도가 연암 박지원에게도 발견된다고 감히 말하고 싶다. 그가 말하는 '사이의 길'이라든지, '명심'冥心 또한 이 장엄한 문제계를 공유한다.

이렇게 보면 소수자 플라톤과 세네카, 에피쿠로스, 니체, 푸코, 루쉰, 소세키, 연암 등은 같은 '사유의 공동체'에 거주한다. 그들이 얼굴에 쓴 서양이나 동양 같은 가면은 그다지 의미가 없다. 나는 '인문학'을 이 공동체의 일원들에게 배웠다. 그들은 항상 자기로부터 출발하고, 자기와 세상을 바꾸고, 자기로 되돌아간다. 인문학이 있다면 오로지 이런 인문학이어야 한다고 나는 생각한다. 나를 바꾸지 못하는 공부가 어찌 인문학일 수 있겠는가. 지금 가만히 있으라는 체제와 싸우지 못하는 공부가 어찌 인문학일 수 있겠는가. 따라서 이 책은 어느 평범한 직장인이 인문학을 통해 자신을 어떻게 변신시켰는지를 기록한 보고서이다. 그래서 감히 '자기배려의 인문학'이다.

3.

이 책의 글들은 두 가지 원천을 가진다. 하나는 〈감이당〉 대중지성 프로그램에서 매 학기말에 제출한 에세이들이다. 예전 〈수유+너머〉 시절부터 나는 '대중지성'이라는 프로그램에 참여했다. 5년 동안 매주 친구들과 만나 수업을 듣고 글을 썼다. 글쓰기에 대한 세 편의 글과 루쉰, 소세키, 연암, 카프카, 혜능, 『말과 사물』 서평 등은 모두 여기서 나왔다. 다른 하나는 옛 〈수유+너머〉에서부터 〈수유너머 문〉에 이르기까지 장장 3년간 진행된 '그리스·로마 세미나'다. 소크라테스 이전 철학자들, 플라톤, 에피쿠로스, 에픽테토스, 세네카, 키케로 같은 고전 철학자들과 그들을 빼어나게 사유한 니체, 푸코, 데리다 같은 현대 철학자들을 함께 읽었다. 〈정암학당〉이 번역한 플라톤 전집과 만날 수 있는 우리는 진정 행운아들이다. 그들의 번역과 주석은 우리나라 철학사의 가장 찬란한 장면이다. 나는 여기서 얻은 생각들을 철학, 공부, 우정, 사랑, 진실이라는 키워드로 고스란히 옮겼을 뿐이다.

이 책의 빛나는 장면이 있다면 그것은 모두 여기서 만난 친구들이 밝혀 준 것이다. 그들이 없었다면 이 글들은 형체 없이 숨어 버렸으리라. 특히 〈감이당〉의 포성포스트감이당대중지성팀과 〈수유너머 문〉의 친구들에게 고마움을 전한다. 또한 나의 어떤 질문도 들어주고 대답해 준 친구, 도담에게 특별한 감사를 전하고 싶다. 홀로 한의학을 공부했을 그를 생각하면 가슴이 뭉클하다. 그리고 '그리스·로마 세미나'의 좌장이었던 진호에게 이 책을 전할 수 있어 기쁘다. 그와 함께하지 않았다면 '자기배려'라는 이 아름다운 개념을 얻지 못했을 것이다. 언제나 이들의 눈이 되어야 책은 읽혔고, 그들의 손이 되어야 글은 쓰였다. 물론 오독을 비롯한 모든 흠결은 오롯이 나의 것임은 당연하다. 그런데 이 모든 글을 모아서 '자기배려'로 엮어 준 것은 놀랍게도 북드라망 출판사다. 편집자들은 사유 위에서 사유를 하는 것 같다. 이들은 그동안 얼마나 내가 '자기'에 몰두했는지를 새삼 일깨워 주었다. 그리고 지금 이 순간 어느 누구보다 고미숙 선생님이 떠오른다. 선생님이 아니었다면 이 모든 글이, 그리고 앞으로의 모든 공부가, 또 새로운 삶이 불가능했을지 모른다는 생각을 한다. 이렇게 단호하게 "공부하라!"고 말할 수 있는 사람이 또 누가 있을까? 저 단호함이 나에겐 깃발이다. 저 깃발에 모인 병사들이여, 용기 있으라, 꿈 있으라, 공부하라!

4.

이 책은 '대중'이 어떻게 읽고, 어떻게 쓰는지를 보여 주는 우리시대의 보고서로 읽혀도 상관없다. 나는 여전히 평범한 은행원이지만,

철학이 내 삶을 바꾼다는 걸 진지하게 믿는다. 나는 그 진지함과 믿음을 미래로 확장하기 위해 앞으로도 끊임없이 지성의 영토로 침투할 것이다. 대중이 자신을 바꾸는 이 여정에 끝까지 같이 있어 주는 일이야말로 철학의 임무라고 생각한다. 나는 끝까지 가서 철학이 이 임무를 다하고 있는지 확인하고 싶다. 따라서 우선해야 할 일은 '철학의 대중화'가 아니라 '대중의 철학화'이다. 대중이 철학을 입법할 수 있을 때, 그때서야 철학은 그 임무를 다한다고 할 수 있다. 따라서 이 책은 대중이 쓴 '대중지성의 인문학'이다. 부디 나 같은 사람들이 많이 나와서, 대중이 쓰고, 대중이 읽는 철학 공동체를 이루어 갔으면 좋겠다. 그런 의미에서 대중의 철학화는 반드시 '철학의 대중화'가 되어야 한다. 수많은 오독과 결함으로 가득할 이 책이 많이 부끄럽지만, 나는 오로지 이것에서 이 책의 의미를 찾고 싶다.

5.

지난 일요일, 가족들과 산책을 나갔다. 아뿔싸! 돌아오는 길에 소나기를 만나고 말았다. 인근 아파트 정자에 앉아 그치기를 기다렸지만 쉬이 그치질 않는다. 집에 창문을 열고 나온 걸 내내 걱정하던 아내가 갑자기 빗속을 뛰자고 한다. 우리는 어린애들처럼 빗속을 가로질러 뛰었다. 실로 수십 년 만에 달려 보는 빗길이다. 웃음이 절로 나왔다. 둘째 아이는 엄마, 아빠의 일탈이 신기한지 더 깔깔거리며 깡충깡충 뛴다. 온몸이 비에 젖고 나니 잘난 게 대체 세상 어디에 있냐는 돈오頓悟가 샘솟는다. 비를 맞은 모든 것이 겸손하다. 비천하다고, 혹은 우월하다고 느끼는 사람에게 빗속을 뛰라고 권하고 싶다. 차별은 비에 젖어 형체를 잃고 만다. 그러나 젖은 사물은 더욱 영롱해져 간다. 차별은 사라지고 차이는 빛난다. 글에 곧잘 등장하여 나에게 사유를 충동한 아내와 상헌·상진 형제에게 사랑으로 이 책을 선사한다. 그들은 언제나 다시 시작할 수 있는 힘이다. 이제 또 지금과 달라지기 위해 다시 시작하겠다. 그것 말고 달리 할 일이 뭐가 있겠나.

2014년 7월 섬마을에서
강민혁

차 례

2부

문학 창구

3부
글쓰기 창구

부록
인물 이야기, 책 이야기

1부

철학 창구

결국 우리는 사는 것을 배우기 위해서
자기 자신에게 몰두해야 한다.
　　　그러기 위해서는 우리 자신을 에워싸고 있는 '사물'들로부터 벗어나야 한다.
　　　다시 말하면 자기 자신을 예속 상태(즐거움과 두려움)에 빠트리는
　　　특정 사물들로부터 해방되어야 한다.
이 지점에 이르면 소크라테스가 수련하는 죽음은
생물학적인 죽음만이 아니라,
　　　지금의 예속에서 해방될 때 다가오는
　　　모든 경계들이라고도 할 수 있다.
지금의 습관, 생활방식을 바꾸기 위해
매번 도래하고, 넘어야 하는 모든 경계들.
　　　이런 의미에서 '죽음의 수련'이란
　　　매번 경계에서 살아가는 법을 배우는 것이다.

매번 죽고,
매번 '다시' 사는 기술인 것이다.

1-1장.
자기배려와 철학,
현재의 자신을 넘어서기 : 소크라테스, 플라톤

오늘도 우리는 어김없이 살아간다. 아침에 일어나, 밥을 먹고, 일터에 가고, 저녁에는 돌아와 잔다. 내일도 아마 그리 살아갈 것이다. 여기에 달리 덧붙일 말이 또 뭐가 있을까? 9회말 투아웃에 뜬볼$^{fly\,ball}$인 양 싱거운 일이다. 이쯤 되면 관중도 진작 자리를 털고 일어나야 할 듯싶다. 하지만 이런 싱거운 일도 '도대체 그게 뭐냐'고 진지하게 다가가면, 그 순간 참 낯설게 보일 때가 있다. 공중에 덩그러니 떠 있는 볼을 스냅숏으로 보는 느낌인 것이다. 저게 뭐하는 것일까 싶다. 싱거울 정도로 자명한 것이 불현듯 유령처럼 변해 버리고 만다. 삶은 해 뜨고 지는 것마냥 당연하지만 꿰뚫어 알기엔 너무 두꺼운 유리벽 같다. 일어나 밥 먹고, 일하고, 자는 것만으론 '산다는 것'을 말하기에 충분하지 않다.

   그럼 이렇게 바꿔 보자. 혹시 '산다는 것'이란 '살아남는 것'이지 않을까? 살아남아야 살 수 있으니, 그리 틀린 말도 아닐 것 같다. 죽은 자가 저 세상에서 '산다는 것'을 진지하게 묻진 않을 성 싶다. 어떻게 먹어야 오래 살아남고, 어떻게 공부해야 입시에서 살아남고, 어떻게 일해야 승진에서 살아남을 것인가? 살아남으려는 행위 모두가 바로

'사는 것'이 된다. 오로지 잘 살아남기 위해서 밥을 욱여넣고, 생각하고, 행동하고, 교류한다. 이제 살아남는 방법들이야말로 알아야 할 모든 것이 되어 버린 느낌이다.

그래서 이런 앎들은 살아남는 기술이 되어 만들어지고, 보관되고, 전달된다. 모자라기 짝이 없는 우리로선 남들이 만들어 놓은 기술을 쫓아갈 뿐이다. 이제 이 기술들을 쫓아 획득하는 것이 삶의 최대 과제로 떠오른다. 사람들은 고용량 PC를 사듯 이런 앎들만을 앞다퉈 가지려 한다. 그렇게 하면 자신들도 '산다는 것'을 잘 알게 되는 것이고, 아울러 당연히 '잘 살 수 있을 것'으로 믿어 의심치 않는다. 결국 '산다는 것'은 '살아남는 것'이고, '잘 산다는 것'은 '살아남는 기술'을 최대한 잘 이용하는 것이 된다. 너무나 간단하고 명쾌하다.

/

소크라테스의 논박 : 자기 자신에 대해 마음 쓰기

/

그런데 소크라테스는 이 순간을 놓치지 않는다. 그는 이 믿어 의심치 않는 것에 의문을 던지고 시비를 건다. "당신은 정말 알고 있는가?" 당신은 수많은 책을 읽었고, 훌륭한 기술을 익혔고, 심지어 숱한 경험도 겪었다. 그러나 혹시 당신이 안다고 하는 그 앎, 즉 살아남는 방법들이 당신이 겪은 사태들에 우연히 들어맞았을 뿐이고, 다른 상황에는 전혀 타당하지 않을 수도 있지 않은가. 그렇다면 살아남는 그 숱한 방법들은 그저 우연히 들어맞았을 뿐이지, '산다는 모든 것'을 참으로 알려 주는 것은 아니지 않은가. 그저 약간 더 화려하게 삶을 수식하고 있을 뿐이지 않은가 말이다.

소크라테스는 사람들이 알고 있다고 생각하는 앎들은 알고 있다고 착각하는 어떤 의견doxa들일 뿐이라고 한다. 그래서 그는 이것들을 폐기하기 위해서 일종의 정화작업이 필요하다고 생각했다. 바로 이 정화작업이 대화편들에서 전개되는 숱한 논박들(엘렝코스elenkhos)이다. "너 자신을 알라"란 말도 엘렝코스를 통해 "나는 정말 모르고 있었구나"라고 깨닫도록 이끄는 말이었다. 다시 말하면 나는 알지 못하고 있었고('무지'), 더군다나 모르고 있었다는 것도 알지 못하고 있었다('무지의 무지'). 우리가 흔히 소크라테스의 금언으로 알고 있는 이 문구는 원래 델포이 신전에 쓰인 문구로 신탁을 들으러 오는 사람들에게 자신이 알려는 것을 제대로 알고 신중하게 질문하라는 의미였다. 소크라테스가 이를 엘렝코스에 활용한 것이다.

엘렝코스는 등에의 침과 같다. 소크라테스는 이런 침들이 사람들의 신체와 실존 내에 깊이 박혀야 한다[플라톤, 「소크라테스의 변론」, 『플라톤의 네 대화편 ― 에우티프론/소크라테스의 변론/크리톤/파이돈』, 박종현 역주, 서광사, 2003, 151쪽(30e).]고 생각했다. 그러나 이미 살아남는 기술만을 최대 가치로 삼는 사람들에게 소크라테스의 행위와 언어들은 '주제넘은 짓'이고 '어리석은 짓거리'로 생각될 뿐이었다.[플라톤, 「소크라테스의 변론」, 앞의 책, 106쪽(19b~c).]

더군다나 정적들은 이런 소크라테스를 적대시하고 웃음거리로 만들어 버린다. 소크라테스가 그들을 흔들어 깨워도 아테네인들의 가난한 정신은 계속 잠자는 체했다. 결국 이런 조롱에 아랑곳하지 않고 아테네인들과 논박을 즐기던 소크라테스는 사형판결을 받고 만다. 도시가 믿는 신들을 믿지 않았고, 새로운 영적인 것을 도입했으며, 젊은이들을 타락시켰다는 세 가지 죄목이었다. 하지만 그는 사형 판결 앞에 서서도 '주제넘고 어리석은 짓거리'라는 조롱 뒤에 숨어 있는 아테네인들의 기만을 통렬히 논박한다.

> 제가 일생을 통해 조용히 지내지 못했으니, 그러면서도 대대수의 사람이 마음을 쓰듯, 돈벌이와 집안살림 꾸미기, 장군의 직위, 대중 연설가 노릇, 그밖의 여러 가지 관직, 정치적 결사들이나 이 나라에서 생기고 있는 당파들에 대해서는 무관심했으니, (……) 여러분 각자를 저의 지론대로, 가장 좋은 일로 잘되게 해주는 이 일에 뛰어들어, 여러분 각자가 자신이 최대한 훌륭하고 지혜로워지도록 자기 자신에 대해서 마음을 쓰기에 앞서 자신의 어떤 것들에 대해서도 먼저 마음을 쓰지 않도록, 나라 자체에 대해서 마음을 쓰기에 앞서 나라의 무슨 일들에 대해서도 먼저 마음을 쓰지 않도록, 또한 그밖의 다른 것들에 대해서도 똑같은 방식으로 마음 쓰도록 설득하려 했으니, ――그러니 제가 그런 사람으로서 무엇을 받아 마땅합니까? 아테네인 여러분! 어쨌든 진실로 제대로 형량을 제의해야만 한다면, 그것은 좋은 것이어야 할 것입니다.[플라톤,「소크라테스의 변론」,『플라톤의 네 대화편』, 170~171쪽(36c~d).]

이 문장은 '~하니' 또는 '~했으니'라는 연결어로 계속 이어진 아주 긴, 격정적이고 숨가쁜 최후 진술 중 한 문장이다. 부지불식간에 살아남는 것만을 유일하고 주된 가치로 삼고 있을 아테네 시민들 앞에서, 오히려 살아남기를 거부하며 그들과 논박하는 소크라테스. 살아남기를 거부하는 순간, 그가 아테네 사람들에게 당부하는 말은 바로 각자가 자신이 최대한 훌륭하고 지혜로워지도록 "자기 자신에 대해서 마음 쓰기"이다.

이것은 소크라테스가 변론을 시작할 때 이미 주장한 바이기도 하다. 그는 자신이 아테네 시민들을 사랑하긴 하지만 신께 더욱 복종한다고 말했다. 그래서 자신은 살아 있는 동안 철학하는 것도, 시민들에게 충고하는 것도 그만두지 않을 것임을 분명히 한다. 다시 말하면 설사 죽음 같은 것이 앞을 가로막더라도 철학과 충고하는 행위를 그만둘 수는 없다는 것이다. 그러면서 시민들에게 명성과 재물에 대해서는 마음을 쓰면서도, 슬기와 명예 그리고 자신의 혼^{psyche}이 훌륭해지는 데 마음을 쓰지 않는다면 정말 부끄럽지 않은가라고 끊임없이 되묻는다.

그리고 더 중요한 것은 자기 자신에게 마음을 쓰지 않는 사람들이 착각하여 자신만큼은 남들과 달리 자기 자신에게 마음을 쓰고 있다고 주장한다면, 그를 끝까지 심문하며 나무라겠다고 말한다는 점이다.[플라톤, 「소크라테스의 변론」, 앞의 책, 148쪽(29d~30a).] 결국 그는 무엇이든 자기에게 붙어 있는 어떤 것들(즉, 자신이 소유한 것들로서 육체, 지위, 재산 등)에 마음을 쓰기보다는, '자기 자신 자체에 대해서 마음 쓰기'(즉, 자기 자신을 돌보기^{epimeleia heautou}, 자기배려)를 요청하고 있었다. 소크라테스에게 그것은 죽음이 앞을 기로막더라도 해야 하는 일이었던 것이다.

그렇다면 우리는 살아남는 것에 전념하지 않고서도 살 수 있어야 한다는 말이 된다. 다시 말하면 이것은 살아남기 위한 기술과 사물에 예속되는 것에서 벗어나 다른 방식으로 삶을 구성할 수 있어야 한다는 말이기도 하다. 또한 그 말은 인간이라면 맞이하게 될 죽음이라는 불가피한 사태조차 넘어서서 삶을 구성할 수 있어야 하는 것으로 이해된다. 하지만 참으로 난감한 얘기가 아닐 수 없다. 도대체 살아남지 않고서 어떻게 살 수 있단 말인가? 더군다나 살아남는 걸 중요하게 생각하지 않으면서, 자기 자신에 대해서 마음을 쓴다는 게 가능이나 한 말인가?

이 지점에 오면 죽음에 대해서 용감한 사람이 되어야 한다는 것인가 싶어진다. 죽음 자체를 참고 견뎌내면서 어떤 비극도 받아들여야 한다는 말처럼 들린다. 용감한 사람의 장한 죽음 같은 것 말이다. 하지만 소크라테스는 이런 태도에 대해서도 바로 의문을 제기한다. 그렇게 죽음을 견뎌내는 것은 죽음보다 더 크게 나쁜 것들, 이를테면 '나쁜 평판' 같은 것을 더 많이 두려워하기 때문일 수 있다. 그런 사람에겐 전쟁과 굶주림이 평판보다 더 멀리 있는 셈이다. 따라서 그것은 무언가를 분명 무서워하는데도 용감하다고 말하는 꼴이 된다. 즉 단순히 참고 견디는 것은 설사 그것이 용감해 보이더라도 다른 것에 대한 무서움과 비겁함에서 비롯되었다면 참된 의미에서 용기가 아니다.[플라톤, 「파이돈」, 『플라톤의 네 대화편』, 304~305쪽, 68d] 그것은 '좋은 평판'이라는 다른 쾌락에 예속된 행동으로 기만적인 용기라고 해야 한다.

이런 일은 일상생활의 '단순한 절제'와 관련해서도 일어난다. 금식, 금욕 등을 하며 절제하는 사람들도 다른 쾌락들을 빼앗기는 게 두려워서 절제한다. 즉 그것들은 '남들에게 인정받는 것'이나 '천국으로 가려는 것' 등등의 쾌락에 예속되어 행하는 절제들일 수 있다. 현상만 보면 마치 예속에서 벗어난 것처럼 보이지만, 조금만 들어가 보면 평판이나 건강 같은 '다른 쾌락'에 예속되어 있는 셈이다. 따라서 이런 경우는 다른 쾌락에 지배당하고 있는데도 절제한다고 말하는 모순에 빠지고 만다. 이 또한 참된 의미에서의 절제가 아니다.

결국 두려워하는 사람이 용기를 갖는다거나, 무절제하게 쾌락에 빠진 사람이 절제한다고 하는 모두가 잘 사는 것을 참으로 말해 주진 않는다. 여전히 두렵고 무절제한 채로 여기서 못 채운 것을 저기서 메웠을 뿐이다. 여기에 이르자, 우리는 다시 아포리아[aporia: 난관, 해결 곤란한 문제]에 빠진다. '살자'고 해도 문제이고, '죽자'고 해도 문제인 막다른 골목이다. 무조건 살아남으려고만 해서도 안 되고, 그렇다고 맹목적으로 죽음을 무릅쓰기만 해서도 안 된다!?

그러나 바로 여기서 우리는 소크라테스의 빛나는 돌파를 만난다. 그 돌파의 지점은 '죽음'. 때로 소크라테스의 철학은 '죽음을 숭배하는 철학'으로 비난받곤 한다. 사실 이데아 자체가 죽은 이후에나 볼 수 있다고 말하니, 그런 비난을 마냥 잘못되었다고만 할 수는 없을 것 같다. 하지만 모든 사유가 참과 거짓을 판별하는 기계일 수 없고, 어찌해서 그게 참·거짓이 되었는지를 진지하게 추적해 들어가는 것이어야 한다면, 여기서도 우리가 주목해야 할 부분은 소크라테스가 죽음을 중대하게 사유하고, 말해야만 했던 이유이다.

이 막다른 골목에서 소크라테스가 돌파하며 제안하고 있는 것은 죽음 그 자체를 수련하라는 말이다. 그것은 살아 있는 동안에도 '죽은 것과 최대한 가까운 상태로 살아가는 것'이다.[플라톤, 「파이돈」, 『플라톤의 네 대화편』, 301쪽(67e~68a).] 마치 지금이 생의 마지막 날인 듯이 사는 것이다. 이 수련을 통해 죽음을 모든 것 중에서 가장 두려워하지 않는 사건으로 만들어 낸다. 그 순간 삶은 덤이 된다. 마치 죽음과 함께 살고 있는 것과도 같아진다. 이런 사람들은 단순히 살아남으려는 것에만 자신을 맡기지도 않을 것이고, 다른 즐거움들을 위해서 죽음을 참고 견뎌내야 한다고 기만하지도 않을 것이다. 이 '죽음의 수련'은 궁극적으로 '철학을 쫓아가는 삶'을 구성할 수 있도록 일종의 '삶의 기술'로서 제안된다. 소크라테스가 죽음을 통해 삶을 돌파하려 했던 열쇠가 바로 여기에 있다.

> 바르게 지혜를 사랑하는 자들은 몸과 관련된 일체의 욕망을 멀리하며 버티어 내는데, 그것은 재산을 탕진하는 것이나 가난을 조금인들 두려워해서가 아니고, (……) (또한) 타락으로 인한 불명예와 오명을 두려워해서도 아니다. (……) 이들은 오히려 철학(지혜에 대한 사랑)에 대해서 그리고 철학을 통한 해방lysis과 정화katharmos에 대해서 어긋나는 짓을 해서는 아니 된다고 믿고서는, 철학이 인도하는 대로, 철학을 쫓아가며, 그리고 방향을 잡네.[플라톤, 「파이돈」, 앞의 책, 352~353쪽(82c~d).]

결국 우리는 사는 것을 배우기 위해서 자기 자신에게 몰두해야 한다. 그러기 위해서는 우리 자신을 에워싸고 있는 '사물'들로부터 벗어나야 한다. 다시 말하면 자기 자신을 예속 상태(즐거움과 두려움)에 빠트리는 특정 사물들로부터 해방되어야 한다. 이 지점에 이르면 소크라테스가 수련하는 죽음은 생물학적인 죽음만이 아니라, 지금의 예속에서 해방될 때 다가오는 모든 경계들이라고도 할 수 있다. 지금의 습관, 생활방식을 바꾸기 위해 매번 도래하고, 넘어야 하는 모든 경계들. 이런 의미에서 '죽음의 수련'이란 매번 경계에서 살아가는 법을 배우는 것이다. 매번 죽고, 매번 다시 사는 기술인 것이다.

따라서 이 수련은 자신을 스스로 매번 경계에 데려가는 수련, 그리고 자신이 주인이 되도록 자기가 자기에게 사용하는 기술이라고 할 수 있다. 바로 여기서 철학은 온갖 예속상태로부터 전향하여 인생 전체에 걸쳐 존재 전반을 '자기 자신'으로 향하게 한다. 그리고 그것은 자기 자신이 주인이 되는 삶을 구성하도록 하는 '삶의 기술'로서 제시된다. 죽음이 삶을 위해서 사유된다. 그 순간 죽음조차 은방울꽃 향기마냥 삶을 감미롭게 채운다. 죽음의 은방울꽃에서 삶의 종소리가 들리는 것이다. 이 지점에 오면 진실을 인식한다는 것, 즉 뭔가 제대로 안다는 것은 살아남는 방법을 아는 것이 아니라 자신을 해방시키는 실천 그 자체로 바뀐다. 소크라테스의 철학은 삶의 기술로서, 해방의 철학이다.

/

에로스 : 현재의 자신을 넘어서기

/

이 해방의 진실에 도달하기 위해서는 자신의 삶을 변화시켜서 예속상태에 있는 현재의 자기와 다르게 될 필요가 있다. 이런 점에서 소크라테스에게 '죽음의 수련'이란 바로 이 예속상태를 벗어나서, 다른 존재가 되기 위한 최상의 전략이자 전투이다. 그것이 전투인 이유는 푸코의 말대로 "진실은 주체의 존재 자체를 내기에 거는 대가로만 주체에게 부여"[미셸 푸코, 『주체의 해석학 : 1981~82, 콜레주 드 프랑스에서의 강의』, 심세광 옮김, 동문선, 2007, 59쪽.]될 것이기 때문이다. 역설적으로 그것은 한번 죽고 또 거듭 죽는 전략이다. 그런 의미에서 '죽음의 수련'은 자기가 스스로를 변화시키는 '자기 수련' 혹은 자기 자신과 싸우는 '자기 전투'라고 할 수 있다.

소크라테스가 아가톤Agathon의 심포지엄에서 에로스Eros에 대해 하려 했던 말이 바로 이것이다. 현재의 자기와 다르게 되려는 주체의 상징으로서의 에로스. 통념적으로 사람들은 에로스를 최고의 신으로 찬양한다. 심지어 아가톤은 모든 좋은 것들의 원인이라고까지 찬사를 보낸다. 그러나 소크라테스는 다르다. 에로스는 아름다움을 결여하기 때문에 그것을 욕망하는 자이고, 사랑하는 자이다. 그런데 아름다움이 결여되어 있다고 해서 그것이 추함이나 나쁨 자체라고는 할수 없다. 마냥 추하기만 한 것은 아름다움을 사랑할 수 없다. 추한 것은 온통 추한 것으로만 구성되어 있어서 아름다운 것을 사랑하겠다는 생각조차 할 수 없을 것이다. 추한 존재는 생각조차도 추하여 추한 것만을 욕망한다. 따라서 일단 아름다움을 상상하고 원하기만 한다면 그 에로스는 완전히 아름다운 것도, 완전히 추한 것도 아니다. 즉 그것은 아름다운 것과 추한 것 사이에 있을 수밖에 없다. 결국 소크라테스에게 결여란 '완전히 없음'이 아니라 '완전히 없음'과 '완전히 있음' 사이에 있는 어떤 상태, 이를테면 중간자적 존재를 말한다.

이렇게 중간자로서 규정되자마자 에로스는 완전히 새로운 것으로 이해될 기반을 갖게 된다. 소크라테스에 따르면 중간자로서 에로스는 좋은 것이 자신에게 늘 있기를 바란다. 따라서 에로스는 자기에게 없는 것을 자기 것으로 만들어 내려는 자이다. 이것은 자기 것을 넘어서 좋은 것을 추구하는 존재로서의 에로스를 말한다. 사실 중간자는 추한 것이거나 나쁜 것이 아니며 또한 항상 아름다운 것과 추한 것을 결여하기 때문에 항상 좋은 것과 아름다운 것을 추구할 수밖에 없게 될 것이다. 바꾸어 말하면 에로스는 자기 것을 항상 뛰어넘으려고 한다. 자기 것을 뛰어넘어 자기가 갖고 있지 않은 것, 소크라테스 말대로라면 자기에게 결여된 것을 끊임없이 자기 것으로 늘 있게 하려는 존재가 바로 에로스이다. 그것은 새로운 자기가 되려는 자이다. 소크라테스는 이 과정을 디오티마^{Diotima}의 입을 빌려 '아름다움으로 가는 사다리'로 장엄하게 비유한다.

마치 사다리를 이용하는 사람처럼 그는 하나에서부터 둘로, 둘에서부터 모든 아름다운 몸들로, 그리고 아름다운 몸들에서부터 아름다운 행실들로, 그리고 행실들에서부터 아름다운 배움들로, 그리고 그 배움들에서부터 마침내 저 배움으로, 즉 다름 아닌 저 아름다운 것 자체에 대한 배움으로 올라가게 됩니다. 그렇게 되면 마침내 그는 아름다운 바로 그것 자체를 알게 됩니다.[플라톤, 『향연』, 강철웅 옮김, 이제이북스, 144~145쪽, 211c.]

즉 에로스는 '아름다운 것들에서부터 시작하여 저 아름다운 것을 목표로 늘 올라가는 것'이다. 그것은 다른 이들에 의해 끊임없이 아름다움으로 이끌려 간다. 이 과정에서 에로스는 기존의 아름다운 것으로부터 결여된 어떤 것을 찾아내고 그 결여된 것을 다른 이들로부터 얻어내려고 하지 않으면 안 된다. 결국 끊임없이 중간자인 채로 현재의 자기를 넘어서려고 한다. 아마도 이 넘어섬이 계속되면 궁극에는 "아름다운 바로 그것 자체를 알게"되는 상태에 도달할 수 있을런지 모른다. 하지만 그것은 오로지 궁극의 상태로서 상정됐을 뿐이지, 에로스 자체가 그런 상태에 도달하진 않는다. 그렇게 되면 이미 에로스가 아닌 게 되니까. 따라서 에로스는 결코 어떤 것이 될 수 없다. 혹시 거기에 닿게 되더라도 그 순간 미끄러져 다시 중간자가 되어 다른 것으로 향한다. 이런 점에서 현재의 자기를 끊임없이 넘어서려는 상태, 과정 그 자체, 다시 말하면 넘어섬이라는 동사 그 자체가 에로스일 것이다. 이처럼 에로스는 매번 자기 존재의 변형에 내기를 거는, 매순간 전위적인 존재인 셈이다.

* * *

여기에 이르면 우리는 다시 묻게 된다. 우리야말로 언제나 항상 이런 에로스적 존재이지 않았을까? 우리는 언제나 이미 살려고 항상 넘어서 왔다고 할 수 있다. 그래서 '산다는 것'이란 이렇게 '항상 자신을 넘어서는 것'이라고 말해야 하지 않을까 생각되는 것이다. 아침에 일어나는 것도 밤의 잠을 넘어서고, 밥을 먹는 것도 배고픔을 넘어서고, 일터에 가는 것도 내 집 문지방을 넘어서고, 돌아와 자는 것도 낮의 분주함을 넘어서는 것이라고 말이다. 그 어느 것도 넘어서지 않는 것은 없다고 할 수 있다. 이처럼 전위적인 에로스야말로 삶의 본모습일지 모른다.

따라서 삶은 결코 상투적일 수 없다. 삶은 언제나 이미 전위적이었고, 앞으로도 항상 전위적일 것이다. 끊임없이 자신을 넘어서야 하는 에로스적 운명은 아침에 일어나고, 밥을 먹고, 일터에 가고, 저녁에 잠이 드는 바로 그곳에 숨어 있을 것이다. 그러나 자신을 넘어서야만 하는 운명을 자명한 것으로 받아들이지 않을 때, 오히려 삶은 상투적인 것이 되고, 예속상태에 빠지게 된다. 그래서 그곳에는 항상 '삶의 기술techne tou biou로서의 철학'이 불가피하게 거주할 필요가 생긴다. 항상 예속상태에서 해방하려는 의지를 도발시키고, 현재의 자기 것을 넘어서 본래의 자기 자신——전위적인 에로스——에게로 돌아가도록 하기 위해서 말이다. 그래서 철학은 이 자명한 것을 위해서 존재하고 있는 것일지 모르겠다. 에로스는 철학의 본성이다.

따라서 아마도 '산다는 것'은 이런 운명을 받아들이며 항상 전위적으로 '살아지는 것'일 터이다. 그러려면 우리는 항상 다시 살아야만 한다. 우리는 반드시 사라지지만, 언제나 새로 태어난다. 어쩌면 우리는 누구나 매순간 9회말 투아웃에 뜬볼을 친 마지막 타자일지 모른다. 그래서 안타깝지만 머리 처박고 1루를 향해, 아웃을 향해 냅다 달려가고 있는지도. 하지만 아직 떨어지지 않은 저 볼을 '매번 끝까지' 지켜볼 일이다. 실패가 예정되어 있어서, 누구나 다 싱거울 거라고 생각하는 바로 그 순간, 참다운 '삶의 기술'이 눈뜨고, 그 기술은 매순간 에로스를 깨우고 있을 것이니까. 재차 말하지만, '산다는 것'은 '살아지는 것'이다. 그래서 언제나 '다시 사는 것'이다.

1-2장.
자기배려와 공부,
지금 있는 곳을 떠나기 : 세네카

    중간고사 시즌이 되면 집안에 정적이 감돈다. 아이는 인강^{인터넷 강}^의을 듣고, 아이 엄마는 그 뒤 소파에서 그걸 지켜보고 있다. 아이가 자꾸 딴 짓을 했던 모양이다. 내가 아내 옆에 바싹 다가가 속살대며 "당신 꼭 여간수 같아"라고 킥킥거렸더니, 집사람도 쓴웃음과 함께 알 수 없는 표정을 짓는다.

    나도 갈수록 예민해진다. 그러다 어느 아침 식탁에서 큰 사달이 나고 말았다. 아이에게 요즘 학교공부가 힘드냐고 묻자, 아이가 좀 퉁명스럽게 대답한다. 잠시 버릇없게 느껴졌다. 몇 번 말이 오가다 그만 나도 격해져서 순간 언성을 높였다. 급기야 생애 처음으로 아이에게 덜컥 손이 나가고 말았다. 놀란 아내가 아이 손을 끌고 방으로 데려간다. 돌아온 아내는 지난 시절 술 처먹고 밖으로 싸돌아다니기만 하던 사람이 이제 와서 손찌검이냐고 힐난한다. 이제 우리들 사이도 살부드러운 시절을 뒤로 하고 사나워 가기만 할 것 같다. 식탁 위 천장에서 내리쬐는 형광등 불빛이 면구스럽다.

    이 모습은 영락없이 감옥의 풍경이다. 거미가 허공에 집을 짓고 스스로 갇히듯, 나와 아내는 예상치 못하게도 우리들의 감옥을 짜 버린 꼴이다. 이제 그것도 모자라 아이를 낳아 그 거미줄에 칭칭 동여매었다는 자괴감마저 든다. 더 가슴 아픈 것은 시간이 갈수록 그 거미줄에 갇힌 아이도 우리랑 똑같은 형상으로 변해 가는 끔찍함을 보는 일이다. 아이도 이제 간수의 욕망대로 학업에 몰두해서 좋은 성적을 얻었으면 한다. 그러니까 아이도 거미줄에서 벗어나고 싶지는 않게 되었다. 단지 그에겐 잠시 졸거나 게임을 하는 진통제가 필요할 뿐이다.

참 기묘한 일이다. 공부를 하면 할수록 우리는 스스로 감옥을 짠다. 그리고 나와 같은 형상을 낳고 이 감옥 속으로 다시 끌어들이길 반복한다. 어쩌면 공부가 우리의 욕망을 아이에게 실어 나르는 복제기계가 되어 버린 생각마저 든다. 공부살이가 어처구니없이 힘겹고 슬프다. 이 어처구니없는 일에 너무 많은 생을 쏟아부었다는 생각에 철 지난 후회가 밀려든다. 공부가 삶을 더 녹슬게 하는 것이다.

/

공부라는 통념에 빠지다

/

하지만 세상을 살아본 사람은 안다. 사회에서 학교공부는 필요하다. 물론 혹자는 실무와 엇박자인 지식들을 비판하기도 한다. 그러나 현실의 사회시스템들은 그나마 그 지식들로 굴러간다. 당연히 이 시스템에서는 이런 지식을 얼마나 갖고 있는지가 중요해진다. 따라서 성적 좋은 사람이 높은 소득과 존경을 받는 것은 당연한 일로 여겨진다. 사실 성적이란 사회에 필요한 사람인지 아닌지를 판단하는 오랜 지표라고도 할 수 있다. 나부터도 이왕이면 성적이 높은 의사를 찾아가 내 몸을 맡길 것 같다. 겉으로는 성적이 그리 중요하냐지만 실상은 꼭 그렇지 않다. 행복은 성적순이 될 가능성이 크다.

더 중요한 것은 학교공부를 강조하는 것이 높은 소득과 존경 때문만은 아니라는 점이다. 성적이 높았던 사람이 뭘 해도 잘한다는 통념이 자리 잡고 있기도 한 것이다. 심지어 그런 사람들이 좀더 의젓하고, 생각도 반듯해 보인다. 아무래도 성적을 올리려면 자기 자신을 잘 통제하고, 자기 의무를 잘 수행해야 하기에 어느 누구보다 자신의 품성을 잘 관리해 왔을 거라고 추측할 수 있다. 무엇보다 같은 품성들이 모여 있을 '좋은 학교'에 다니면 그런 사람들 틈에서 '좋은 품성'은 더욱 강화될 것이 분명하다. 학교공부를 잘하면 훌륭한 사람이 될 거라는 통념이 그리 잘못된 것 같지 않다.

그러나 조금만 들어가 보면 다른 풍경이 펼쳐진다. 소크라테스의 좀 다른 이야기를 들어보자. 「소크라테스의 변론」에는 소크라테스가 유죄임이 확정된 후, 적정한 형량에 대해 변론에 들어가는 장면이 있다. 그런데 소크라테스는 다소 엉뚱하다. 이 형량을 제의하는 과정에서 소크라테스는 사람들이 일반적으로 훌륭하다고 생각하는 사람과 소크라테스 자신을 비교하면서 다음과 같이 말한다.

"아테네인 여러분! 그런 사람[자기 자신에 대해서 마음을 쓰는 사람＝소크라테스]이 영빈관에서 식사 대접을 받는 것만큼 더 적절한 것은 없습니다. 여러분 가운데서 누군가가 올림피아 경기에서 말 두 필이 끄는 전차 경주나 네 필이 끄는 전차 경주로 우승을 했을 경우보다도 훨씬 더 적절합니다. 그는 여러분을 행복해 보이게 만들어 주지만, 저는 여러분을 실제로 그런 사람이게 만들어 주며, 또한 그는 부양이 전혀 필요없지만, 저는 그게 필요하기 때문입니다."「플라톤,「소크라테스의 변론」『플라톤의 네 대화편』, 171~172쪽(36d~e)」

올림피아 경기의 우승자는 단지 사람들을 행복한 모습으로 보이게 만들어 줄 뿐이다. 그러나 소크라테스 자신은 사람들을 실제로 행복한 사람이 되게 만들어 준다. 따라서 자신이야말로 배심원들의 생각과 달리 벌이 아니라 상을 받아야 한다는 주장이다.

여기에 두 가지 중대한 관점이 숨어 있다. 먼저 기만성. 경기우승자는 사람들을 실제로 행복하게 하지 못한다. 사람들에게 그저 행복한 느낌이 들게 할 뿐이다. 경기우승자에 대한 감탄이 황홀한 감정을 만들어 낸다. 순간적으로 감탄이 행복으로 변한다. 이제 나에게도 저런 사람이 되어야겠다는 욕망이 생긴다. 하지만 그의 행복이 우리에게도 행복이 될 수 있을지 알 수 없다. 화려한 모습을 보고 우리도 덩달아 그가 행복할 거라고 부지불식간에 믿는 것이다. 이게 익숙해지면 마침내 나도 그들처럼 행복한 모습으로 꾸민다. 그러다 어느 순간에 자신도 행복한 사람이 된 양 산다. 그때에 이르면 우리는 처음의 기만을 망각하고 만다. 그것은 출발부터 가상에 근거한 것이다. 즉 '가상의 행복'이라고 할 수 있다.

다음은 유용성. 그의 우승이 궁극적으로 나의 행복을 위해 유용하지는 않다. 즉 나를 행복하게 하는 것이 아니다. 그의 우승은 그의 행복을 위해 유용한 것이다. 사실 이것조차 의문이긴 하다. 그가 실제 행복한지 알 수 없으니 말이다. 사람들 앞에서 행복한 척하고 있을지도 모른다. 이처럼 그의 행복도 의문인데 하물며 나에게 있어서는 더 말해 뭐하겠는가. 가상의 행복은 시간이 지나면 흩어져 사라져 버린다. 따라서 그의 우승은 유용한 듯하지만 궁극적으로 유용하지 않다. 결국 경기우승자는 우리에게 기만적인 유용성만을 제공할 뿐이다.

그러므로 이를 뒤집어 생각해야 한다. 인형극의 장막을 걷으면 인형을 움직이던 손이 나오듯, 문제를 뒤집으면 그 문제를 움직이던 다른 손이 드러난다. 자, 이렇게 물어보자. 차라리 우리가 행복한 것처럼 구는 것이 그들에게 유용한 것은 아닐까? 자신들(경기우승자)을 추종해 주는 사람들이 있어야 자신들이 우월해진다. 그들을 추종하는 우리의 태도가 그들이 우월해지는 걸 돕는다. 그런 사람이 많아지면 많아질수록 이 위계는 더욱 공고해진다. 결국 '기만적인 유용성'에 몰두하여 행복해지는 것처럼 느끼는데, 그것은 자기도 모르게 타인을 위한 것으로 귀결된다.

이것은 매우 현대적인 구조이기도 하다. 우리는 타인에게 유용한 것을 내게 유용한 것인 양 착각하며 공부한다. 사실 행복해 보여야만 공부에 대한 욕망도 생길 것이다. 그러나 그것은 타인을 위한 공부를 유인하기 위한 미끼다. 아마도 소득이라든지 존경이라든지 하는 것이 그런 것일 게다. 성인들도 마찬가지다. 그 흔한 자기계발이 이런 프레임에서 벗어나 있지 않다. 우리가 그들을 추종하여 행복해하며, 그들의 척도에 맞춰 공부하는 동안, 그들은 우리의 유용성을 사용한다. 이런 구도에서 우리가 하는 공부는 타인을 위한 공부이고, 타인을 위해 유용해지는 공부일 수밖에 없다. 결국 공부는 나를 녹슬게 하는 공부, 나를 예속시키는 공부가 되고 만다.

/

공부는 떠나는 것이다

/

그러나 이상하다. 일반교육에서 벗어난다고 타인을 위한 공부에서 쉽게 해방될 것 같지는 않아서다. 주변에선 일반 교육과정을 벗어나 기껏 검정고시를 보거나, 유학을 가서 대학에 들어간 경우를 종종 보게 된다. 하지만 우리의 구도로 본다면 그것은 '기만적인 유용성'이라는 환상은 그대로인 채 통념상 도덕적으로 좀 우위에 있거나, 마음이 덜 불편한 환상경로를 찾은 것에 불과하다.

나에겐 탈학교, 대안학교도 의문이다. 물론 일반학교와 다르게 가르치려는 노력을 모르는 바 아니다. 그리고 그 노력을 매우 가치 있는 것으로 존중한다. 그러나 새로운 가치에 의해 훈련을 받았다는 아이들도 많은 경우 그런 경로로 다시 되돌아간다는 점에서 그 환상에서 완전히 벗어났다고 보긴 힘들 것 같다. 그들도 타인의 유용성을 위해 자기 자신이 녹스는 데로 회귀하고 만다. 그만큼 우리가 '타인을 위한 공부'에서 쉬이 벗어나기 어렵다는 반증일 것이다.

더군다나 나는 일반교과에서 가르치는 지식들을 충분히 습득해야 한다고 생각하는 사람이다. 사실 지식이란 이데올로기가 없는 법이다. 어떤 배치에서 사용되느냐에 따라 색깔이 바뀔 뿐, 지식 홀로 부정적인 역할을 하는 것이 아니다. 아니 그런 실체론적 지식은 존재하지도 않는다. 예컨대 우리라면 자본주의사회에서 자본을 위해서만 사용될 거라 느끼는 회계학(부기)조차 사회구성체에 따라 다르게 활용된다. 심지어 마르크스는 부기가 자본주의적 생산에서보다 생산과정이 사회 전체적으로 조정되는 공동체적 생산에서 더욱 잘 활용된다고 말한다.[칼 마르크스, 『자본론 II』, 김수행 옮김, 비봉출판사, 1989, 151~152쪽.] 다른 배치 속에서 다르게 지식이 활용되기에 그렇다. 그 순간 그것들은 동일한 지식이 아닌 게 된다.

그렇다면 우리는 기존 공부에서 벗어나야 하지만, 역설적으로 기존 공부의 성과들은 흡수해야 하는 이중적 상황에 처해 있다고 할 수 있다. 기만적인 유용성에서 벗어나야 하지만, 기만에 의해 포획되어 타인을 위해 사용되는 '앎'은 탈환해야 한다고 할 수 있다. 그것은 다른 배치에서만 가능한 일종의 전투적인 교정이다.

어떤 배치에서인가? 푸코는 이 지점에서 다른 감각의 철학을 전한다. 그것은 가족 교육을 비롯해 모든 통념적인 교육을 비판하고 벗어나려는 '자기배려'로부터 출발한다. 세네카가 루킬리우스에게 조언을 한다.

> "너 자신을 안전한 곳에 위치시키고, 너 자신과 만나도록 노력해라. 너희 부모가 이와는 다른 것을 너에게 바라는 것을 나는 잘 알고 있다. 뿐만 아니라 나는 내 가족이 내게 염원하는 바와 다른 바를 너에게 염원한다. 네 부모들이 네게 풍요롭기를 염원하는 바에 대해 너그럽게 경멸하기를 나는 네게 염원한다."[세네카, 『세네카 인생론』, 김천운 옮김, 동서문화사, 2007, 435쪽. ; 미셸 푸코, 『주체의 해석학』, 134쪽. 인용문 번역은 『주체의 해석학』을 따름]

키케로와 세네카는 훌륭한 영혼은 오류 이전에 오지 않는다고 하면서 지금까지의 오류를 교정하기를 요청한다. 다시 말하면 우리 영혼은 항상 오류에 빠진다. 그러나 그런 오류에 빠지지 않고서는 훌륭해지지도 않는다. 그런 오류에서 벗어나는 과정에서 영혼은 훌륭해진다.

이를 위해 가장 먼저 해야 할 일은 '교육과 습관 환경의 정화'다. 즉 교육이 이루어지고 습관이 형성되는 환경을 정화해야 한다. 이 차원에서 자기배려는 먼저 가정이 부과하는 가치체계를 재검토하는 것으로 출현한다. 그러면서 세네카가 급진적으로 제시하는 요청이 바로 '부모의 욕망으로부터 벗어나는 것'이다.

세네카는 아이에게 아이의 풍요를 원하는 부모의 염원조차 경멸하라는 말로 아이의 의식을 급진화시킨다. 소크라테스가 말했던 '실제로 행복한 사람'이 되기 위해서 아이는 기만적 구조로 끌어들이는 부모의 욕망을 공격해야 한다. 다시 말하면 감옥으로 끌어들이는 부모를 공격하라는 뜻이다. 부모가 끌어들이는 감옥과 다른 배치에서 앎을 획득하라는 말이기도 하다. 부모의 욕망대로 이루려면 다른 사람의 것을 빼앗아야 한다. 따라서 부모의 욕망이 이루어질수록 아이의 사회적 관계는 감옥의 배치로 변해 간다. 교육에서 부모의 욕망은 절대적으로 부정적인 환경인 것이다.

세네카가 부모로부터 벗어나 아이가 획득해야 하는 것은 다음과 같다고 말한다. "자기 자신을 마음대로 할 수 있는 것, 즉 정처 없는 생각에 시달려 온 정신이 마침내 걸음을 멈추고 결연해지는 것. 소임에서 벗어나 자유로워진 사람."[세네카, 「세네카 인생론」, 435쪽.] 아이는 부모를 넘어 자유로워져야 한다.

이는 아주 기묘한 지점이다. 아이가 행복하기 위해서 다른 누구보다 부모의 욕망이 해체되어야 한다. 부모의 욕망이 해체되지 않고서 아이의 해방은 불가능하다. 그 순간에야, 즉 그 배치에서야 아이는 새로운 욕망에 따라 기존 지식을 재배열하고 새롭게 획득할 수 있다. 즉 오류가 교정되는 것이다.

결국 아이의 공부는 모범을 따라 실행하면 해결될 문제이거나, 단순히 일반교육을 떠나면 해소되는 문제가 아니다. 오로지 부모, 교사들이 자신의 욕망조차 해체해야만 가능하다고 할 수 있다. 이 의미에서 아이의 공부는 동시에 부모의 공부, 교사의 공부이다. 그러지 않고서는 공부는 공부라고 할 수조차 없는 공부가 된다. '기만적인 유용성'을 돌파하려 한다면 말이다. 만일 그런 것이 아니라면 차라리 공부라 하지 말고 아이를 좋은 대학에 보내겠다고 말하는 편이 낫다. 아이를 잘 팔리는 상품으로 만드는 공정이라고 솔직하게 말해야 한다. 그렇지 않으면 모두 거짓말이 되고 만다. 공부는 아이가 부모의 욕망으로부터 떠나는 것일 뿐 아니라, 부모도 기존의 자기로부터 떠나는 것이다. 따라서 공부는 지금 있는 곳을 떠나는 것이다. 떠난 자리에서 다시 시작하는 것이다.

＊   ＊   ＊

다시 그날 아침 식탁으로 되돌아간다. 돌이켜보면 한순간의 감정을 함부로 표출해선 안 되었다. 마음에 좀 그대로 내버려두었다가 비처럼 떨어져 언어로 일구어질 때까지 기다려야 했다. 아이가 내 아이가 아닌 듯 감정이 땅 밑으로 스며들었을 때, 그때 다가가 말해야 하는 것이다. 언제나 필요한 것은, 조바심으로 아이에게 많은 걸 가르쳐주는 것이 아니라, 그것이 언어가 될 때까지 기다리는 일이다.

하지만 이제 말해야겠다. 아이에게 두려웠노라고 말해야겠다. 너의 아버지는 노예다. 노예인 애비는 매가 두려워 너의 공부에 용기를 갖지 못했다. 더 슬픈 일은 이미 그 노예의 정신이 너에게 젖어들었다는 것이다. 그리고 사실 너에게 젖어든 노예의 정신은 나에게서 걸어 나간 놈이다. 지금 돌이켜 보니 나는 너에게 젖어든 내가 두려웠던 것 같다. 좀더 용기 내어 말해 보마. 내가 끌어들인 이곳은 그런 노예가 끊이질 않는 곳이다. 이제 너는 너의 노예들과 싸워야 한다. 그 싸움은 아마 오래도록 계속될 것이며, 어쩌면 끝나지 않을지 모른다. 그리고 너의 그 긴 싸움의 첫 상대는 다름 아닌 바로 아버지라는 이름의 노예다. 잊지 마라. 그게 너 자신을 위해 지금 시작해야 할 공부의 장엄한 서장이다.

1-3장.
자기배려와 우정,
자기 없는 자기로 존재하기 : 에피쿠로스, 키케로, 세네카

얼마 전 나는 옛 친구와 점심을 함께했다. 사오 년 만에 찾아온 친구의 얼굴은 부쩍 나이 들어 보였다. 삶은 살아갈수록 펴지는 것이 아니라, 더 고단하고 주름져 가는 것 같았다. 그리고 누구나 아는 뻔한 얘기들이 오갔다. 회사, 가족, 건강, 노후 같은 것들. 그런 이야기가 오가던 중에 그의 입에서 또 다른 친구들의 근황이 흘러나왔다. 어떤 친구는 파산으로 몇 년째 도망 다니고 있었고, 어떤 친구는 병으로 심하게 고통받고 있었으며, 또 어떤 친구는 이미 이 세상 사람이 아니었다. 이어서 자신도 부인과 헤어지고 혼자 산 지 오래되었다고 덧붙인다.

순간 가슴이 답답해졌다. 우리는 왜 항상 잘못 든 길 위에 서 있는지, 친구들의 삶은 왜 그렇게 백전백패뿐인지. 볼테르는 "불운도 홀로 겪지 않으면 덜 불행하다"(볼테르, 『쟈디그·깡디드』, 이형식 옮김, 펭귄클래식 코리아, 2011, 84쪽.)고 했다. 친구 하나 없이 곤경에 처해 본 사람이라면 곤경 속에 홀로 있는 것이 얼마나 끔찍한 일인지 잘 안다. 곤경이 도처에 도사리고 있는 삶에 친구란 얼마나 소중한 존재인가. 오래전에 무언가를 팔러 찾아갔을 때 환하게 맞아주던 친구들의 옛 모습이 떠올라 잠시 울컥해졌다.

하지만 그렇다고 친구들이 내 곤경을 대신 견뎌 주리라 여긴다면 심각한 오해일 것이다. 친구가 아무리 도와준다 하더라도 종국에 위험을 직접 돌파해야 하는 것은 자기 자신인 것이다. 그는 내가 선 그곳이 그저 까마득한 벼랑이 아니길 빌 뿐인 거다. 결국 정작 최종심급엔 그나 나나 홀로 있는 셈이다.

그렇다면 이상하다. 친구가 필요한 것은 위험할 때 위험을 같이 헤쳐 나갔으면 하는 바람에서였는데, 결정적인 순간엔 혼자 위험을 돌파해야 한다니 말이다. 그리고 만일 이렇게 도움을 주고받는 것으로만 이루어지는 관계라면, 그것을 특별히 '친구'라고 불러야 할지도 의문이다. 서로 필요한 것들을 주고받는 사람들은 친구라고 부르기보다 동료 직원이나 회사 고객으로 불리는 게 더 마땅해 보인다.

이처럼 우정을 좀더 깊이 파헤쳐 들어가 보면 불현듯 그 자체가 하나의 아포리아로 다가온다. 잡으려 다가가면 후드득 날아가 버리는 새처럼 알려고 할수록 도통 잡히지 않는 게 우정인 것 같다. 혹시 친구는 현실적으로 필요해서 만나는 사람일 뿐 상상적인 것으로만 존재하는 것이 아닌가 하는 의문마저 든다.

/

에피쿠로스 : 바람직한 우정과 유용한 우정

/

쾌락Voluptas의 철학자, 에피쿠로스Epikuros, B.C. 341~271?도 이 아포리아를 너무나 잘 알고 있었다. 에피쿠로스는 아테네 교외에 '우정의 정원'이라는 공동체를 만들어 우정을 나누고 사색을 즐겼다. 이 공동체의 구성원에는 여자와 노예는 물론 심지어 창녀도 있었기 때문에 그를 비웃는 사람들도 있었다. 하지만 그는 고통에서 해방되기 위해서 오로지 자기 자신과 이 공동체에만 의지해야 한다고까지 말한다. 그는 이 말대로 실천을 하다가 죽을 때가 되자, 자신과 함께 철학을 탐구하다 늙어간 사람들에게 모든 것을 남기고 떠난다. 그만큼 우정은 그의 삶 전부였다. 그런 그가 이야기한 우정은 어떤 것이었을까?

> XXVIII "영원히, 혹은 오랫동안 지속되는 무서움이란 없다"고 용기를 준 판단은, 제한된 조건하에서는 우정을 통해 안전이 가장 잘 확보됨을 깨닫는다.(에피쿠로스, 「중요한 가르침」 28, 『쾌락』, 오유석 옮김, 문학과지성사, 1998, 20쪽)

> XXXIX 항상 도움을 청하는 사람은 친구가 아니며, 도움을 우정과 결부시키지 않는 사람도 친구가 아니다. 왜냐하면, 전자는 호의의 대가로 보상을 취하며, 후자는 미래의 희망을 파괴하기 때문이다.(에피쿠로스, 「바티칸 금언」 39, 『쾌락』, 29쪽)

우정은 무서움을 없애기 위해서 가장 필요한 것이다. 이 점에서 에피쿠로스는 우리와 출발을 공유하는 듯하다. 마치 볼테르의 우정론을 에피쿠로스 버전으로 바꾼 듯이 보일 정도다. 마땅히 진구는 폭풍우에 대비해 그것을 헤쳐 나가는 데 도움을 줄 수 있어야 한다. 신문 쪼가리라도 들고 비를 막아 줄 수 있어야 한다는 말이다.

그러나 에피쿠로스는 바로 이어서, 그렇다고 '항상' 도움을 청해서는 안 된다는 조건을 덧붙인다. 아마도 친구는 도움을 '항상' 청하는 사람이어서는 안 되고, 정말 절실한 상황에서만 청하는 사람이어야 할 것이다. 하지만 에피쿠로스는 우정을 현실적인 도움과 아무 관련 없는 것으로 여기지도 않는다. 왜냐하면 기대할 만한 도움이 애초에 없었다면 미래에 좋은 일이 생기리라는 희망을 꺾어 버리기 때문이다. 아마도 그렇게 되면 친구를 사귄다는 것 자체가 불가능할는지 모른다.

요컨대 우정은 위험에 대해 안전을 확보하기 위해 어떤 무엇보다 도움을 주는 것이다. 그래서 우정은 일단 미래에 도움을 주리라는 기대를 피하지 않는다. 하지만 그렇다고 '항상' 도움을 요청해서도 안 된다. 이처럼 우정은 유용해야만 성립될 수 있지만, 항상 유용하기만을 바라고 대하지는 않는 그런 관계다. 즉 우정은 유용성과 무용성의 경계 속에서 구성되는 아주 묘한 관계인 셈이다. 얼핏 보기에 유용하다는 점에서 여느 서비스관계와 다를 바 없어 보이지만, 항상 유용하게 대하지는 않기 때문에 일반적인 서비스관계와는 완전히 다른 차원의 관계이다. 그렇다면 유용하지만 유용하지 않은 이 경계 위에서 우정은 어떻게 작동하는 것일까?

XXXIV 친구들의 도움이 우리를 돕는 것이 아니라, '친구들이 도와줄 것이다'는 믿음이 우리를 돕는다.[에피쿠로스, 「바티칸 금언」 34, 『쾌락』 29쪽.]

그 경계에서는 친구들의 현실적인 도움이 우리를 돕지 않는다. 폭풍우에 맞서서 친구의 신문 쪼가리라도 도움이 되리라 기대하지만, 폭풍우에 그 신문 쪼가리론 역부족일 뿐 아니라, 결국 다 젖어 무용지물이 될 수도 있다. 그러나 우리는 그 친구들을 떠나서는 안 된다. 폭풍우에 휩쓸릴 때에도 이 친구가 굳건히 같이 있을 것이고, 또한 이 친구가 다시 나를 도와줄 것이란 믿음이 변치 않아야 도래하는 폭풍우에 더 잘 맞설 수 있게 된다. 어쩌면 믿었던 도움은 현실화되지 않고 영원히 지연될지도 모른다. 더 나아가 도움은 애초에 없었는지도 모른다. 이제 그 지연에 상관치 않는 믿음 자체가 안전을 준다고 할 수 있다.

여기에 이르러 비로소 우정은 난관을 '대신' 돌파해 주지 않는다는 사실을 분명히 이해하게 된다. 단지 그것은 두려워하지 않고 그 난관을 대면할 수 있게 할 믿음을 줄 뿐이다. 따라서 우정이란 오로지 그런 아포리아 앞에 '같이' 있어 주는 것이나. 도와줄 거라는 믿음으로 같이 있기에 두렵지 않은 것이지, 대신 난관을 해결해 줘서 두렵지 않은 게 아니다. 이 믿음은 유용성에 대한 기대가 무너져도, 그때마다 그 기대를 뒤로 하고 계속된다.

결국 이 경계에서는 친구가 있다는 것만으로도 서로에게 도움이 되는 관계가 된다. 이 경계에 이르면 유용성의 내용 자체가 변형되는 것이다. 친구가 주는 도움이 현실화되느냐에 무관하게 우정이라는 형식 자체가 유용한 도움이 된다. 이처럼 우정의 유용성은 기이한 유용성, 무용성의 유용성, 불가능한 유용성, 딩 빈 유용성이다. 이제 에피쿠로스는 우정 그 자체로 올라간다.

XXIII 모든 우정은 그 자체로 바람직하다. 비록 그것이 이득으로부터 시

작하기는 하지만…….[에피쿠로스, 「바티칸 금언」 23, 『쾌락』, 27쪽]

XXVII 일생 동안의 축복(복락makariotes)을 만들기 위해서 지혜sophia가 필요로 하는 것들 중에서 가장 위대한 것은 우정의 소유이다.[에피쿠로스, 『중요한 가르침』 27, 앞의 책, 20쪽]

분명히 현실적인 층위에서 우정은 이득, 즉 유용성으로부터 출발한다. 하지만 에피쿠로스는 우정이 그 자체로서도 바람직해야 한다고 여긴다. 여기서 에피쿠로스에게 우정은 유용성과 바람직함 사이의 양립 불가능한 대립으로 드러난다. 그것 자체로도 바람직하다는 것이 어떻게 미래의 유용성과 같이 존재할 수 있을까? 그것 자체로 바람직한 것이라면 유용성은 불필요한 것이다. 또한 존재 이유가 유용성에 의존하는 것이라면 그것 자체로 바람직한 것일 수 없다. 유용성과 바람직함은 서로 같이 있을 수 없는 것이다.

에피쿠로스는 이 대립을 좀 다르게 돌파한다. 에피쿠로스는 역설적으로 미래에 유용할 것이라는 희망, 즉 도움을 받으리라는 기대 때문에 바람직해진다고 생각한다. 즉 그것은 양립 불가능한 것들의 대립임에도 불구하고 지속적으로 서로 유용한 관계를 유지할 때만, 또 계속 그런 관계를 생산해 낼 때만 우정은 바람직할 수 있다는 말이다. 그런데 놀랍게도 그것은 실질적인 도움을 현실화시켜야만 가능한 것이 아니다. 바로 '친구들이 도와줄 것'이라는 믿음이 있으면, 그것이 바로 즉시 자신의 복락을 가져온다. 여기에 이르자 유용성의 내용은 현실화된 실질적인 도움이 아니라, 친구들이 자신을 도울 것이라는 강한 믿음뿐인 것으로 전환된다. 우정이라는 형식에 자신을 위치시키는 것 자체만으로 복락, 쾌락이다. 그리고 그것은 일생 동안의 축복(복락)을 위해 필요한 지혜들 중 가장 위대한 지혜로 받아들여진다.

/

키케로 : 보편적인 우정과 탁월한 우정

/

이제 우정은 직접 유용하지 않아도 그것 자체로 바람직하다. 물론 이 바람직함은 현실적인 층위에서는 유용성으로 드러난다. 그러나 만일 우정이 그것 자체로 바람직하다면 유용성이 설사 사라지더라도 원래부터 실재해야 한다. 이런 맥락에서 키케로Cicero, B.C.106~43에 이르자, 우정의 바람직함은 유용성이란 기원 자체를 거부하는 형태로 전환된다. 키케로는 아프리카누스Africanus와의 관계를 회고하는 과정에서 우정의 기원에 대해 묘한 전회를 보여 주고 있다.

키케로가 보기에 자신감이 강한 사람일수록 도덕적, 지적 자질도 더 강한 법이다. 이런 자질을 갖고 있다면 어느 누구에게 의존하지 않고서도 살 수 있다. 그런데 키케로 이야기에서 놀라운 것은 그런 자질이 친구를 사귀고 아끼는 능력을 강화시켜 준다는 점이다. 친구를 사귀니까 그런 자질이 강화되는 것이 아니라, 그런 자질이 있기 때문에 친구를 더 잘 사귄다. 키케로는 여기까지 이야기하고 나서 우정이 우리의 본성이라는 말을 덧붙인다.

우리가 우정을 바람직하게 여기는 것은 우리가 물질적 이익을 바라서가 아니라 우의 자체가 충분한 이익이기 때문일세. (……) 그리고 우정이 인간의 약점이 아니라 본성[사랑과 호의―인용자]에서 기인했다는 사실은 우정을 더욱 위엄 있고 진실한 것으로 만들어 줄 걸세. 만약 이익이 우정의 접착제라면 이익이 사라지면 우정도 풀어질 것이네. 하지만 본성은 바뀌지 않으므로 진정한 우정도 영원한 법이지. 이것이 우정의 기원에 관한 내 견해일세.[키케로, 『노년에 관하여 / 우정에 관하여』, 천병희 옮김, 도서출판 숲, 2011, 126쪽.]

우정의 바람직함은 우정 자체의 이익으로부터 정당화된다. 달리 특별한 이익을 주고받을 수 있기 때문이 아니다. 다시 말하면 무서움을 피하거나, 이익을 취하기 위해서라는 인간의 의존적 약점 때문에 성립된 것이 아니다. 만일 우정이 이런 약점에 기생하는 것이라면 우정은 사람들을 더욱 의존적인 관계로 구성하는 일종의 위장이 되고 만다. 그러나 키케로가 보기에 우정은 오히려 인간 본성에서 기인하는, 아주 자연스러운 관계다.

아울러 유용성은 우정이 산출하는 여러 가지 효과 중 하나일 뿐, 우정은 그보다 앞서서 구성된다. 그래서 키케로는 우정이야말로 그 어떤 인간사보다 우선시해야 할 관계라고 권한다. 우정만큼 자연스러운 것은 아무것도 없고, 행복할 때나 불행할 때나 우정만큼 적절한 것은 아무것도 없으니까.[키케로, 『노년에 관하여 / 우정에 관하여』, 114쪽.] 이 지점에 오자 우정은 단순히 유용성을 기반으로 이합집산 하는 관계라는 관점을 떠난다. 사람들은 사랑과 호의라는 공동의 성향 때문에 서로 끌리고, 서로 결합하고, 서로 즐기고, 서로 닮아간다. 이제 우정 자체가 관계를 구성시켜 주는 근본적인 원리로 제시되고 있는 것이다.

급기야 키케로는 "자연과 우주 속의 만물은 정지해 있는 것이든 움직이는 것이든 우정에 의해 결합되고 불화에 의해 분해된다"고 선언한다.[키케로, 앞의 책, 119쪽] 그래서 가정도, 도시도, 심지어 농사도 이 선의의 유대가 무너진다면 존재할 수 없는 것들이 된다. 키케로에게 우정은 긍정적 감응이고, 만남을 통해 서로의 힘을 증가시키는 관계이다. 그렇게 구성된 우정의 힘은 자연과 우주 만물을 존재하게 하는 본성이 된다. 우정 없이는 우주 만물도 없는 것이다.

여기서 우리는 하나의 커다란 전복을 지켜보게 된다. 유용성이 우정을 생산하는 것이 아니라, 우정의 관계와 힘이 처음부터 본성으로 존재하고 그 효과들 중 하나로 유용성이 산출될 뿐이다. 현실적인 층위에서는 유용성이 선차적이고, 그로부터 우정이 도출되는 것처럼 보인다. 그러나 조금만 따져 들어가 보면 유용성은 우정의 효과에 뒤따라 출현할 뿐이다. 사랑, 호의, 유대가 보편적이지, 유용성에 따라 이합집산 하는 것이 보편적이지는 않다. 오히려 유용성은 이런 우정의 바람직함을 은폐한다.

이런 관점에서 본다면 우정은 가장 본성에 부합한 관계이고, 또한 본성에 부합해야만 이루어질 수 있는 관계일 것이다. 그런데 키케로가 보기에 본성은 미덕(아름다움과 훌륭함)을 깃는 것이다. 그렇다면 우정은 미덕에 부합한 것이라고 할 수 있다. 여기에 이르러 마침내 우정은 미덕을 갖고 있는 탁월한 자들 간의 관계로 드러난다.

자신의 내면에 사랑받을 만한 이유를 갖고 있는 사람들만이 우정에 합당하다네. 그런 사람들은 드물다네. 탁월한 것은 무엇이든 드문 법이며, 어떤 종류의 것이든 모든 면에서 완전한 것을 찾아내는 것보다 더 어려운 일은 없다네. 대부분의 사람들은 인간사에서 어떤 것도 이익을 가져다주지 않으면 선한 것으로 여기지 않는다네. 그들은 마치 가축을 고르듯 가장 큰 이익이 기대되는 사람들을 친구로 고르지. 그렇게 친구를 고른다면 그 자체 때문에, 그 자체를 위하여 추구할 만한 가치가 있는 가장 아름답고 가장 자연스러운 우정을 그들은 맛보지 못할 걸세. 그런 사람들은 이런 종류의 우정의 힘이 어떤 것이고 얼마나 큰 것인지 자기 자신에게서는 경험하지 못할 걸세. 사람은 누구나 자신을 사랑하지만, 그 것은 사랑한 대가를 얻어내기 위해서가 아니라 자신을 사랑하는 것이 자연의 이치이기 때문이네. 그리고 이와 똑같은 감정을 우정에 적용하지 않는 한 진정한 친구는 결코 구할 수 없네. 진정한 친구는 제2의 자아이기 때문이네.[키케로, 『노년에 관하여 / 우정에 관하여』, 161쪽.]

이는 참으로 묘한 점이다. 우정이란 자연과 우주 만물이 이루어지는 보편적인 것이면서도 가장 탁월한 것들만이 획득할 수 있는 희소한 것이기도 하다. 그렇다면 먼저 자신이 선한 사람(미덕이 있는 사람)이 되고, 그런 다음 자기와 같은 다른 사람을 구하는 것이 이치에 맞다. 분명 사랑받을 만한 이유를 가지고 있는, 그야말로 탁월한 사람만이 현실적인 층위의 유용성을 넘어서서 관계를 상상할 수 있을 것이다. 더군다나 키케로는 그런 관계의 상대로서 '진정한 친구'를 '제2의 자아'라고 단언하고 있다. 자신을 사랑하는 것이 자연의 이치이고,

그런 자연의 이치에 맞게, 다시 말하면 자신을 사랑하는 감정과 '똑같은' 감정으로 친구를 대하지 않는 한, 진정한 친구를 구할 수 없다. 즉 우정이 자연의 이치가 되는 것은 우정 자체가 자신을 사랑하는 것이고, 진정한 친구란 제2의 자아로서 자기 자신이기 때문이다.

여기서 타자와의 관계인 우정은 자기가 자기와 맺는 관계로서 결정적으로 되돌아온다. 이렇게 함으로써 우정은 모든 유용성에 대한 의존성을 뚫고 진정한 타자, 바로 자기와 만날 수 있게 되었다. 그것은 일종의 '자기 자신과 친구 되기'이다. 결국 우정의 행위는 소수의 탁월한 자들이 자기를 배려하는 행위 안에서 이루어지는, 자기배려의 필연적인 한 형태로서 나타난다. 이 과정에서 유용성은 자기와 자기의 관계 속에서, 드러날 수도 있는 여러 가지 효과들 중 하나일 뿐, 반드시 필요한 전제조건이 아니다. 이것은 일종의 형태변환으로서, '해방된 자기'의 확장이다. 자기배려는 우정의 형태를 취하여, 유용성에 구속된 사람과 사람 간의 노예적 관계를 넘어선다.

/

세네카 : 자기 없는 자기, 우정의 정치

/

그러나 이 관계는 자칫 위험한 관계로 오해될 수 있다. 이런 논리라면 모든 사물과의 관계를 퇴행적인 자기, 자기 이익에만 충실한 자기로 환원해 버리는 것은 아닐까? 이기적인 자기 견해를 강요하면서 우정으로 착각하고 있거나, 오히려 그것을 우정으로 위장하고 은폐하는 경우가 없지 않기에, 이런 우려는 정당한 것 같다. 그런 것들을 모두 본성에 의해 발생한 우정이라고 본다면, 우정은 다시 노예적 관계에 붙잡히고 말 것이 분명하다. 이를 돌파하기 위해서 우리는 세네카를 경유하여 들어가 본다.

> 현인은 자신감이 넘쳐 운명에 다가가기를 망설이지도 않으며 결코 운명 앞에서 물러서지도 않을 것이네. 그는 운명을 조금도 두려워하지 않네. 그는 하인과 재산과 관직뿐만 아니라 자신의 몸과 눈과 손, 그리고 인생을 소중한 것으로 만들어 주는 것, 나아가 자신의 인격까지 무상한 것으로 간주하며 마치 모든 것이 자신에게 대여된 것처럼 살다가 돌려 달라면 불평 없이 모두 기꺼이 돌려줄 각오가 되어 있다네. 그러나 자신이 자신의 것이 아님을 알고 있다고 해서 그는 자신을 가치 없는 존재로 여기지 않으며, 마치 신심이 강한 양심적인 사람이 자기에게 맡겨진 것들을 돌보듯이 자신의 모든 의무를 꼼꼼하고 세심하게 수행한다네.[세네카, 『인생이 왜 짧은가』, 천병희 옮김, 도서출판 숲, 2005, 105쪽.]

먼저, 여기서 '자기'는 통념적으로 알고 있는 것과 달리, '자기의 것'이 아니다. '자기'의 모든 것은 허락을 받아 잠시 맡고 있는 것이다. 돌려 달라는 요구가 있으면, 즉시 돌려줘야 하는 대여물이다. 그런 대여물들을 자신에게서 차감하고 나면, 놀랍게도 통념적으로 알고 있는 '자기'란 사실상 없다! 세네카의 관점에서 '자기'라는 대여물을 돌려줄 채권자는 바로 자연이다. 그래서 그는 자연이 돌려주기를 요구한다면, 다음과 같이 말하겠다고 호언한다. "그대가 주었을 때보다 더 나아진 영혼을 돌려받으시오! 나는 도망치지 않을 것이고 주춤거리지 않을 것이오. 나는 그대가 준 것을 흔쾌히 돌려줄 각오가 되어 있소. 자, 가져가시오!"[세네카, 『인생이 왜 짧은가』, 105쪽.] 여기서 우리는 우리의 존재 자체를 자연으로부터 빌린 것, 즉 '타자'로 상정하고 있는 급진성을 발견하게 된다. 여기서의 '자기'는 타자들로만 구성된, '자기 없는 자기'이다. 다시 말하면 '자기'는 타자들과 타자들의 관계를 통해서 구성된다. '자기' 자체가 우정의 구성물인 셈이다. 이런 '자기' 위에서라면 앞서 말했던 퇴행적인 자기, 자기 이익에 충실한 자기는 애초에 존립근거 자체를 잃고 만다. 결국 이런 자기 개념 위에서의 자기배려는 '자기'라는 허구적 실체조차 해체시켜 버린다.

이런 '자기' 관점을 우회하여, 키케로가 통치와 우정을 연결해 설명하는 장면을 보는 것은 아주 흥미롭다. 그는 생의 마지막 날까지 우정이 지속되는 것보다 더 어려운 일도 없다고 하면서, 대중의 경우 금전욕, 그리고 상류층의 경우 관직과 명예가 바로 그런 장애물이라고 말한다. 이런 장애물이 나쁜 우정을 만들어 낼 가능성이 있을 때 어떻게 해야 하는가?

따라서 올바른 사람은 누구나 이 점을 명심해 두어야 하네. 만일 그[통치자, 관직에 있는 자―인용자]가 멋모르고 우연히 그런 종류의 우정에 빠져들게 된다면, 친구가 국가에 중대한 범죄를 저질러도 친구를 저버릴 수 없을 만큼 자신이 친구와 결속되어 있다고 느껴서는 안 된다는 것이네. 범죄자는 벌을 받아야 하고, 추종자들도 주동자들 못지않게 엄한 벌을 받아야 하네. (……) 따라서 불한당들과의 그런 협력은 우정이라는 미명으로 비호받아서는 안 되네. 오히려 그런 결탁은 가장 엄중한 벌로 다스려야 한다네.[키케로, 『노년에 관하여 / 우정에 관하여』, 135~136쪽.]

여기서 주목해야 할 점은 엄한 벌을 주어야 한다는 통상적인 이야기보다, 통치자와 대중의 정치적 관계를 우정의 관계로 묘파하고 있다는 점이다. 이 관계는 금전욕과 명예욕 때문에 깨질 위험이 큰 관계이다. 통치자들은 퇴행적인 자기(이기적인 자기)에 사로잡힌 자들로 둘러싸여 나쁜 우정에 빠져들 수 있다. 아울러 대중들도 그런 불한당들을 추종하여 나쁜 우정 속으로 빠져들 수 있다. 이런 경우, 친구를 위한다는 변명을 절대 받아들여서는 안 되고, 단호하게 처벌해야 한다. 처음에 우정을 맺어 준 것은 무엇보다도 미덕에 대한 서로의 신뢰였으나, 지금은 그 신뢰를 깨어 버리기에 그렇다.

사실 우정이 탁월한 자들 간의 관계라고 했을 때 이런 분할은 예견되었던 것이다. 푸코의 말대로 자기배려는 이미 생활방식의 선택, 다시 말해서 이런 방식의 생활을 선택한 자와 그렇지 않은 자들 간의 분할[미셸 푸코, 『주체의 해석학』, 148쪽.]을 내포하고 있다. 말하자면 우정의 관계는 통념적인 것만으로는 단순히 성취될 수 없다는 말이다. 그것은 단순히 인간 존재 그 자체 때문에, 또 인간 공동체에 단순히 속한다는 사실 때문에 가능한 것이 아니다. 여기서 드디어 우정은 정치적 관계로서 나타나고, 좋은 우정이란 퇴행적인 모습을 끊임없이 깨고, 그런 의존적인 자기를 해방시키는 특별한 정치행위로서 드러난다. 마침내 우정은 통념적인 관계를 넘어서서 새로운 관계, 새로운 자기를 지향하는 운동으로 전환된다.

이것은 아주 묘한 순환이다. 사랑과 호의라는 본성에 의해 탁월한 자들끼리의 관계로 자연스럽게 나타났던 우정. 그러나 그 우정은 유용성을 계속 지녀야만 미래의 희망으로 존속될 터인지라, 현실적인 층위에서는 불가피하게 유용성 가치를 완전히 배제할 수는 없다. 그러나 그것 때문에 우정은 퇴행적인 자기를 만들어 낼 위험에 항상 처한다. 그래서 다시 우정은 퇴행적으로 변할지 모르는 '자기' 자체를 매번 깨는 방식으로 다시 '자기'에게로 되돌아와 작동한다. 그것은 아주 공격적이고 해체적인 귀환이 될 것이다. 그래서 니체는 "너는 노예인가? 그렇다면 벗이 될 수 없다. 너는 폭군인가? 그렇다면 벗을 사귈 수 없다"[프리드리히 니체, 『차라투스트라는 이렇게 말했다』(니체전집 13권), 정동호 옮김, 책세상, 2007, 94쪽]라는 말로 이것을 더욱 극적으로 보여 주었다. 아마도 이런 점에서 '자기'는 우정과 더불어, 우정과 싸우며, 매번 깨시는 형태로만 존재하게 될 것이다. 따라서 우정은 퇴행적인 자기를 깨서 항상적으로 '자기 없는 자기'로서 존재하게 하는 자기배려의 형식이자, 해방의 정치인 셈이다.

　　　　　　＊　　＊　　＊

　　친구들의 불우한 근황은 나로 하여금 유용성이 깨진 사리에서 사람과 사람의 관계를 아주 낯선 시선으로 바라보게 한다. 불우한 친구들 때문에 마음이 울적해지기도 했지만, 여전히 우리들은 현실적으로 필요해서 만나고 있는 듯했다. 아마 이제 그런 관계를 넘어서 순수하게 친구를 만난다는 것은 불가능해진 것 같다. 그래서 친구와의 관계는 허위로 더욱 꽃피어 간다. 마치 쓰러져 가는 폐가에서 더욱 화려해지는 곰팡이처럼 말이다. 그렇다고 울컥해진 마음에 그 친구들을 동정하고 만다면, 그것은 내 자신의 찜찜함을 손쉽게 지워 버리기 위해 한낱 허위적인 제스처로 퇴행하는 것일 뿐이다. 오히려 이런 동정심만을 쌓아 올릴 뿐, 서로의 생활을 바꿀 수 없는 것이라면, 이제 그것은 우정이 아니라고도 생각되었다. 내가 친구를 떠나기보다, 우정이 우리를 떠나 버린 느낌이다.

하지만 또 이런 생각도 들었다. 자연과 우주 만물이 이미 우정의 산물이라고 했다. 그리고 탁월한 자들만이 우정에 합당하다고도 했다. 그렇다면 우리는 언제나 이미 탁월한 자들이었는지도 모르겠다. 이렇게 버젓이 자연의 한 구성원으로 존재하고 있는 걸 보면 말이다. 그래서 우정은 항상 탁월한 자들에게서 생성될 뿐 아니라, 퇴행하기도 거듭하고 있는 게 아닐까라는 생각이 든다. 그렇다면 결국 우정은 퇴행과 전진을 거듭하며 우리를 재구성하는 것으로서만 존재하고 있는 것일 거다.

그래서 나는 사실 순수하리라 믿었던 그 허위의 우정이 떠난 자리에서라야, 이를테면 오히려 백전백패 이후에야, 새로운 우정이 꽃피는 게 아닌가 하는 생각이 들었다. 어쩌면 그것은 하나의 정치로서, 나와 친구들의 관계를 해체하고 재구성하는 힘으로서 발명되어야 할 것이다. 아울러 그런 힘을 발명하기 위해서는 내 자신도 또한 동시에 해체되고 재구성되어야 할 것이다. 자명하다고 느꼈던 친구들에게 달려가서, 봉급과 승진에 말려들지 말고, 불안과 두려움으로 쫓기지 말고, 금권과 망상에 사로잡히지 않는, 새로운 자기, 새로운 활동, 새로운 공동체를 제안하는 것, 아마 그런 제안의 용기를 내보는 것, 바로 그것이 나에겐 새로운 삶을 예비하는 우정의 귀환일지 모르겠다.

1-4장.
자기배려와 사랑,
진리로 함께 날아오르기 : 플라톤, 에픽테토스

토요일이면 아이 손을 잡고 뒷산에 오르는 것은 언제나 큰 기쁨이다. 특히 그 산길은 도서관으로 가는 산책 코스이기도 해서 자주 걷게 된다. 물론 도서관은 버스를 타고 갈 수도 있다. 그러나 아들 녀석과 산책하는 기분에 비할 게 아니다. 버스 유리창 풍경에 빼앗길지 모를 정다움을 사수할 수 있기에 더욱 그렇다. 소나무, 참나무, 왕벚나무로 둘러싸인 비탈길에선 뒤에서 잡아 주고, 바위가 나오면 안아서 넘어간다. 평평한 길이 나오면 손을 잡고, 도란도란 그간 못 다한 얘기도 나눈다. 이러다 보면 가슴에 애틋함은 한껏 커져, 아이에게 내 모든 것을 주고 싶은 마음이 부풀어 오른다. 참 이상한 일이다. 가지고 있는 것은 쥐뿔도 없으면서 뭔가 나눠 주고 싶다니. 그래서 아내는 뭐든 아이의 모든 것을 시시콜콜 챙겨 주게 되었나 싶다. 지금까지 내 삶에서 이보다 사람을 사랑했던 적은 없었던 것 같다. 아내와 연애를 할 때보다 그런 감정이 더 샘솟는 느낌이다. 나이 탓인지도 모르겠다. 혹은 다른 이유가 있을지도 모르겠으나 지금의 나로서는 그 이유를 알지 못하겠다.

그러나 이런 생각이 들 때마다 아이의 미래가 의문이다. 어쩐지

한심한 생각이 든다. 엄마와 함께하지 않는다면 아이 혼자서는 아무 것도 못할 것 같아서다. 아침에 일어나는 것도, 밥을 먹는 것도, 심지 어 친구들과 무리지어 노는 것도 엄마들끼리 모여야만 했다. 이러다 가는 평생 자기 스스로 할 줄 아는 것은 없고, 모든 걸 다 의존할까 두 렵다. 주변 이야기를 들어보면 이런 게 요즘 평범한 사람들의 일상인 것 같기도 하다. 하지만 그렇게만 두고 보기엔 정말 곤란한 일이다. 그렇게 생각하는 순간, 우리가 공범이라는 느낌이 퍼뜩 들었다. 우리 들이 너무 사랑하니까 아이가 망가진다는 기묘한 결과를 갖는 것이 다. 이래도 되는 걸까라는 불안이 스멀스멀 올라온다. 사랑하면 할수 록 사랑의 대상이 무너지고 만다는 이런 아이러니를 도대체 어떻게 설명해야 할까?

/

알키비아데스, 사랑이 떠나다

/

고대 그리스 아테네에 알키비아데스라는 호남이 있었다. 어린 시 절에는 뭇 남성들을 사로잡아 부인들을 독수공방하게 만들었고, 나 이 들어서는 여성들의 인기를 독차지해 남편들을 전전긍긍하게 했다 는 그 사람이다. 더군다나 당대의 대정치가였던 페리클레스가 그 뒤 를 봐주고 있어서 뒷배경도 대단했다. 그런 그가 흥미롭게도 철학자 소크라테스와 함께 전쟁에 참가했다는 기록이 플라톤의 『향연』에 전 해진다. 심지어 전투 중에 소크라테스가 알키비아데스를 구출하는 장면이 알키비아데스 본인의 말로 묘사되어 있기까지 하다.[플라톤, 『향연』, 강철웅 옮김, 이제이북스, 167쪽(220d~e).] 그만큼 끈끈한 사이였다는 말이다. 아니나 다를까 『향연』 끝 무렵에 알키비아데스 자신이 다른 사람에게는 무례했지만, 소크라테스를 만나고 난 후로는 그를 따르고 그의 철학에 열중하게 되었다는 수줍은 고백이 나온다.

물론 소크라테스도 이 청년을 깊이 사랑했다. 그런데 이 사랑은 다른 구애자들의 그것과 달리 묘한 것이었다. 소크라테스의 사랑을 통상적인 사랑으로 뭉뚱그려서는 안 된다는 말이다. 숱한 이들이 알키비아데스와 육체적 사랑을 갈망할 때, 소크라테스는 그의 털 끝 하나 건드리지 않는다. 그렇다고 그의 감각을 어떤 초월적인 것으로 지레 짐작하여 한정해서도 안 된다. 성인 남자의 소년애를 광범위하게 인정했던 당시 사회 통념으로 볼 때 그것은 반시대적인 감각이었다. 아주 묘한 사실은 알키비아데스가 육체적 매력이 사라질 징후가 보이기 시작한 18세가 되어서야, 소크라테스는 알키비아데스에게 다가가고 있다는 점이다. 그 시점은 알키비아데스가 정치 입문을 강하게 열망하는 순간이기도 하다. 우선 이 부분부터 점검하여 넘어갈 필요가 있다. 다음은 이 순간에 소크라테스가 건넨 철학적 대화의 한 부분이다.

딱하군 그래, 알키비아데스, 이게 무슨 꼴인가! 내가 그것을 딱히 뭐라고 부르긴 주저되지만, 그럼에도 우리끼리만 있으니까 말해야겠네. 잘난 친구야, 우리의 논의도 자네를 탓하고 자네 자신도 자기를 탓하고 있듯이, 자네는 무지를, 그것도 가장 극단적인 무지를 끼고 살고 있는 셈이네. 그러니까 자네는 교육도 받기 전에 정치에 달려든 셈이지. 그런데 자네만 이런 꼴인 게 아니라, 나랏일을 행하는 이들 가운데 대다수 역시 그런 꼴이라네. 아마도 자네 후견인인 페리클레스를 비롯한 소수의 사람들을 빼고는 말일세.(플라톤, 『알키비아데스 I·II』, 김주일·정준영 옮김, 이제이북스, 2007, 79~80쪽(118b).)

알키비아데스는 정치 지도자가 되려는 야망을 가졌다. 하지만 소크라테스가 생각하기에, 한 나라의 지도자가 될 작정이라면 라케다이몬(스파르타)이나 페르시아 왕 정도와는 경쟁할 줄 알아야 한다. 그러나 알키비아데스는 메추라기 놀이에나 능한 메이디아스 정도의 하찮은 상대일 뿐이다. 고작 그런 상대나 되려는 거라면 더 배울 필요도, 더 단련할 이유도 없다. 디군다나 그런 사람이 정치에 뛰어드는 것은 당사자에게나, 나라에게나 심각한 문제가 아닐 수 없다. 그래서 소크라테스는 그런 사실도 모르고 정치에 나서려는 알키비아데스에게 '무지'하다고 돌직구를 던졌다.

그렇다면 페르시아나 라케다이몬 왕들의 상대는 어떻게 되는 것일까? 체력, 지식 같은 현실적으로 유용한 힘만 키우면 되는 걸까? 물론 산술적인 힘을 기준으로 보면 그리 생각하는 것이 당연하다. 그러나 사실 체력이나 지식 면에서 보면 알키비아데스도 이미 충분히 높은 수준에 있었다. 더군다나 페리클레스라는 막강한 후견인까지 두고 있었기에 상식적으로는 또래 어느 누구보다 큰 힘을 갖고 있는 셈이었다. 가시적인 힘만 놓고 보면 오히려 알키비아데스를 애송이 취급하는 소크라테스의 평가야말로 크게 잘못된 것으로 보인다.

그러나 소크라테스는 이 힘을 다르게 접근한다. 다른 사람들은 알키비아데스의 육체가 시들자 그 곁을 떠나지만, 소크라테스는 끝까지 곁에 남는 사람이다. 그 이유는 소크라테스가 그의 육체가 아니라, 혼을 사랑해서다. 이것은 사랑을 다르게 감지하는 자만이 가진 새로운 감성이라고 할 수 있다. 지금까지 구애자들의 사랑은 육체에 대한 사랑이었다. 사랑은 육체에 휩쓸려 흙탕물이 될지도 모를 곳으로 떠내려간다. 반면 소크라테스는 구애자들의 성적인 교제를 지성적인 교제로 전환할 것을 요구하고 있다. 그런데 이 시도를 위해 소크라테스가 알키비아데스에게 전하는 말은 다소 의외다. "부디 나의 말과 델피에 있는 글귀를 받아들여 자네 자신을 알도록 하게. 돌봄epimeleia과 기술(앎)이 아니라면 다른 무엇으로도 그들을 능가할 수 없을 걸세."「플라톤, 『알키비아데스 I·II』 91쪽(124b).」

사실 알키비아데스로선 육체의 아름다움이 시들어 자신의 효용이 사라지는 것만큼 괴로운 일은 없다. 그는 사라지는 사랑에 대해 한마디도 못한다. 사람들에게 눈을 뜰 나이가 되자 사랑은 흩어져 버린다. 그래서 구애자들이 등을 돌리는 것은 좀처럼 해소되지 않는 불안이다. 소크라테스는 바로 이런 불안을 간파하고, 관계의 전환을 시도하고 있었다. 그것은 기존의 관계와는 확연히 다른 관계다. 기존의 육체적 사랑 속에는 성인 남자와 소년이라는 신분상 불균형이 내포되어 있었다. 소년은 성인 남자가 하자고 하는 대로 할 수밖에 없는 수동적 존재일 뿐이다. 물론 소년이 청년이 되면서 이런 불균형을 제거할 기회를 얻게 된다. 그러나 육체의 아름다움이 시들기 때문에 구애자들은 다 떠나고 소년은 홀로 남게 되는 역설적인 상황을 맞이하게 된다. 소년의 불균형은 그대로인 채로 맞이한 성인인 것이다.

이런 점에서 소년애는 매우 역설적이다. 소년은 불균형한 관계를 통해 상대방(성인 남자)이 보여 주는 사랑만을 수동적으로 받아왔다. 그리고 그것을 사랑이라고 여겨왔다. 하지만 이제 사랑하는 사람들이 떠나게 되자, 문제가 드러난다. 다르게 살았어야 했던 것이다. '사랑의 시간 동안 그저 주어진 사랑을 수동적으로 받기만 해선 안 된다', '사랑받는 사람도 뭔가를 해야 한다' 그리고 '더불어 사랑하는 사람도 뭔가를 함께해야만 한다'는 생각이 불현듯 들게 되는 것이다. 홀로 있게 되자마자 지금까지는 사랑하는 사람들의 숭배와 찬탄 속에 감추어져 있었던 질문들이 솟아오른다. 소크라테스는 이를 예리하게 끄집어내 되묻는다. 당신은 자기 자신을 돌볼 수 있는가?

/

파이드로스, 새로운 사랑에 눈뜨다

/

이 문제는 특히 『파이드로스』에서 정면으로 다루어진다. 뤼시아스는 소년 파이드로스를 유혹하려는 가상의 구애자다. 그는 기발하게도 "사랑하는 사람erastes보다 사랑하지 않는 사람에게 호의를 베풀어야 한다"[플라톤, 『파이드로스』, 조대호 역해 문예출판사, 2008, 11쪽(227C).]는 궤변으로 파이드로스를 유혹하려 하고 있다. '사랑하는 사람들'은 사랑에 대한 대가와 손해를 따지게 되지만, '사랑하지 않는 사람들'은 그렇지 않다는 것이 그 이유다. 사랑하는 사람들은 새로운 애인을 얻으면 이해득실을 따져 옛 애인을 헌신처럼 내버린다. 더군다나 그들은 소유욕에서 비롯된 질투심 때문에 자신의 애인이 다른 사람들과 만나는 것을 방해하고 외톨이로 만들 수도 있다. 이 때문에 사랑받는 사람eromenos이 슬기롭게 처신하려다가, 오히려 사랑하는 사람과 불화에 빠질 수 있다. 왜냐하면 사랑받는 사람이 슬기로워지면 사랑하는 사람 마음대로 다룰 수 없게 되어, 사랑하는 사람의 소유욕을 충족시켜 주지 못할 수 있기 때문이다.

뤼시아스는 사랑하는 사람(성인 구애자)은 사랑받는 사람(소년)을 지독히 노예적으로 만들기에 사랑받는 사람은 사랑하지 않는 사람(뤼시아스 자신과 같은 사람)에게 자신의 호의를 베풀어야 한다는 기만적인 결론을 도출해 버린다. 이런 어이없는 주장은 계산적인 태도에서 나온 궤변이다. 뤼시아스는 파이드로스의 육체에만 관심을 갖는 아주 지능적인 쾌락주의자다. 그는 사랑하는 사람의 거짓 문제를 열거하면서, 사랑하지 않는 사람을 돋보이게 만들어 사랑받는 사람(소년)이 그릇된 판단을 하도록 한 셈이었다.

그러나 소크라테스는 그런 접근법으로는 진실을 말할 수 없다며 '사랑과 진실'의 문제를 제기하고 있다. 그리고 이것은 뜻밖에 광기에 대한 예찬으로 시작한다. 옆에서 사랑하는 사람보다 사랑하지 않는 사람에게 더 호의를 베풀라고 하는 이유는 전자가 광기에 사로잡혀 있고, 후자가 분별이 있다고 생각해서이다. 그러나 그것은 진실이 아니다. 오히려 신의 선물로 제공되는 광기mania 덕분에 좋은 것들 가운데 가장 큰 것들이 생겨난다고 보아야 한다.(플라톤, 『파이드로스』, 54쪽(244a)) 그래서 역사에서 이름이 난 사람들은 광기를 부끄러운 것으로 여기지 않았다. 광기야말로 새로운 것을 만들어 내는 신적 섭리인 것이다. 그것은 새로운 꿈과 노래를 보석처럼 품고 있는 선물이라고 해야 한다. 이 광기 예찬은 소크라테스의 사랑이 얼마나 반시대적인지를 예고하는 것이기도 하다.

광기에 대한 예찬으로 시작한 소크라테스의 연설은 플라톤 철학의 정수를 보여 준다. 플라톤에게 사랑은 천상의 이데아로 가는 하나의 여행이다. 하지만 인간 영혼이 천상을 여행하는 것이 그리 순탄하지만은 않다. 그래서 사실상 이 여행은 일종의 전투와도 같다. 우리가 관심을 가져야 하는 것은 이데아가 천상에 있다는 묘사보다 전투와도 같다는 이 여행의 과정이다.

이데아란 보이지는 않지만 어딘가에는 있을 사물의 진면목을 말한다. 말하자면 이데아는 우리가 살고 있는 세상의 진실이다. 그러나 진실은 쉽사리 드러나지 않는다. 마치 누군가 일부러 감춰 놓은 듯이 숨겨져 있다. 하지만 방법이 있다. 플라톤은 우리 영혼이 이 세상에서라도 아름다움을 체험하면 숨겨져 있는 진실을 상기할 수 있고, 동시에 진실로 향하는 힘을 얻을 수 있게 된다고 말한다. 야밤에 허름한 골목, 한낱 쓰레기통 옆에서라도, 사랑하는 그녀의 아름다움을 보면 사물의 빛나는 진면목이 드러난다는 말이다. 사랑을 통해 그는 잃었던 날개를 다시 얻는다. 사랑받는 사람의 아름다움에서 유출되는 '흐름'이 예전에 꺾여 없어져 버렸던 날개를 다시 돋게 한다.

사랑의 대상인 아이의 아름다움에서 나오는 유출의 원천을 '히메로스'himeros라고 한다. 이 '히메로스'에 흠뻑 젖으면 한순간 어떤 것과도 비할 바 없는 달콤한 쾌락에 빠진다. 그런데 사람들은 이런 쾌락

감정을 '에로스', 즉 '날개 달린 신'이라고 오해한다. 육체적 쾌락에 빠져 헤어 나오지 못하는 자들은 이를 오해해서 그리되었다. 그러나 소크라테스는 그것을 '프테로스'Pteros 즉 '날개 달아주는 신'이라고 해서 말장난으로 응수한다. 히메로스는 진리로 이끄는 하나의 중개(날개 달아주는 신)이지, 진리 그 자체(날개 달린 신)는 아니다. 이로부터 시작한 생각은 아주 새로운 차원의 사랑으로 이끈다.

> 그(사랑하는 사람)가 시간을 들여 이런 일을 하면서 운동 경기장에서뿐만 아니라 다른 종류의 교제 가운데 신체적인 접촉을 하면서 그와 가까이 하면, 제우스가 가뉘메데스를 사랑할 때 '히메로스'라고 이름붙인 그 흐름의 원천이 사랑하는 사람에게 옮겨 가, 그중 일부는 그 자신에게 스며들고, 일부는 그에게 가득 차 밖으로 넘쳐 흐르지. 그리고 마치 바람이나 메아리가 매끈하고 딱딱한 표면에 부딪혀 그것이 생겨난 데로 되돌아가듯, 그 아름다움의 흐름은 다시 아름다운 자에게 되돌아가, 영혼에 이르는 입구인 그의 눈을 통과한 뒤 영혼에 이르러 날개의 출구들을 들어올리고 그것들을 부풀려 날개가 자라게 하고 사랑받는 이의 영혼을 사랑으로 가득 채우네.[플라톤, 『파이드로스』, 84쪽(255c~d)]

아름다움의 흐름은 사랑받는 사람에게서 나와 사랑하는 사람에게로 옮겨 간다. 그러나 그것은 메아리처럼 다시 아름다운 자, 즉 사랑받는 사람에게 되돌아간다. 따라서 사랑받는 이의 영혼에도 날개가 돋는다. 이것은 기묘한 전환이다. 처음에 뤼시아스는 "어떻게 사랑해야 하는가"라는 질문에 초점을 맞췄다. 그래서 당연히 대가와 손실에 휘둘리는 거짓 사랑이 문제가 된다. '어떻게'라는 물음에는 사랑의 효용성을 기준으로 답을 제시할 수밖에 없기에 그리되었다. '어떻게'라는 말 자체가 이미 효용성만을 대답으로 강제하고 있는 것이다. 결국 사랑은 이런저런 해악 때문에 기만적인 것으로 규정되고 말았다. 그러다 보니 사랑하는 사람보다 사랑하지 않는 사람이 오히려 해가 없는 사람처럼 된다. 뤼시아스의 방식으로는 절대 사랑할 수도, 사랑받을 수도 없는 것이다. 사랑하지 않는 사람에게 더 호의적으로 대하라고 한 궤변은 바로 이런 기만에서 나온다.

그러나 소크라테스가 보기에 출발부터 틀렸다. "어떻게"를 묻기 이전에 "사랑이란 무엇인가"를 묻고 대답했어야 했다. 뤼시아스의 경우에는 암묵적으로 사랑이란 것을 주고받는 행위, 즉 교환행위로 규정했다. 그러나 소크라테스는 문제 자체를 뒤집어, "사랑이 무엇인가"를 묻는다. 소크라테스가 보기에 사랑은 아름다움을 체험하고 영혼이 이데아로 상승하도록 돕는 조력자다. 그러니까 이데아로 날아올라가도록 날개를 달아주는 신, 즉 '프테로스'이다. 이렇게 되면 사랑을 주고, 그 대가로 무엇을 받아야만 하는 교환의 논리에서 벗어날 수 있게 된다. 이제 사랑은 '이데아를 향한 여행'으로서 새로운 기반을 얻는다. 사랑은 교환 행위가 아니라 진리의 문제가 되는 것이다.

이 순간 놀랍게도 사랑하는 사람과 사랑받는 사람 사이의 불균형, 즉 능동적인 자와 수동적인 지리는 불균형이 일시에 해소된다. 원래 사랑받는 자는 사랑하는 자와 동등한 자격으로 사랑의 능동적 주체가 될 수 없었다. 항상 사랑하는 사람들은 사랑받는 자인 소년에게 어떤 보상을 요구하는데, 사랑받는 사람들은 이것에 수동적으로 응

할 수밖에 없었다. 즉 히메로스는 일방통행일 뿐이었다. 그래서 뤼시아스처럼 사랑은 어떠해야 한다는 '행위와 행위의 교환'에만 집중하게 된다. 하지만 아무리 소년이 보상을 한다고 하더라도, 사랑하는 사람은 만족할 줄 모르기 때문에 항상 사랑과 보상은 서로 해소되지 않는다. 즉 교환은 사랑에서조차 불균형을 낳을 뿐이다.

그러나 사랑이 진실과 관련되자마자 이야기는 달라진다. 서로의 사랑이 실현되기 위해 두 사람 모두 진실에 도달할 수 있어야 한다. 아름다움에서 나온 유출이 다시 사랑받는 사람에게 돌아가는 것은 이런 이유다. 사랑은 진실의 히메로스를 그대의 눈에서 나의 눈으로, 나의 눈에서 그대의 눈으로 실어 나른다. 이제 사랑은 진리에 대한 사랑으로 전환되고, 사랑하는 자와 사랑받는 자가 진리의 입장에서 동등한 위치에 자리 잡게 된다.

이런 관점에서 푸코는 『파이드로스』에 나타난 소크라테스-플라톤의 연애술이 진실에 이르고자 하는 욕망과 관련된다고 보았다. 즉 그것은 상대방에게 환심을 사려는 연애술이 아니라, 주체의 금욕과 진리를 향한 공동의 접근에 초점을 맞춘 연애술이다.[미셸 푸코, 『성의 역사 2: 쾌락의 활용』, 문경자·신은영 옮김, 나남출판, 2004, 278쪽.] 이런 상황에서는 어느 한쪽이라도 진실에 도달하지 못하면 그 사랑은 이루어지지 않는다. 사랑은 서로의 눅눅한 마음을 적신다. 그리고 그 적신 자리에서 모두의 날개가 돋는다. 그런 뒤 진리로 함께 날아오른다. 이건 묘한 진실게임과도 같다. 진실을 둘러싼 사랑의 게임. 이것이 바로 소크라테스에 의해 발명된 사랑의 혁명이다.

/

사랑은 진실을 둘러싼 게임이다

/

어떤 의미에서 이것은 삶 자체를 진실을 향한 게임으로 이해해야 가능한 이야기이다. 어쩌면 이 게임은 전투에 가까운 것일지 모른다. 이 진실게임을 분명히 이해하기 위해서 에픽테토스Epictetus, 55?~135?의 다음 말을 징검다리 삼아 잠시 에둘러 갈 필요성이 생긴다.

너는 연회에 참석하고 있는 것처럼 살아가야만 한다는 것을 기억하라. 무언가가 돌아다니다가 너의 자리에 올 때, 손을 뻗어서 적절한 몫을 취하라. 그것이 지나가는가. 붙들지 말라. 아직 오지 않았는가, 그것을 향해서 너의 욕구를 내놓지 말라. 하지만 너의 자리에 올 때까지 기다리라. 너의 아이에 대해서도, 마누라에 대해서도, 지위에 대해서도, 부에 대해서도 이와 마찬가지로 행동하라. 그러다 보면 너는 언젠가 신들의 연회에 함께할 만하게 될 것이다. 그러나 그들이 네 앞에 놓았을 때조차도 이런 것들을 취하지 않고 경멸한다면, 그때에는 신들의 연회를 함께할 뿐만 아니라 또한 그들과 함께 지배하게 될 것이다. 왜냐하면 이렇게 행동함으로써 디오게네스와 헤라클레이토스, 또 그들과 같은 사람들이 마땅히 신들과 같이 되었고 또 그렇게 불리게 될 것이기 때문이다.|에픽테토스,
『엥케이리디온 : 도덕에 관한 작은 책』, 김재홍 옮김, 까치, 2003, 31쪽.|

에픽테토스에게 삶의 마당은 하나의 연회다. 사람은 무대 위에

올라선 배우와 같다. 만일 이 연극의 작가가 나에게 "거지의 구실을 하기를 원한다면, 이 구실조차도 또한 능숙하게 연기해야 한다."[에픽테토스, 『엥케이리디온』, 33쪽] 이 연회에서 어떤 구실을 하라는 것은 주어지는 것이지 나에게 달려 있는 일은 아니다. 그러나 그 주어진 구실을 잘 연기하는 것은 나에게 달려 있는 일이다. 이를 숙명론적인 역할에 수동적으로 복종하는 것으로 이해해서는 안 된다. 우리가 더 주목해야 할 점은 연회에 참여하고 있는 주체들을 하나의 가면일 뿐이라고 여긴다는 사실이다.

여기서 에픽테토스는 각 주체들이 고정된 다른 주체들을 자신의 소유로 만들려고 헛되이 욕망하지 말 것을 요청한다. 즉 그것들을 자신의 권력 아래 두지 말라는 것이다. 아이에 대해서도, 마누라에 대해서도, 그리고 심지어 지위나 부에 대해서도. 이것들은 하나의 가면에 불과할 뿐이다. 이런 가면의 가면됨을 알고 그런 것들을 허겁지겁 취하지 않을 수 있을 때에야, 비로소 '신들의 연회'를 함께할 수 있게 되며, 그 순간 그들과 함께 세계를 지배할 수 있게 된다. 요컨대, 자신을 지배해야 세계를 지배한다. 사실 알키비아데스에게 필요한 것은 바로 이것이다. 자유로워지고자 하는 사람은 다른 사람에게 달려 있는 것들을 원하지도, 회피하지도 말아야 한다.

따라서 자신의 가면을 진짜로 보고, 진실을 허상으로 보는 오류에 빠져선 안 된다. 그러기 위해선 자신을 둘러싼 것들에 대한 깊은 탐구가 필요하다. 왜냐하면 자신에 달려 있는 것인지, 다른 사람에게 달려 있는 것인지, 깊이 성찰해야 하기 때문이다. 죽음과 질병은 자신에 달려 있지 않다. 자연으로부터 나에게 다가온 것이다. 심지어 육체도 나에게 달려 있지 않다. 그것은 태어나자마자 주어진 것이다. 내 몸조차 내 것이 아니다. 재산, 평판, 지위 등등 그것들은 더더욱 나에게 달려 있는 것이 아니다. 그것들은 우연히 나와 가까이 있게 된 것들이며, 그것들은 언제든지 달아날 수 있다. 따라서 그것들을 욕망한다는 것은 나의 것이 아닌 것들을 욕망하는 꼴이니, 성취하기 어렵다. 그러나 믿음, 충동, 선택, 욕구, 혐오 같은 것들은 나에게 달려 있다. 이것들은 자유롭고, 방해받지 않는다. 반면 나에게 달려 있지 않은 것들은 노예적이고, 무력하다.

결국 삶의 연회에서 성공하기 위해서는 나에게 달려 있는 것들을 다스리는 수밖에 도리가 없다. 믿음을 잘 다듬고, 충동을 잘 조절하고, 욕구를 탁월한 곳으로 방향 잡게 해야 한다. 결국 소크라테스가 알키비아데스에게 했던 말, "지기 자신을 잘 돌보는 것"(자기배려)이란 이렇게 자기에게 진정으로 달려 있는 것들에 대한 지배력이다. 에픽테토스에 따르면 그것은 자기에게 달려 있는 것과 아닌 것을 분별할 줄 아는 것으로부터 출발한다.

사랑의 경우도 마찬가지다. 푸코의 말대로 사랑도 스스로 자신에게 행사하는 지배력에 의해 확보되는 '쾌락의 관리술' 안에 놓인다. [11] 셸 푸코, 『성의 역사 2』, 279쪽.] 『파이드로스』의 마차 이야기는 바로 이것을 말한다. 영혼은 한 쌍의 날개 달린 말들과 마부가 합쳐진 능력과 같다. 말들 가운데 하나는 좋고 하나는 나쁘다. 나쁜 말 때문에 마부는 힘이 배로 들 것이다. 영혼은 높이 날아올라 이데아로의 상승을 시도한다. 날개가 있는 완전한 상태에서는 높이 날아오르지만, 날개를 잃으면 무언가 단단한 것(흙)에 도달할 때까지 추락하고 만다. 플라톤에 따르면 우리들의 육체가 그 추락의 결과다. 만일 나쁜 말이 거듭 승리하면 채찍과 몰이막대에도 불구하고 쾌락으로 날뛴다. 안타깝게도 그는 쾌락이 사랑인 줄 안다. 결국 그는 그것 때문에 결코 진실에 도달할 수 없게 된다. 하지만 이 위험한 싸움에서 좋은 말이 이기면 마부는 육체적인 쾌락에 대한 탐닉을 넘어 천상의 세계를 향해 날아오를 수 있는 날개를 다시 얻는다. 영혼은 이 날개로 진리를 향해 난다. 사랑은 바로 지혜로 이끄는 일종의 힘인 것이다. 이 마부 이야기를 하고 나서 소크라테스는 파이드로스에게 마침내 다음과 같이 양생하는 생활(질서 있는 생활)을 하도록 처방을 내린다.

> 정신의 더 뛰어난 부분들이 이겨서 그들을 질서 있는 생활 태도[양생하는 생활 태도―인용자]와 지혜에 대한 사랑으로 이끌면, 그들은 이곳의 삶을 복되고 조화 있게 살아가네. 자기 자신을 억제하고 절도를 지키면서 영혼의 열등함을 낳는 것을 노예로 삼고 탁월함을 낳는 것에 자유를 허락하지. 그리고 삶이 끝나면, 날개를 달고 가벼워진 상태로 진짜 올림피아 경기의 세 판 중 한 판에서 승리를 거두는데, 인간적인 분별이나 신적인 광기 가운데 어느 것도 그것보다 더 좋은 것을 사람에게 베풀어 줄 수 없다네.[플라톤, 『파이드로스』, 86쪽(256a~b).]

여기서 사랑하는 사람과 사랑받는 사람 사이의 사랑은 지혜에 대한 사랑으로 전환된다. 이제 비로소 두 사람 모두 함께 날개를 다시 얻고 영혼의 상승을 기대할 수 있게 되는 것이다. 모두 함께 진실로 향한다. 소크라테스는 '이데아 전략'을 통해서 사랑하는 사람과 사랑받는 사람이라는 통념적인 분할을 해소(혹은 통일)시키고, 오로지 진실에 의한, 진실을 위한, 진실의 사랑을 발명해 낸다. 그리고 그것은 내 안의 욕망과 싸우고, 내가 가야 할 진실을 향해 싸우는 사랑이다. 아울러 그것은 생활 자체를 질서 있게 재편하여야 가능한 사랑이다. 이런 의미에서 '이데아'는 진실에 의해 서로의 관계를 재정립하고, 새로운 생활을 만들기 위해 고안된 전략 혹은 방편이라고 볼 수도 있다.

이 사랑의 논리는 에픽테토스의 연회론과도 일맥상통한다. 사실 에로스는 이 연회를 주최한 자일 것이다. 에로스는 연회에 참석하는 사람들에게 사랑하는 사람과 사랑받는 사람이라는 역할을 준다. 표면적으로는 능동적인 것과 수동적인 것으로 분할되는 듯이 보인다. 그러나 그것은 가면일 뿐이다. 가면을 가면으로 이해하고, 주어진 가면 역할을 즐길 수 있다면, 상대방의 가면을 탐할 이유가 없어진다. 다시 말하면 다른 가면을 자신의 가면 아래로 복종시키려는 헛된 노력을 하지 않는다. 그것들은 자기에게 달려 있지 않을 뿐 아니라, 설사 그것들을 빼앗더라도 자신의 가면이 우월해지는 것이 아니고, 오히려 연회를 망칠 위험만 있을 뿐이다. 진실은 그만큼 더 멀어진다.

그러나 믿음, 욕망, 충동같이 나에게 달려 있는 것들은 다르다. 끊임없이 가면들의 연회를 즐길 줄 아는 사람이 되기 위해서는 이 욕망들을 지배할 줄 알아야 한다. 이 연회는 '신들의 연회'에 이를 때까지 끊임없이 계속될 것이다. 더불어 우리는 이 게임을 끊임없이 진행하게 된다. 이 연회에서의 승리란, 바로 사랑하는 사람과 사랑받는 사람 모두가 진리로 가는 날개를 얻는 것이다. 이런 점에서 사랑 또한 자기 배려의 한 형태로서 존재하는 하나의 고투, 진실을 향한 여행인 셈이다. 그것은 애인 앞에서 자기를 돌볼 수 있어야만 승리할 수 있는 아주 묘한 진실의 게임이다.

* * *

나도, 아내도 진리의 여행 위에서 아이를 만나지 않았다. 나 자신조차 진리의 여행에 들어서지 않고 있었다. 아마도 내가 아이를 대면하면서 느꼈던 애틋한 감정은, 설사 그것이 안아주고, 도와주고, 이끌어 주고 싶은 마음일지라도 '사랑'이라 해선 안 될 것 같다. 내가 사랑이라고 착각했던 것은 차라리 다른 가면에 대한 노예적인 욕망이었다고 말해야 할 것이다. 아이가 나만을 사랑하고 복종하기를 바라는 마음에서 솟아나온 감정이었을 뿐이라고 말이다. 그것이 겁탈하는 욕망과 무엇이 다르단 말인가. 순간 나는 이제 더 이상 사랑하지 못하는 자가 된 느낌이다. 또한 아이와 똑같이 나 자신조차 돌보지 못하는 무능력자가 되어 버린 느낌이다. 사랑이 사랑을 잠들게 한다. 사랑이 사랑을 침묵하게 한다.

하지만 또 우리는 이미 진실 앞에서 경기를 함께 즐기고 있는 동등한 상대라는 생각이 든다. 더불어 아이야말로 나를 도와줄 사람이라는 생각도 동시에 든다. 우리들의 연회에서는 사랑하는 사람과 사랑받는 사람이라는 분할이 아무런 의미가 없다는 생각인 것이다. 그리고 내가 진실을 보유하고 있어야만 아이와 사랑할 수 있는 것이 아니라, 아이와 함께, 아이 뒤에서, 아이를 통해서 진실로 나아갈 수 있다는 묘한 용기도 솟아났다. 나는 통념적인 사랑이 끝난 곳에서야, 비로소 나의 새로운 사랑이 움트는 것을 본다. 이제 아이에게 가서 나를 도와 달라 말해야겠다. 산길을 걸을 때도, 공부를 할 때도, 글을 쓸 때도 이제 아이에게 길을 물어야겠다. 그때서야 비로소 우리의 아이는 능동적 주체로서 모험을 떠날 수 있을 것이다. 이것은 물론 나에게도 해당하는 이야기다.

1-5장.
자기배려와 진실,
주체를 변형시키는 운동 : 플라톤

오래전 일이다. 당시 나는 회사에서 어떤 프로젝트를 진행하고 있었다. 이 일이 시작될 때만 해도 내 일상을 모두 파묻어 버릴 일대 사건이 될 줄은 몰랐다. 하지만 프로젝트가 진행될수록 여러 곳에서 문제가 터지기 시작했다. 매일 사람들은 모여서 토론하다 흩어지곤 했다. 그러나 문제들은 생각처럼 쉽사리 해결되지 않았다. 참여자들 사이에 문제의 원인을 바라보는 입장부터가 워낙 차이가 컸다. 어떤 집단은 프로젝트 목표 자체가 잘못되었다고 하고, 또 어떤 집단은 인력관리에 구멍이 난 거라고 했으며, 그리고 또 다른 집단은 작업 프로세스와 관리방식이 잘 작동하지 않는다고 했다. 아마 이런 원인들이 서로 당기고 밀어내고 하다가 문제로 터져 나온 것일 게다.

여러 차례 회의를 해도 해결방안은 하나로 모이지 않았다. 설사 어렵게 방안을 만들어도 현실성이 없기 일쑤였다. 이런 일엔 강가의 조약돌처럼 해결책을 쉽게 거머쥐기란 쉽지 않은 일이었다. 결국 문제의 원인을 둘러싸고 집단 간에 격렬한 토론만 오고 갔다. 원인을 바라보는 눈에 따라 해결책이 다르고, 이에 따라 예산·인력·일정 같은 중대 사안들도 주르륵 달라지므로 다툼은 당연했다. 각자 제 마음에

드는 것만 솎아내서 자기들만의 프로젝트를 도모했다. 싸움은 갈수록 격화되어 갔다. 프로젝트의 비등점이 가까워졌는지, 때론 감정대립도 서슴지 않았다.

일은 여러 가지로 꼬였다. 나는 프로세스와 관리방식에 주목했고, 작업task을 좀더 촘촘하게 관리해야 한다고 판단했다. 그러자 함께 일하는 동료들에 대한 비판이 불가피해졌다. 나는 그들의 업무 방식도 바꿔야 한다고 조심스럽게 지적했다. 토론 중에 고성도 오고 갔다. 그러나 상대방은 달랐다. 그들은 작업방식보다, 목표를 더 문제 삼았다. 그들은 '현실적'이라는 명분을 들이대며 프로젝트의 목표가 지나치게 높다면서 목표를 낮추는 방향으로 진행하려 했다. 내 지적대로라면 프로젝트를 완수하는 게 어려워질 뿐 아니라 자칫 굳이 하지 않아도 될 일들 때문에 프로젝트기 신으로 갈 거라는 인식이 컸다.

그런데 이런 입장 차이는 겉으로 보기엔 미세해서 유사한 방식으로 취급되었다. 하지만 프로젝트 목표를 지나치게 낮춰 버리면 당초 이 프로젝트를 시작했던 이유가 무너지고 만다. 그래서 나는 프로젝트의 목표를 최대한 유지하면서, 작업 프로세스와 관리방식을 바꾸어야 한다는 주장을 계속 고수했다. 그래야 당초 취지대로 일을 처리하는 것이라고 보았다.

하지만 진실을 말하는 것은 쉽지 않았다. 원래부터 친하게 지내던 동료라는 점도 상황을 어렵게 만들었다. 디군다나 내가 수장하는 진실을 정확하게 전달하는 데도 큰 어려움을 겪었다. 토론 속에서 나의 주장은 저들의 주장에 쉽게 파묻혔다. 문제는 바닥이 보일 정도로 훤한데도, 프로젝트의 미래는 어두웠다. 상황 자체가 기만적이었다.

근심은 커져 가고, 해결은 요원했다. 어떤 때는 내가 말하는 것이 진실인지조차 의심스러워져 결과가 두려워지곤 했다. 그들의 주장에 동조하고 상황을 종결시켰으면 하는 마음까지 생겼다. 회사생활을 하면서 이때만큼 곤혹스러웠던 일은 다시 없었다. 대체 진실을 말한다는 것은 무엇일까? 더군다나 진실이란 과연 어떤 것일까?

/

쟁론술 : 모순으로 '상대'를 무너뜨리다

/

기원전 5세기 그리스 아테네에서는 모든 시민들에게 정치 참여가 개방되면서, 토론과 논쟁은 개인의 지적이고 정치적인 역량인 이른바 '덕'arete(=탁월함, 훌륭함)을 입증하는 수단이 된다. 이렇게 되자 개인의 입신양명을 위해서 비판과 설득의 기술을 가르치고 배우려는 사람들이 지속적으로 증대한다. 바로 이때 등장한 이들이 소피스트들이다. 이들은 페르시아 전쟁 이후 급격히 민주화된 아테네에 와서 연설 기술을 가르치던 일단의 직업 교사들이다. 이즈음 아테네에는 교사로 자처한 사람들이 들끓었다. 플라톤의 『에우튀데모스』에는 크리톤이 외지에서 온 교사들을 보고, "그 사람들은 신종kainos 소피스트인 모양이군, 또 어디서들 왔는가?"[플라톤, 『에우튀데모스』, 김주일 옮김, 이제이북스, 2008, 31쪽(271b~c)]라고 다소 경멸적인 표현을 쓰는 장면이 나온다. 아마 어중이떠중이도 많았던 것 같다. 그래서 이미 이들에 대해 다소 부정적인 관점마저 형성된 상황이었다.

그러나 소크라테스는 상대적으로 이들에게 공손한 태도를 취하며 그들의 주장을 진지하게 검토한다. 소피스트들의 주장에 문제가 많을지라도 그들이 제기한 문제 자체는 숙고해 볼 만하다는 것이 소크라테스의 입장이다. 그러나 훗날 소크라테스의 대표적인 적대자이자 고발자가 된 보수주의자 아뉘토스 같은 이들은 소피스트들이 전통적인 가치를 무시하고 잘못된 교육을 통해 젊은이들을 타락시킨다는 불만을 갖고 있었다.

그런데 소크라테스도 아뉘토스와 같은 사람들에게는 계속 소피스트로 오인되어 취급되었다. 소크라테스가 보기에 이런 현상은 대단히 위험했다. 자신의 진실이 소피스트의 기만에 가려지고, 결과적으로 아테네 시민들에게 진실이 잘못 전달될 수 있었기 때문이다. 그래서 소크라테스는 이들과의 피상적인 동일성을 넘어서 자신이 소피스트와 왜 다른 철학자인지를 보여 주는 데 엄청난 노력을 기울이게 된다.

소크라테스와 소피스트는 모두 '덕'에 대해 지대한 관심을 갖고 있었다. 특히 "덕은 전수될 수 있는가?"는 매우 중요한 문제로 취급된다. 사람들은 전통적으로 지혜나 용기는 타고난 것이지, 배울 수 있는 것이 아니라고 여겼다. 헤라클레스나 아킬레우스 같은 신의 아들만이 용기와 지혜를 가질 수 있었다. 그러나 소피스트들은 이런 전통적인 생각을 뒤집어서 자신들이 덕을 누구보다 아름답고 빠르게 전수할 수 있다고 말한다.[플라톤, 『에우튀데모스』, 35쪽(273d).] 그들에게 덕은 누구나 배워서 습득할 수 있는 것이었다.

이런 점에서 "덕은 전수될 수 있는가?"라는 질문은 전통을 뒤집을 수도 있는 혁명적인 사유 대상인 셈이다. 물론 소크라테스도 소피스트와 동일한 문제의식을 공유하고는 있었다. 그렇다고 그것이 속성 학원에서 가르치듯 쉽게 전달될 수 있는 것이라고는 생각하지 않았다. 소크라테스는 적대자들인 전통적인 보수주의자들과도 달랐지만, 겉으로 혁신적인 것처럼 보였던 소피스트들과도 입장이 달랐다. 바로 이 지점에 소크라테스가 봉착한 딜레마가 있었다.

소피스트들은 일단 논의에 참여하기만 하면 논변sophisma을 통해 자신의 지혜를 전달할 수 있다고 생각한다. 바로 그때 구사하는 기술이 '쟁론술'eristike이다. 이 기술은 말 그대로 '다툼eris을 위한 기술techne', 즉 말로 싸워 이기려고 구사하는 기술이다. 『에우튀데모스』에서 소크라테스가 형제 소피스트를 소개할 때 "두 분은 논변들로 싸우고 어떤 주장이 제기되든 논박해 치우는 데 능하게 되었네. 그것이 거짓이든 진실이든 상관없이 말이지"라고 했던 것도, 이런 상황을 염두에 두고 한 말이다. 그들은 거짓이든 진실이든 상관없이 상대방을 말로 이기려고 했다.

그런데 그들의 쟁론술이라는 것이 아주 황당하다. 몇 가지 황당한 이야기를 한번 따라가 보자. 『에우튀데모스』에서 소피스트인 에우튀데모스가 소크라테스에게 아버지가 있는지 없는지를 논변하는 장면은 실로 기상천외하다. 소크라테스의 아버지 이름은 소프로니스코스다. 그런데 소크라테스에게는 아버지가 다른 형제가 있었다. 그 형제의 이름은 파트로클레스, 이 친구의 아버지 이름은 카이레데모스이다. 당연히 소프로니스코스는 파트로클레스의 아버지가 아니다. 선무당이 사람 잡는다고 했던가. 소피스트는 수식어구인 '파트로클레스의~'를 살짝 빼 버리고 '소프로니스코스는 아버지가 아니다'라는 문구를 만든다. 아차, 방심하는 틈에 소피스트는 이 문구를 돌연 소크라테스에게 들이댄다. 이제 문구가 바뀌어 '소크라테스는 아버지가 없다'로 둔갑한다. 소크라테스가 졸지에 아버지 없는 사람이 되고 만다. 기만은 순식간에 이루어진다. 뒤늦게 깨닫지만 결론을 뒤집기에는 이미 늦다.

소피스트의 기만은 여기서 끝나지 않는다. 뒤이어 소피스트는 똑같은 주제에 대해서 정반대 논변으로 정반대 결론을 만들어 낸다. 여기서는 교묘하게 출발을 뒤집는다. "아버지인 자는 결국 모든 것의 아버지가 되느냐"고 무심코 던진 질문에 소피스트 에우튀데모스는 교활하게도 "그렇다"고 대답한다. 이것도 순식간에 이루어진 기만이다. 원래 그렇게 대답해서는 안 될 것을 교묘하게 거짓 대답을 했다. 이렇게 되자 소크라테스 쪽도 꼼짝없이 당하고 만다. 그 말대로라면 이제 소크라테스의 아버지는 바다 섬게, 피라미, 강아지, 새끼 돼지의 아버지이기도 한 것이다. 결국 소피스트는 '소크라테스의 아버지는 수돼지이고 개다'라는 기상천외한 결론을 끌어낸다. 이 경우도 순식간에 행한 기만이 말싸움을 이끈 것이라고 할 수 있다.

『에우튀데모스』의 핵심 주제는 바로 여기서 드러난다. 그것은 '말'logos과 그 말이 지시하는 '사물'pragma의 올바른 관계를 해명하는 것이다. 소피스트들은 논변을 말의 차원에만 국한하는 전략으로 상대방과 쟁론에 돌입한다. 말이 사실의 차원과 연결되어야 의미 있다고 생각하는 소크라테스와는 전혀 다른 태도다. 소크라테스의 아버지는 현실에 분명히 존재한다. 또한 개, 돼지가 아닌 것도 분명하다.

그러나 형제 소피스트는 말의 차원에서 현실의 사물과 다른 결론을 만들어 낸다. 우리가 알고 있는 진실이라는 것도 이런 기만적인 과정을 거쳐 우리에게 도달한 것은 아닐까? 소피스트의 논변은 역설적으로 우리를 둘러싼 진실들이 얼마나 기만적일 수 있는지를 보여 주는 것이라고 할 수 있다. 말이 우리 몸을 떠나는 순간, 진실은 변질된다.

거짓말과 관련한 다른 논변에서도 마찬가지다. 소피스트인 에우튀데모스는 이번엔 "사람은 과연 거짓말을 할 수 있는가?"라는 질문을 던진다. '말을 한다는 것'은 정의상 그 말에 관련되는 사물에 대해 말할 때에야 가능하다. 그런데 말을 할 때 '말을 하는 그것' 말고 '다른 어떤 것'을 과연 말할 수 있느냐고 반문을 한다. 말을 하려고 하면 분명히 무엇인가 대상이 있을 것이고, 따라서 그 대상만을 이야기할 수밖에 없지 않느냐는 질문이다. 그렇다면 말을 한다는 것 안에는 언제나 이미 '말하는 대상 이외에 다른 것'은 말할 수 없다는 전제가 깔려 있게 된다. 소피스트들은 이 논지로부터 '사람은 거짓말을 할 수 없다'는 결론을 이끌어낸다. 말하는 대상만을 말하는데 어떻게 거짓말이 가능하겠느냐는 뜻이다. 이렇게 되면 연설가로서 소피스트들은 결코 거짓말을 하지 않는 사람이 된다. 대단한 소피스트들!

그러나 가만히 살펴보자. 이것은 '어떤 대상(있는 것들)에 대해 말한다'는 의미의 문장을 '~에 대해'라는 문구를 지우고 '어떤 대상(있는 것들)을 말한다'로 문장을 전환시켜 버린 것이다. 여기에 다시 소피스트의 기만이 작동한다. '~대해'가 '~를'로 바뀌면서 논점이 갑자기 변해 버렸다. 당연히 '없는 것'은 말할 수 없다(여기서는 용처럼 상상 속에만 있는 것도 있는 것으로 본다). 그러나 '있는 것'만 말한다고 그 속성에 대한 거짓말이 불가능한 것은 아니다. 그런데도 소피스트는 '있는 것'만을 말하는데 어떻게 거짓말을 하냐고 반문한다. 말하고자 하는 대상의 속성에 대해 거짓말을 할 수 있는지 질문했는데, 소피스트는 이를 기만적으로 덮어 버리고 자기가 하고 싶은 말만 하고 있다. 배후에서 기만이 발생하고 있는 것이다.

에우튀데모스는 여기서 더 나간다. 그는 '사물(것)들을 있는 그대로 말한다'도 기만적으로 해석한다. 에우튀데모스는 "정말 훌륭한 사람들이 있는 그대로 말한다면, 그들은 나쁜 것들을 나쁘게 말할 것이네"라는 말을 한다. 이 말에도 기만적인 말바꿈이 들어가 있다. 그는 말하려는 대상의 속성이 나쁜 것이라고, 즉 나쁜 것들(대상)이 갖고 있는 나쁜 속성을 말해야 하는데도 그것을 말하는 사람(발화자)이 '나쁘게 말한다'는 문구로 살짝 바꿨다. 결국 훌륭한 사람들도 '사물들을 있는 그대로', 즉 나쁜 성질을 나쁜 것이라고 진실을 말하는데도 '거짓말하는 것'처럼 이야기되고 만다. 즉 말하는 대상이 나쁜 것인데, 말하는 사람이 나쁜 것인 양 혼동이 일어난다.(플라톤, 『에우튀데모스』, 53~55쪽(284a~285a).)

소피스트들의 논변은 대개 이런 식으로 전개된다. 이들의 궤변을 논파할 논리적 장치가 없었던 당시로서는 소피스트의 궤변이 아테네 사람들을 찬탄과 혼동으로 빠트리기에 충분했다. 하지만 소크라테스가 보기에 소피스트에게는 '기만과 혼동의 수사'가 있을 뿐이다. 사실 여부와 상관없이 오로지 모순을 일으켜 상대를 무너뜨리는 것에만 관심이 있을 뿐이었다.

소크라테스는 소피스트의 문제 제기 자체는 중요한 것으로 보았지만, 그들이 제시한 해결 방식은 받아들일 수 없었다. 그들의 결론을 그대로 받아들이게 되면 그들의 무조건적인 상대주의와 막무가내식 유명론이 초래하는 공동체 정신의 훼손은 심각할 것이라고 판단하였다. 소크라테스의 '이데아론'도 소피스트들의 이런 문제들과 대결하는 과정에서 '진실'을 귀환시키려는 노력으로 도출된 이론이었다고 보아야 한다. 이데아라고 불리는 실체가 실제로 있느냐 없느냐보다 진실을 이야기하고자 하는 욕망이 먼저였다는 말이다.

/

연설술 : 현혹으로 '상대'를 무너뜨리다

/

당시 아테네에서 나라의 중요한 결정은 시민들의 대중집회에서 대부분 이루어졌다. 따라서 수많은 시민들 앞에서 자신의 의견을 전달하여 설득하는 일은 꽤 중요한 일이다. 그리고 그것은 연설에 능해야만 가능했다. 법정에 서게 되면 자신의 생명과 재산을 지키기 위해서도 연설은 중대한 기술이다. 그런 의미에서 연설술은 권력의 기술이자 생존의 기술이기도 한 셈이다.

그러나 소크라테스는 연설회를 일종의 말잔치로 표현한다. 이런 표현이 『파이드로스』[227b], 『뤼시스』[211c], 『국가』[352b, 354a~b]에 줄곧 나오는 것을 보면 소크라테스의 연설에 대한 태도는 분명한 것 같다. 소피스트들은 자신의 박학다식함을 화려한 말솜씨로 과시하는 행사를 열곤 했는데, 플라톤은 이를 두고 '에피데익시스'epideixis: 연설회라고 칭한다. 그것은 '소피스트들의 흥행쇼'라고 꼬집는 용어였다. 소피스트의 연설은 개양귀비의 울긋불긋한 꽃잎같이 화려하기만 했다. 소크라테스의 문답식 대화와 달리 연설회는 혼자서 길게 하는 과시 연설이나 강연으로 채워진다. 당연히 소크라테스는 이런 연설을 듣는 걸 좋아하지 않았다.

이런 관점에서 『고르기아스』라는 작품에서 소크라테스는 당대 최고의 연설가이자 소피스트였던 고르기아스에게 '도대체 연설술이 무엇이냐'고 질문한다. 소크라테스와 플라톤에게 '앎'과 '기술'은 자주 동일시된다. '기술'은 반드시 참된 앎을 동반하는 것이다. 그래서 '어설프게 한 것'은 '참된 앎에 의한 것'이 아니라고 생각했다. 마치 파도가 몰려 온 후에 모래를 어루만지는 포말처럼, 앎은 기술을 어루만진다. 그런 기술만이 진짜 기술이다. '연설술'(또는 '수사술')로 번역되는 레토리케^{rhetorike}가 과연 기술이냐는 의문은 그것이 참된 앎을 동반하는 것인가라는 질문과도 같다. 따라서 '연설술이라는 것이 무엇이냐'는 질문은 참된 앎을 동반하는 것인지 아닌지를 알기 위한 수순이라고 할 수 있을 것이다.

그런데 이 질문에 고르기아스는 연설술은 '말로 설득하는 능력'이며, '앎을 갖게 하는 설득'이 아니라 '확신을 갖게 하는 설득'이라고 규정한다. 다시 말하면 진실과는 무관하게 어떤 내용이든 말로만 확신을 갖게 설득하는 능력인 것이다. 이 규정을 이상히 여긴 소크라테스가 묻는다. "훌륭한 것이 무엇인지 모르지만, 모르는 자들 앞에서 모르면서도 아는 자보다 더 많이 아는 것처럼 보이도록 그것들에 관하여 설득할 계책을 마련해 놓고 있습니까?"[플라톤, 『고르기아스』, 김인곤 옮김, 이제

이북스, 2011, 88쪽(459d~e).」 자기도 모르는 것을 모르는 사람들(대중들)에게 아는 것처럼 설득할 수 있느냐는 말이다. 연설가가 옳고 그름에 관해 알고 있느냐의 문제는 연설술이라는 기술을 올바르게 사용하고 있느냐는 문제를 품고 있다. 그러나 고르기아스에게 연설술은 단지 동료 시민들을 마음대로 지배할 수 있는 힘일 뿐이다. 그에게 진실을 아느냐의 문제는 중요한 것이 아니었다. 고르기아스는 연설술을 배운 학생이 그것을 나쁘게 사용한다고 가르친 선생에게 책임을 물어서는 안 된다고까지 말한다. 그는 앎의 문제, 진실의 문제에 무지하다.

따라서 소크라테스에게 연설술은 '앎'을 동반한 진정한 의미의 '기술'이 아니다. 기술은 사태의 원인을 밝히고 설명을 제시하지만, 연설술은 어림잡는 데 "익숙한 경험이자 숙달된 솜씨"「플라톤, 『고르기아스』, 95쪽(463b)」에 불과하다. 소크라테스에게 이것은 치장술과 다름없다. 진정한 기술은 관계하는 대상에 대해 최선의 상태를 고려하지만, 연설술은 관계하는 대상과 교제하며 즐거움을 주는 데만 신경을 쓴다. 즉 대중들의 비위를 맞출 뿐인 것이다. 결국 연설술은 아첨의 기술이다. 또한 이 설득은 진실을 좇는 설득이 아니라 진실인 것처럼 보이게 하는 설득이기에 '사이비 정치술'이다. 그래서 소크라테스는 "연설술은 정치술의 부분에 관한 모상"「플라톤, 앞의 책, 96쪽(463d)」이라고 주장하기에 이른다. 정치술인 것처럼 꾸민 거짓 기술이라는 뜻이다. 소크라테스의 논박은 마약과 같은 소피스트의 논변을 잠재우고, 새로운 감각을 흔들어 깨우기에 충분했다.

그러나 이런 규정에 맞서서 고르기아스 진영에 있던 폴로스라는 젊은이가 반격을 시도한다. 폴로스는 부당하게 해를 당하는 것보다 차라리 해를 입히는 것이 더 낫다고 믿는 젊은이다. 따라서 이렇게 해를 당하지 않기 위해서는 당연히 힘이 있어야 한다고 생각한다. 그래서 그에게 가장 모범적인 것은 바로 '참주적 권력'이다. 힘을 갖고 있으면, 불의를 당할 염려가 없기 때문에 행복한 삶을 영위하게 된다는 논리다. 일견 타당한 논리라고 볼 수도 있겠다. 어느 누가 해를 당하는 것을 받아들일 수 있겠는가?

폴로스는 연설술이 바로 이런 삶을 영위하도록 도와준다고 하면서 새로운 논변을 제시한다. 그러나 소크라테스는 정반대다. '해를 끼치는 것이 해를 당하는 것보다 더 나쁘다'라고 생각한다. 심지어 그것은 비참하기까지 하다. 사람에게 가장 나쁘고 해로운 것은 재산이 없거나 질병에 걸리거나 하는 것이 아니라 불의나 무절제 같은 혼의 몹쓸 상태이다. 따라서 이런 상태에서 벗어나는 것이 그렇게 하지 않는 것보다 낫고 덜 비참하다. 그런데 해를 끼치는 짓은 혼이 몹쓸 상태에 있는 것이다. 빨리 그 상태에서 벗어나야 한다. 하지만 그런 나쁜 짓을 하고도 처벌조차 받지 않는다면, 우리의 통념과 달리 행운이 아니라 가장 비참하게 된 것이다. 왜냐하면 나쁜 짓을 하고도 처벌받지 않는 것은 병에 걸리고도 고치지 않는 것과 같기 때문이다. 더군다나 폴로스는 불의를 당하는 것이 불의를 저지르는 것보다 더 낫다고 생각하면서도, 전자가 후자보다 더 부끄러운 것이라고 느끼고 있다는 점에서 근본적으로 모순에 빠져 있기도 하다. 말하자면 위선적인 도덕의식을 지니고 있는 것이다. 그래서 소크라테스는 다음과 같은 결론에 이른다.

따라서 혼 속에 나쁜 상태를 가지고 있지 않은 자가 가장 행복하네. 그것이 나쁜 것들 중에서 가장 큰 것으로 드러났으니까. (……) 그리고 그것으로부터 벗어나는 자가 두번째로 행복할 거네. (……) 그리고 그는 훈계받고 질책받고 대가를 치르는 자였네. (……) 따라서 불의를 지닌 채 거기서 벗어나지 않는 자는 최악의 삶을 사네.[플라톤, 『고르기아스』, 127쪽(478e).]

그러나 옆에 있던 젊은 정치가 칼리클레스는 다른 견해를 갖고 소크라테스에게 달려들었다. 그는 '자연의 정의'를 정치 현장에서 실감하고 있었다. 그것은 어느 정도 사실이기도 했다. 아테네의 정치현장은 정치가들이 사람들의 지지를 등에 업고 영향력을 행사하면서 출세와 영달을 위해 권력투쟁을 벌이는, 이른바 '자연의 정의'가 세력을 떨치고 있었다. 이런 관점에서 칼리클레스는 소크라테스가 철학에 빠져 있어서 현실에 어둡다는 견해를 갖고 있었다. 그런 능력을 철학에 썩히지 말고 정치에 뛰어들어서 명성과 재물을 쌓으라고까지 권한다. 그리고 억울하게 재판을 받고 죽을 수 있다는 협박도 서슴지 않는다.

그러면서 칼리클레스는 충분히 강한 본성을 지닌 사람은 노예들이 누구든 평등해야 한다고 만들어 놓은 법을 짓밟고 자신이 주인임을 드러낼 것이라고 주장한다.[플라톤, 앞의 책, 136쪽(484a).] 그는 강자가 약자를 지배하는 '자연의 정의'를 신봉하고 있었다. 그런 의미에서 그는 반反민주주의자이기도 했다. 그는 플라톤이 『국가』에서 '참주적 인간'이라고 칭했던 사람들 중 하나다. 칼리클레스에 따르면 강자는 자신에게 이익이 되도록 법을 만들고 약자에게 그것을 따르게 하거나, 아니면 자신의 이익을 위해 법을 마음대로 어기는 행위, 즉 '불의'를 행할 수도 있다. 칼리클레스에게 '불의'는 강자에게 '정의'이다. 칼리클레스는 잘 벼린 칼날처럼 날카로웠다. 훗날 니체는 이런 칼리클레스가 취하는 강자의 논리를 활용하기도 한다. 그만큼 그의 논리는 강한 매력을 품고 있었다.

그러나 소크라테스가 보기에 칼리클레스의 강자 논리는 결정적인 곳에서 문제가 있다. 그것은 다른 사람들을 다스리기는 하지만, 자기 자신을 다스리지는 않는다. 그들은 자기 자신을 다스리는 절제와 자제력이 자연의 정의에 역행하는 이른바 대중들의 통속적인 미덕에 불과하다고 본다. 칼리클레스에게 올바른 삶은 욕구를 최대한 만족시키는 삶이고, 욕구를 억압하는 삶은 노예와 같은 삶이다. 그러나 이런 이론은 무절제한 쾌락주의에 입각해 있다고 볼 수 있다. 자신에게 다가오는 쾌락의 달콤함을 이기지 못하는 삶인 것이다.

이런 논박에 다다르자 칼리클레스는 대화 중에 쾌락은 무조건 좋다는 태도를 바꾸어, 쾌락에는 좋은 것도 있고 나쁜 것도 있다며 일관되지 못한 태도를 보인다. 소크라테스는 "모든 행위는 좋은 것을 목적으로 한다"는 말을 하고, 행위의 목적을 '쾌락'에서 '좋음'으로 바꾼다. 사실 칼리클레스 말대로 하더라도 좋은 쾌락과 나쁜 쾌락을 선별하려면 기술(앎)이 필요하다. 좋은 삶은 쾌락들을 선별할 수 있는 기술(앎)을 기반으로 해야 한다. 마치 앎은 과육 속에 몸을 숨긴 씨앗과도 같다. 그것에 의해서라야 좋음의 나무는 자란다.

이런 관점에서 소크라테스는 좋은 것에는 관심이 없이, 오로지 쾌락만 추구하는 활동은 기술이 아니고 아첨 활동에 불과하다고 보았다. 따라서 칼리클레스의 이론대로 하더라도 연설술은 혼에 대한 아첨 활동일 뿐이다. 따라서 소크라테스의 구도에서 칼리클레스의 강자란 자기 자신을 다스리지 못하여 무절제한 쾌락에 빠져 있으면서, 다른 사람을 다스리고자 아첨하는 기만적인 활동일 뿐이다. 소크라테스에게 그런 사람은 진정한 강자가 아니다. 결국 소피스트들의 연설술은 모르면서 아는 것처럼 상대를 현혹시켜 무너뜨리는 행위일 뿐이다.

/

문답법 : 아포리아로 '내'가 무너지다

/

논변 전에 규정할 것을 명확히 확인하는 절차를 밟는 것은 문답식 대화의 기본이다. 소크라테스는 논의를 하는 중에도 섣부른 추측이나 비약을 피하기 위해서, 당연한 것도 놓치지 않고 캐묻는다. 그래서 'A(정의, 용기 등)란 무엇인가'라고 묻고 대답을 기다리는 소크라테스의 모습은 대화편에서 흔히 발견된다. 이때 상대방이 두루뭉술하게 대답하는 것을 방지하기 위해서 소크라테스는 좀 엄밀하게 답을 요구하는데, 이를테면 상대방이 대답한 다수의 A인 것들로부터 A를 A이게끔 해주는 '하나의 A'를 구별하여 다시 대답하도록 치고 들어가는 것 따위가 그런 것이다. 이렇게 해서 추출해 낸 '하나의 A'인 단일 존재를 소크라테스는 '형상'eidos이라고 부른다.

이 때문에 흔히 이데아론이 절대적이고 단일한 실체만을 추구하는 철학으로 이해되지만, 소크라테스와 플라톤은 이데아를 하나의 실체로만 제시하진 않는다. 더군다나 그것을 기독교적인 '하나님의 세계'로 이해해선 더더욱 안 된다. 소크라테스와 플라톤은 오히려 그 세계를 잘 모른다고 말한다. 이것은 소크라테스가 메논의 확신들을 무너뜨리는 과정에서 메논이 소크라테스를 '전기가오리'에 비유한 것과도 관련된다. 메논은 자신이 난관ᵃᵖᵒʳⁱᵃ에 빠지자, 소크라테스가 전기가오리와도 같아서, 그의 일격을 당하면 "영혼도 입도 다 마비되고", "무슨 대답을 드려야 할지 모르겠다"고 고백하였다.[플라톤, 『메논』, 이상인 옮김, 이제이북스, 2009, 65쪽(80a~b).] 소크라테스의 눈부시고 뾰족한 논박이 메논의 정신을 찌른 것이다. 이를 받아 소크라테스는 다음과 같이 대답한다.

> "나는 말일세, 전기가오리 자체가 그렇게 마비되어 있으면서 다른 것들을 마비시키는 것이라면, 물론 그것과 비슷하네. 그러나 그게 아니라면, 비슷하지 않네. 왜냐하면 나 자신은 난관ᵃᵖᵒʳⁱᵃ을 벗어날 길을 알면서 다른 사람들을 난관에 빠뜨리는 것이 아니라, 그 누구보다도 나 자신이 난관에 빠져 있으면서 다른 사람들 역시 그렇게 난관에 빠뜨리기 때문이네. 지금도 탁월함ᵃʳᵉᵗᵉ(덕/훌륭함)에 관해서는 그것이 무엇인지 난 알지 못하네. 하지만 자넨 이미도 나와 접촉하기 전에 이미 알았다고 하더라도 지금은 알지 못하는 자와 흡사하네. 그럼에도 불구하고 난 그것이 도대체 무엇인지를 자네와 함께 고찰하고 탐구하길 바라네."[플라톤, 『메논』, 66쪽(80c~d).]

여기서 메논은 소크라테스의 논박elenchos을 일종의 주술, 다시 말하면 영혼과 입을 마비시키는 작업으로 생각하고 있다. 그리고 소크라테스도 그렇다고 동의한다. 이것은 아주 놀라운 이야기다. 역설적으로 '형상' 혹은 '본질'이 무엇인지를 잘 보여 준다고도 할 수 있다. 이 말 그대로 소크라테스의 형상과 본질은 부정적이고 파괴적이다. 그것은 기존의 인식을 비판적으로 검토하면서, 현재 자신이 알고 있는 것들을 무참히 깨는 것으로 출현한다. 형상과 본질은 그 자체로서 고요히 존재한다기보다, 기존의 인식을 깨는 힘으로 작동한다. 진실은 전기가오리처럼 상대방을 파괴하는 힘이다.

더군다나 소크라테스의 대답처럼 소크라테스가 자신이 아포리아aporia: 난판에서 벗어날 수 있는 길을 알면서 다른 사람들을 아포리아에 빠뜨리는 것이 아니다. 거꾸로 자신마저 아포리아에 빠져 있다고 말한다. 따라서 대화의 순간에도 소크라테스 자신은 탁월함에 관해서 무엇인지 전혀 알지 못하는 상황이라고 고백한다. 결국 소크라테스는 이 아포리아로부터 출발하여 대화 상대방과 함께 공동 탐구의 길에 들어서야 한다는 생각을 갖고 있을 뿐이다. 질문자인 소크라테스와 대답자인 메논은 대화의 끝에, 그들이 무지 앞에 평등하다는 사실을 깨닫는 것이다. 아무것도 정해진 것이 없는 평등, 다시 어디로 향할지 모르는 출발이다.

문답법은 완성된 앎을 생산하지 않는다. 단지 자신의 무지를 알게 하는 기계로서 작동할 뿐이다. 소크라테스의 말대로 문답법적 대화에 들어서면, "전에 이미 알았다고 하더라도 지금은 알지 못하는" 상태로 굴러 떨어지고 만다. 그렇다면 문답법은 차라리 아포리아 자체를 생산하는 기술이라고 볼 수도 있다. 이런 의미에서 형상과 본질 그 자체는 궁극적으로 결코 파악되어서는 안 된다는 역설에 빠진다. 차라리 그것들은 일종의 '불가능성'으로 작동할 뿐 도달할 이유도, 도달한 곳도, 도달할 수도 없다는 말이 된다. 다시 말하면 아포리아를 통해 무지를 깨닫게 하려고 설정된 방편과도 같다. 이런 방편이 성공했을 때 얻게 되는 것은 오로지 아포리아이며, 그것이 도달한 곳은 질문자와 대답자가 동시에 서는 공동 탐구로의 출발선이다. 즉 대화의 마지막에 가서 그들은 이제 비로소 같이 공부할 수 있게 되었다고 생각하게 된다. 문답법은 오로지 아포리아를 산출하고, 무지를 깨닫게 해서 공동 탐구의 길로 들어서게 하는 데 일차적인 목표가 있다.

바로 여기서 소크라테스의 철학이 자기배려로 귀환하는 것을 본다. 소크라테스는 에우튀데모스처럼 사실과 부합하지 않는 논변으로 혼동을 일으키지 않는다. 또한 소크라테스는 고르기아스나 칼리클레스처럼 아첨하는 말로 사람들을 현혹시키지도 않는다. 그는 오로지 '진실'을 이야기해야 한다고 생각하였다. 그러나 이것은 기존의 인식 체계를 항상 넘어서야 하는 문제였기에 '자기'를 끊임없이 아포리아에 빠트린다. 그리고 그것은 뜻밖에도 나조차 진실을 제대로 알지 못했다는 자각을 발생시킨다. 안다고 생각하여 시작했지만 모른다는 것만 알게 된다. 알고 있었다고 생각하는 그 앎이 이 길로 들어서면 항상 모르는 것이 되어 버린다.

그러나 아포리아에 빠진 자기야말로 다시 앎의 길로 들어서기 위한 또 다른 출발점이다. 소크라테스의 형상과 본질은 끊임없이 이 길을 종용하는 일종의 방편이다. 급기야 소크라테스는 『에우튀데모스』

에서 클레이니아스를 형제 소피스트에게 맡기면서 다음과 같은 의미심장한 말을 남긴다.

그러한 죽음과 사멸을 두 분 스스로 발견했든 다른 어떤 사람에게서 배웠든, 저분들이 그렇게 사람들을 죽여서 쓸모없고 무분별한 사람들로부터 쓸모 있고 분별 있는 사람들을 만들어 낼 줄 아신다면, 그리하여 쓸모없는 상태인 자를 죽여서 쓸모 있는 자로 다시 만들어 내실 줄 아신다면 말일세. 두 분이 그걸 아신다면 두 분에게 그를 넘기세. 저분들이 우리를 위해 그 젊은이를 죽여서 분별 있게 만들게 하고, 우리 모두도 그렇게 하시게 하게. 그런데 자네들 젊은이들이 겁이 난다면, 카르 사람들을 그렇게 하듯이 나를 위험에 처하게 하게. 나는 늙은이라서 위험을 무릅쓸 각오도 되어 있고, 콜키스의 메데이아에게 맡기듯이 여기 계신 디오뉘소도로스에게 내 자신을 맡기니 말일세. 그분이 나를 죽이게 하고, 원하신다면 살게 하고, 무엇을 원하시든 하시게 하게. 다만 쓸모 있게만 만들어 내시게 하게.[플라톤, 『에우튀데모스』, 56쪽(285b~c).]

원래 진실 A가 있다고 하자. 문답법식 대화에 들어가면 진실 A가 진실이 아니라는 사실을 깨닫는다. 그 순간 그것은 전기가오리처럼 영혼을 마비시킨다. 다시 말하면 진실 A를 보유하고 있던 '쓸모없는 자'는 죽는다. 그리고 이 아포리아로부터 진실 B를 지닌 새로운 자, '쓸모 있는 자'가 태어난다. 즉 진실은 주체를 바꾼다. 그러나 이 진실이 계속되진 않는다. 다시 새로운 문답법식 대화에 들어서면, 다시 진실 B는 새로운 주체 입장에서 진실이 아니다. 다시 찾아온 진실(진실

C)이 전기가오리처럼 영혼을 마비시킨다. 그것은 진실 B의 주체를 새로운 주체(진실 C의 주체)로 인도하면서 끊임없이 새로운 진실을 생산해 낸다. 진실은 주체가 변형되어 갈수록 바뀌어 간다. 이와 더불어 주체도 진실이 바뀌면서 변형되어 간다. 이처럼 주체와 진실은 끊임없는 원환 속으로 들어가는 것이다. 주체와 진실은 영원히 잠정적이다.

그래서 푸코는 이를 두고, '플라톤의 원'이라고 칭하였다. 즉 진실에 접근한다는 것은 자기 존재 자체에 접근한다는 것이고, 접근하는 존재 자체(진실)가 거기에 접근하는 자의 변형을 동시에 역작용으로 발생시키는 동인이 되는 접근이다.[미셸 푸코, 『주체의 해석학』, 224쪽.] 『테아이테토스』라는 또 다른 저작에서 기술된 '신에 동화됨'이라는 표현("신에 동화됨이란 슬기를 갖추고 정의롭고 경건하게 되는 것이다")[플라톤, 『테아이테토스』, 정준영 옮김, 이제이북스, 2013, 143쪽(176a~b)]도 내가 내 자신을 인식함으로써 진실에 접근하고, 그 진실은 나의 현존재를 변형시켜 나를 신과 동일시하게 된다는 형식이라고 할 수 있다. 어찌되었든 이것도 주체변형의 문제를 함축하는 용어였다.

결국 '내가 진실에 접근하기 위해서는 어떤 대가가 필요한가?'로 귀결된다. 즉 '내가 나를 어떻게 변형시켜야, 다시 말하면, 나는 나 자신을 무엇으로 만들어야 진실에 접근할 수 있는가?'이다. 결국 진실에 접근하는 능력은 주체를 변형시키는 능력이다. 주체는 주어진 원래의 상태를 가지고서는 결코 진실에 접근할 수 없다. 이것은 소크라테스-플라톤 시대를 비롯하여 고대의 보편적인 특성이고 근본적인 원리였다. 바로 자기배려는 진실을 향해 운동하는 주체의 혁명이다.

거꾸로 말하면 주체의 혁명을 수반하는 진실의 운동이다. 이데아, 그것은 이 운동을 일으키는 최초의 철학적 장치였을 뿐이다. 따라서 진실은 주체를 변형시키는 하나의 운동 그 자체라고 말해야 할 듯싶다.

*　*　*

다시 앞의 프로젝트 이야기다. 프로젝트는 갈수록 문제가 심각해졌다. 오랜 시일이 지나 상황이 더욱 악화되자, 나의 진실도, 상대편의 진실도 조금씩 허물어져 갔다. 그리고 시간이 지날수록 다른 사람들도 새로운 사실들을 알게 되었고, 그것으로 상황은 더욱 이상한 곳으로 흘러갔다. 이윽고 새로운 상황에 근거하여 내가 말했던 진실들이 없는 양 취급되기에 이르렀다. 상황 논리는 내가 지적하는 문제들을 중요하지 않게 다루었고, 나 자신의 두려움도 커져 갔다. 이제 내가 알고 있던 진실도, 용기도 사라져 간다고 생각했다. 무엇보다 끔찍한 것은 상대방의 기만이 아니라, 굳건하던 내 진실이 사라져 가는 걸보는 일이었다. 참 많이 곤혹스러웠다.

그러나 이런 생각도 들었다. 내가 기존의 진실에 너무 몰두하고있었던 건 아니었나. 그렇다고 기만적인 상황에 눈감아야 한다는 말은 아니다. 다만 우리가 새로운 시간과 공간에 들어섰다는 느낌이 들었다. 그렇다면 새로운 진실과 주체로 새롭게 대결해야 했다. 우리가회의 현장에서 '프로젝트의 성공'을 운위할 때, 각종 발표에서 감히'책임'을 운운할 때, 본래의 뜻을 잃어버린 '진실'이 꽁무니를 빼고 있다는 사실을 알아차렸어야 했다. 그걸 모르고 나는 프로젝트의 타락을 개탄하고 냉소하고 있었던 모양이다.

　이제 그들의 진실도 다시 검토해야겠다는 생각이 든다. 새로운 시·공간에서 이루어질 이 비판적 검토^{elenchos}야말로 나의 진실과 용기를 다시 생산할 수 있으리라. 그러나 그것은 기존의 프로젝트에서는 불가능하다. 이 안에서는 그저 습관화된 위선과 허위를 무한 복기할 뿐이다. 나에겐 다른 프로젝트가 필요하다. 그것은 회사의 프로젝트가 아니라, 내 삶의 프로젝트가 만든 새로운 길이다. 아마도 나의 새로운 삶이 그들에게, 아니 우리들에게 긴박한 진실의 폭탄이 될 것이다.

1-6장.
자기배려, 저항하는 주체의 생성
나는 나에게 저항한다 : 미셸 푸코

잠들 때가 되면 하루의 일이 드문드문 떠오른다. 어제 고심했던 보고서를 마무리한 일이며, 회의하다 다른 팀장과 다툰 일이 끝없이 가지를 쳐 나간다. 개중에는 생생한 장면도, 흐릿한 장면도 있다. 영화감독이 촬영 필름을 돌리듯 기억을 돌리는 것이다. 그 필름엔 꽤 즐거운 장면도 나오지만, 끔찍한 상황도 떠올라 마음이 썩 편치만은 않다. 요즘같이 회사일도, 집안일도 뜻대로 되지 않으면 슬픈 장면은 잦아져 기억을 되새기는 시간이 갈수록 힘들어진다.

그러다 보면 하루를 점검하기는커녕 자책감만 더 커진다. 예전에 잠깐 얻어 들은 명상법을 참조해 보지만 어김없이 돌아오는 자책들을 쉽게 피하지 못한다. 덮어놓고 내가 잘못한 생각만 들거나, 기껏해야 내 잘못을 숨길 요량만 는다. 더 큰 문제는 상상이 깊어질수록 더 이상 내가 할 수 있는 일이 없으리라는 무력감이 커진다는 점이다. 하루를 점검하려던 것이 어느 순간 무능력과 무력감에 방황하는 시간이 되고 만다. 이렇게 스스로 점검하느니, 차라리 교회나 절에 내 영혼을 맡기거나, 이도 저도 아니면 길섶 풀들 사이에서 울어대는 밤여치 소리에 귀 기울이는 것이 더 낫겠다는 생각마저 든다. 내 의식 자체가 스스로 빠져나오지 못하는 하나의 함정인 듯하다.

하지만 내 의식만 이런 함정에 빠진 것이 아니다. 내가 살고 있는 사회도 꽉 막힌 성처럼 뭔가에 둘러싸여 있는 것처럼 보인다. 나는 기존 사회에 길들여진 내가 어떻게 남과 다르게 살 수 있을지 늘 의문이었다. 우리가 언제나 이미 기존 사회의 틀 안에서만 생각하고, 행동하기에 하는 말이다. 우리는 사회 앞에서 녹록한 일개 졸장부일 뿐이다. 그걸 당연시해서 그런지 대개는 이 틀을 의심조차 하지 않는다. 간혹 의심하더라도 이 틀에 맞춰 사는 것이 이익이거나, 최소한 불이익은 받지 않을 거라 생각하고 살아간다. 심지어 어떤 이는 이 문제를 생각하는 일 자체를 바보 같은 짓이라고 여기기까지 한다.

프랑스의 철학자 미셸 푸코Michel Foucault, 1926~1984는 생애 전체를 이 문제와 싸우며 살았다. 물론 푸코도 매번 길이 막히고, 다시 뚫기를 거듭하였다. 그러나 푸코의 거듭된 돌파를 한눈에 살펴보기가 그리 쉽지는 않다. 그가 워낙 다채롭고 다이내믹한 사상가여서일 것이다. 그런데 이 돌파를 일본의 학자 사토 요시유키佐藤嘉幸가 『권력과 저항』이란 책에서 탁월하게 추적해 냈다. 특히 후기 푸코의 전회를 '저항'이라는 주제로 풀어 낸 부분은 어떤 설명보다 설득력이 있어서 나로선 감탄하지 않을 수 없다. 무엇보다 나 같은 범인凡人에겐 그가 히말라야 셰르파와도 같은 사람이다. 나는 언젠가 한번 사토가 이끄는 손길을 따라 푸코가 돌파한 길을 정중하게 다시 길어보고 싶었다. 그 길을 따라가면 사토가 찾은 푸코의 길이 내게 좀더 선명해지지 않을까 하는 생각이 들어서이다. 원래 길이란 뒤따라 나서는 사람들에 의해 더 넓어지고, 또렷해지지 않던가.

푸코의 질문 : 주체의 문제

　푸코가 보기에 '나'는 근대 담론이 만든 '인간' 가면을 쓰고, '국가 장치들'에 둘러싸여 '정상성'이라는 옷을 입고 살아간다. 덕분에 사회 구성원 전체가 국가나 회사가 만들어 놓은 규범을 지키느냐 안 지키느냐에만 골몰한다. 마치 남들 기준에 얼마나 잘 맞추며 사는지를 경쟁하는 모습이다. 어떻게 이리 되었을까?

　1969년 푸코는 프랑스철학회에서 「저자란 무엇인가?」란 강연을 한다. 그 강연 말미에 정신분석학자 라캉Jacques Lacan이 다음과 같은 발언을 한다.

　구조주의든 아니든 이러한 꼬리표에 의해 모호하게 한정된 분야에서는 주체의 부정이 전혀 문제되지 않는 것 같다는 것입니다. 오히려 주체의 종속이 문제가 되는데 그것은 전혀 다른 것입니다. 그리고 특히 프로이트의 회귀라는 층위에서는, 정말로 기본적인 어떤 것, 우리가 '시니피앙' signifiant이라는 용어로써 분리시키려 했던 어떤 것과 관련된 주체의 종속(의존)이 문제가 됩니다.[푸코의 강연 「저자란 무엇인가?」(1969)에서 푸코 발표에 대한 라캉의 발언, 김현 편, 『미셸 푸코의 문학비평』, 문학과지성사, 1989, 274~275쪽.]

　바로 앞서 이루어진 강연에서 푸코는 담론이 책과 작품, 그리고 저자라는 관습적인 단위로는 구분되지 않는다고 말한다. 『말과 사물』

은 이것을 실증적으로 보여 주었다. 예컨대 정치경제학담론은 저자별로, 작품별로 다르게 이야기되지 않는다. 19세기 경제학자들은 표면적으로 서로 싸우고 있지만, 실상 '가치 분석'이라는 동일한 지반을 공유한다. 정치경제학담론에서 보자면 애덤 스미스, 데이비드 리카도, 칼 마르크스가 동일한 틀 안에 있었다고 할 수 있다. 좀 거칠게 말하면 저자가 작품을 쓰는 것이 아니라, 담론이 저자를 통해 글을 쓴다. 저자가 담론을 가지고 있는 것이 아니라, 담론이 저자를 가지고 있다. 작전권이 담론에게 있지, 저자에게 있지 않다. 푸코는 담론이 고유한 형태로 있기 위해서 오히려 저자가 스스로 사라지거나 제거되어야 한다고도 말한다. 이 관점에 서면 중요한 것은 저자가 아니라 '텍스트로의 회귀'이다. 저자의 삶이나 글을 쓰게 된 동기보다 텍스트 자체에 집중해야 담론이 보이는 것이다.

이렇게 되면 당연히 주체의 문제가 전면에 부상할 수밖에 없다. 과연 글을 쓰는 주체(여기서는 '저자')가 있을 수나 있을까? 아니나 다를까, 강연 후 토론 시간이 되자 참석자들 사이에 '주체의 부정'(구조만 있을 뿐, 주체는 없다?)이라는 말이 문제가 되었다. 위의 인용 발언은 바로 그 순간에 터져 나왔다. 라캉은 주체란 없는 것이 아니라, '정말로 기본적인 어떤 것'과 관련하여 주체가 의존하여 구성될 뿐이라고 입장을 밝혔다.

여기서 주체가 의존하고 있는 '정말로 기본적인 어떤 것'이란 무엇일까? 단도직입적으로 말하면 라캉에게 그것은 '시니피앙'이다. 시니피앙(기표)이란 단어의 음성이미지 혹은 글자체계를, 시니피에(기의)는 글자의 의미를 지칭한다. 그런데 글자의 의미는 그 글자가 쓰인 맥락에 따라 달라진다. 예컨대 '방'이라는 단어에서 기표는 ㅂ, ㅏ, ㅇ이라는 글자 그 자체를 말한다. 그런데 그것은 어떤 맥락에 배치해 사용하느냐에 따라 내가 웅크리고 있는 이 방일 수도 있고, 국가를 통치하는 정권이 될 수도 있다. "혁명은 안 되고 나는 방만 바꾸어 버렸다."[김수영, 「그 방을 생각하며」 중, 『김수영 시선』, 민음사, 1989, 160쪽.]

의미와 아무런 관련 없는 글자들이 자신의 배치에 따라 다른 의미들을 규정한다. 기의는 기표들이 맞춰 주는 음정에 따라서만 춤을 춘다. 다시 말하면 기의는 기표에 의존한다고 할 수 있다. 구조주의 권력이론은 이런 시니피앙 이론을 받아들임으로써 만들어졌다. 구조주의 권력이론에서 시니피앙은 주체가 의존하고 있는 '내면화된 권력'이다. 언어체계에서 기의가 기표에 의존하는 것처럼, 사회체계에서 주체는 내면화된 권력에 의존하여 생성된다.

이처럼 구조주의 이론은 권력에 종속된 주체가 어떻게 생산되는지에 주목하였다. 나는 누가 그렇게 하라고 하지 않았는데도 사회생활을 할 때 조심하고, 자중하고, 심지어 뭔가를 두려워한다. 내 스스로 부자유스럽게 생활하고 있는 것이다. 진지하게 생각해 보면 신기한 일이다. 앞서 이야기한 권력론에 따라 이렇게 질문할 수 있겠다. 나는 어떻게 해서 권력을 내면화하게 되는가? 다시 말하면 나는 왜 복종하는가?

이 질문에 답하기 위해 고안된 것이 바로 '장치'dispositif라는 개념이다. '장치'란 국가기관, 학교, 교회, 가족, 회사 등등을 말한다. 권력은 사회 곳곳에 퍼져 있는 수많은 '장치'에 의해서 행사된다. 권력은 장치를 통해서 자신에게 순종하는 주체를 생산하고, 또한 재생산한다. 우리가 규범을 잘 지키게 되는 것도 이런 장치들이 잘 작동한 덕분이다. 프랑스의 철학자 루이 알튀세르Louis Althusser는 이 개념을 '국가장치'와 '이데올로기적 국가장치'라는 용어로 적극 제시하였다. "하나의 억압적 국가장치가 존재하는 반면, 다수의 이데올로기적 국가장치들이 존재한다. 단일화된 억압적 국가장치가 완전히 공적인 영역에 속하는 반면, 외견상 흩어져 있는 이데올로기적 국가장치들의 대부분은 반대로 사적인 영역에서 유래한다."[루이 알튀세르, 『아미앵에서의 주장』, 김동수 옮김, 솔, 1991, 90쪽] 훗날 푸코가 제시하는 '규율권력'은 바로 이 장치 개념에 맞닿아 있다. '장치'가 권력을 담지하면서 사적인 영역 곳곳에 흩어져 있는 것이라면, 푸코의 '규율권력'이야말로 여기에 가장 잘 부합한다고 할 수 있는 것이다.

하지만 문제가 있다. 주체가 단지 권력에 의존하여 구성될 뿐이고, 심지어 권력장치들에 의해 생산될 뿐이라면, 소위 '능동적인 주체'가 있을 수 있기는 한 것일까? 다시 말하면 내가 스스로 생각하고, 거부하는 게 가능하겠냐는 의문이다. 사실 '나'는 만들어진 틀 속에 어쩔 수 없이 살 수 있을 뿐, '나'에게는 도무지 이 틀을 뒤집을 방법이 없지 않나.

이런 상황이라면 결국 주체-권력관계에서 '주체'는 사라진다. 내가 할 수 있는 것은 어디에도 없는 셈이다. 어떤 의미에서 주체는 그저 권력이라는 객체 속에 머물 뿐이다. '나' 밖의 권력장치(객체)가 '나'의 의식(주체)을 구성하는 터라, 내가 나를 구성하는 능동성은 내 안에 있을 수 없는 셈이다. 따라서 라캉의 저 말, 즉 '주체의 종속(의존)'이 끝내 문제가 된다. 주체가 할 수 있는 것이 도대체 무엇이란 말인가?

푸코의 철학적 여정은 이 지점에서 출발하고 있다. 푸코는 이렇게 된 원인을 칸트가 구성한 근대적 주체에서 찾는다. 칸트에 따르면 자아는 외적 사물을 우선 직관_{판단·추론 없이 대상을 직접적으로 인식하는 일}으로 받아들인다(수용성). 그런 다음 비로소 자신의 지성(오성)을 사용해 개념을 만들어 낸다(자발성). 즉 외부의 사물을 표상_{마음에 떠오르는 상, 감각을 통해 외적 대상을 의식에 나타낸 심상}으로 받아들임으로써 '내부화'하고, 그 내부화된 표상을 기반으로 대상을 인식한다. 예를 들면 직관은 사과라는 대상을 빨간 껍질, 둥근 모양, 달콤한 맛 등 여러 감각으로 받아들이기만 한다(수용성). 이것을 가지고 '사과'라는 개념으로 통일하여 인식하는 것은 오성의 역할이다. 따라서 칸트의 인식은 직관을 통해 내부화된 표상에 따라 이루어질 뿐이다. 다시 말하면 끝내 외부의 '물자체'를 알 수 없게 된다. 인간의 인식은 수동적인 직관에 의존할 수밖에 없는 기묘한 것이 되고 말았다. 세상은 표상 극장에서 상연되어야만 인식된다.

여기서 중요한 것은 자아가 분절된다는 점이다. 우선 외적 사물을 직관으로 받아들이는 자아를 '경험적 자아'라고 부른다. 다른 한편으로 경험적 자아가 받아들인 표상들을 종합하여 개념을 생성하는 자아는 '초월론적 자아'라고 지칭한다. "나는 생각한다"는 말이야말로 초월론적 자아에 속하는 대표적인 발언이라고 할 수 있다. "나는 생각한다"는 말을 할 수 있으려면, 이미 다른 '나'를 상정해야 할 테니 말이다. 이렇게 분절된 자아를 푸코는 '경험적-초월론적 이중체'라고 불렀다. 외부의 대상을 받아들여 내부의 표상으로 만들어 주는 자아와 그 표상을 종합하고 판단하는 자아.

여기서 우선 문제가 되는 것은 초월론적 자아다. 초월론적 자아는 표상을 종합하고 판단하는 과정에서 스스로 반성한다. 즉 그것은 경험적 자아가 하는 모든 것을 감시하고 반성한다. 초월론적 자아는 내부에 깊숙이 머물면서 내부화된 표상을 대상으로 끊임없이 규제하는 자아라고도 할 수 있다. 구조주의이론에서 말하는 바로 그 '내면화된 권력'인 것이다. 눈을 감고 '떠드는 나'를 지켜보는 다른 '나'를 상상해 보라. 바로 그 '나'가 규제적 자아이다. 그 '나'가 '내면화된 권력'인 것이다. 주체가 의존한다는 권력이란 이 초월론적 자아를 말한다.

이 이중체는 인간 이성이 한계가 있고, 따라서 인식 불가능한 것이 존재한다는 '유한성' 관점으로부터 비롯된다. 사실 우리가 부지불식간에 말하곤 하는 인간의 '기본 본성'이라는 것, 즉 인간의 본질이라는 것은 이 유한성의 다른 말이다. 인간은 인간의 '기본 본성'이라는 것 안에 자신을 스스로 가둬 버리고, 외부성(물자체)을 내부로 끊임없이 끌어들여서(표상화) 그것을 이리저리 판단하는 소아적인 존재로 만들어 버렸다. 칸트의 유한성 관점은 '경험적-초월론적 이중체'를 만들어 내고, 규제적 자아에 의해 권력에 의존하는 주체를 생산하는 출발점이다. 결국 칸트는 다음으로 귀결될 운명이다. 인간은 유한하다, 고로 권력(규제적 자아)에 종속될 수밖에 없다.

푸코는 이를 어떻게 돌파하는가. 이 지점에서 푸코가 딛고 선 디딤돌은 반反이성주의자 니체다. 푸코는 니체 독해를 통해 이런 이중체로서의 자아를 돌파한다. 푸코는 자신의 여러 작업에서 니체 텍스트의 도움을 받아 길을 걸었다고 종종 말한다.[미셸 푸코 외, 『자유를 향한 참을 수 없는 열망』, 정일준 편역, 새물결, 1999, 114쪽] 칸트를 돌파해야 하는 이 지점에서도 푸코는 니체의 창고에서 도구를 들고 나왔다. 니체는 인식을 칸트와 완전히 다른 구도로 이해한다. 니체에게 인식은 "서로 상이하고 대립되는 충동들 상호간의 특정한 태도"[프리드리히 니체, 『즐거운 학문』, 『즐거운 학문/메시나에서의 전원시/유고(1881년 봄~1882년 여름)』(니체전집 12권), 안성찬·홍사현 옮김, 책세상, 2005, 301쪽.]일 뿐이다. 니체는 스피노자가 "비웃지 말고, 탄식하지 말고, 저주하지 말고 인식하라"고 했던 말을 비튼다. 그러면서 인식은 오히려 비웃고, 한탄하고, 저주하는 충동들로부터 나오는 것이 아닌가라고 반문한다. 칸트에서처럼 인식이란 초월적 시선에 의해서 경험적 표상들을 반성하고 통일시키는 것이 아니라, 차라리 투쟁하는 충동들에서 나온다고 본 것이다.

예컨대 경제 현상을 바라보는 인식도 사적 소유를 당연시하고 그것을 지키려는 충동과 공동 소유를 지향하고 획득하려는 충동이 서로 투쟁하면서 구성되기도 한다. 물론 자본주의 사회는 전자의 충동이 강력하게 지배하므로 우리의 인식에 소유권은 철저히 지켜져야 할 것으로 강고하게 자리 잡고 있다. 그러나 후자의 충동도 가만히 있지는 않는다. '무상급식'을 둘러싼 싸움은 이를 잘 보여 준다. 전자는 '무상급식'을 소유권이 침해될 수 있는 요소로 간주하지만, 후자는 공동체의 당연한 의무로 이해한다. 서로 다른 충동 때문에 동일한 대상을 다르게 인식하는 것이다.

하지만 사회 전체적으로 무상급식에 대한 충동이 커지면서 전자는 후자에게 일부 자리를 내줘야 하는 상황이 발생한다. 충동들은 서로 투쟁하는 과정에서 각각의 힘에 따라 서로 어떤 관계를 구성하게 된다. 무상급식의 경우도 '적용반대'와 '전면적용' 사이에서 적절한 타협이 이루어진다. 그 순간 충동들 간에 화해를 이루고, 일종의 협약을 체결함으로써 새로운 인식이 생긴다는 말이다. 물론 싸움은 계속될 것이다. 그때마다 인식 또한 달라질 것이다. 니체에게 인식은 우선은 투쟁이며, 아울러 그 투쟁의 결과로서 일종의 협약이다.

이렇게 되면 인식한다는 사실 속에는 이미 지배하고 지배받는 관계, 즉 권력관계가 스며들어 있는 셈이 된다. 즉 인식이란 충동들 사이의 권력투쟁이다. 푸코는 이 투쟁을 사회적 장에서 힘들 사이의 투쟁으로 전환하여 독해한다. 사회에서 발생하는 갖가지 권력투쟁들이 바로 충동들의 투쟁이다. 따라서 인식은 이 투쟁들이 우리 의식에 만들어 놓은 효과다. 우리는 이 효과에 의거해 세상을 인식한다. 그 투쟁관계의 틀 안에서만 세상을 이해하는 것이다. 따라서 인식은 권력관계에 의해 구성된다고 할 수 있다. 그것은 내 안에 선험적으로 존재하는 것이 아니라, 사회적 장에서 이루어지는 투쟁들 속에서 만들어진다. 사토 요시유키가 매우 적절하게 표현했듯이 푸코는 칸트적 주체의 한계를 니체적 사유를 통해 위반한다.[사토 요시유키, 『권력과 저항: 푸코, 들뢰즈, 데리다, 알튀세르』, 김상운 옮김, 난장, 2012, 53쪽.] 푸코의 돌파는 위반을 통해 이뤄졌다.

그렇다면 인식은 고정적이고 본질적인 무엇이 아니다. 그것들은 힘의 관계가 변함에 따라 이루어지는 아주 일시적이고 역사적인 결과물일 뿐이다. 그것은 역사에 따라 때때로 변할 것이다. 니체의 '종교발명설'도 이것으로 설명된다. 종교는 사회적 장에서의 힘의 투쟁이 이루어 놓은 어떤 결과물, 하나의 사건일 뿐이다. 따라서 모든 인식은 반드시 편파적이고 기울어져 있다. 항상 투쟁의 결과인 승리자의 관점이 반영되어 있는 것이다. 이런 의미에서 이 인식에 영향을 받는 주체도 항상 어느 한쪽의 승리에 의해서 구성된다고 해야 한다.

다시 경험적-초월론적 이중체로 돌아가 보자. 경험적인 심급은 다양하다. 니체가 말했던바, 그곳은 충동들이 투쟁하는 곳이다. 그리고 어떤 결정도 없이 그것들은 힘들 사이의 투쟁으로 나타난다. 그것은 아주 다양한 권력들 사이에 투쟁이 이뤄지는 사회적 관계의 장이다. 이 투쟁이 일종의 협약을 이루었을 때 초월론적 심급이 형성된다. 따라서 주체는 다양한 충동들, 즉 권력들 사이의 투쟁이 이루어지는 과정에서 구성된다. 그것은 항상 비결정적인 어떤 것이다. 바로 이 지점이 칸트의 이중체적 주체가 푸코에 의해 무너지는 순간이라고 할 수 있다. 『말과 사물』은 이를 줄기차게 비판하고 있었다.

/

푸코의 아포리아 : 저항의 문제

/

이런 푸코의 돌파는 『성의 역사 1 : 앎의 의지』에서 적극적으로 표명된다.

내가 보기에 권력은 우선 작용영역에 내재하고 조직을 구성하는 다수의 세력관계, 끊임없는 투쟁과 대결을 통해 다수의 세력관계[힘의 관계―인용자]를 변화시키고 강화하며 뒤집는 게임, 그러한 세력관계들이 연쇄나 체계를 형성하게끔 서로에게서 찾아내는 거점, 반대로 그러한 세력관계들을 서로 분리시키는 괴리나 모순, 끝으로 세력관계들이 효력을 발생하고 국가 기구, 법의 표명, 사회적 주도권^{hégémonie}에서 일반적 구상이나 제도적 결정화가 구체화되는 전략으로 이해되어야 할 듯하다.[미셸 푸코, 『성의 역사 1: 앎의 의지』, 이규현 옮김, 나남출판, 2004, 112쪽.]

푸코에게 권력은 '끊임없는 투쟁과 대결'로서 힘의 관계가 끊임없이 변화하는 게임이자 전략이다. 이런 입장은 한 해 앞서 저술한 『감시와 처벌』(1975)에서도 이미 똑같이 표명되었다. 즉 "권력은 하나의 소유물로서가 아니라, 하나의 전략으로서 이해되어야 하며, 그 권력지배의 효과는 소유에 의해서가 아니라 배열, 조작, 전술, 기술, 작용 등에 의해서 이루어진다."[미셸 푸코, 『감시와 처벌』, 오생근 옮김, 나남출판, 2003, 57~58쪽.] 그것은 "영원히 계속되는 전투"[미셸 푸코, 『감시와 처벌』, 58쪽.]이다.

그런데 이런 입장은 사실 니체가 묘사한 힘의 관계에 다름 아니다. 니체는 도덕의 계보를 추적하면서 이르기를 어떤 사물, 어떤 관습, 어떤 기관의 '발전'이란 그것에 영향을 끼치는 "제압 과정의 연속이며, 이에 반대하여 매번 행해지는 저항"[프리드리히 니체, 「도덕의 계보」, 『선악의 저편/도덕의 계보』(니체전집 14권), 김정현 옮김, 책세상, 2002, 422쪽.]이라고 한다. 또한 형식만 유동적인 게 아니라, 그 내용은 더욱 유동적이라고 덧붙인다. 권력관계(형식)와 주체(내용)의 미묘한 관계를 설명했다고도 할 수 있다. 여기서 '제압과정과 저항'은 푸코가 말하고 있는 '다수의 세력관계'(=힘의 관계=권력관계)에 상응하는 니체저 표현이다. 이렇게 뇌면 주체가 의존하는 권력이란 바로 '다수의 세력관계'로서, '제압과정과 저항'이 뒤엉킨 그 무엇이 된다.

여기에 이르러 푸코가 "권력이 있는 곳에 저항이 있다"[미셸 푸코, 『성

의 역사 1₃, 115쪽)고 했던 말을 이해하게 된다. 푸코는 저항이 권력관계에서 항상 맞은편에 하나의 항을 차지한다고 말한다. 다시 말하면 저항은 권력의 외부에 있는 것이 아니고, 권력 자체의 구성 조건으로서 권력 자체에 내재한다. 권력이 있으려면 당연히 저항이 있게 되는 것이다.

그러나 이곳에 다시 난관이 기다린다. 권력관계가 이런 것이라면 끊임없이 권력관계의 변화만 있을 뿐, 그 판 자체를 뒤집을 저항이 근본적으로 존재할 수 있을지 의문이다. 팬옵티콘이라는 유명한 감옥에 대해 생각해 보자. 팬옵티콘에는 중심에 탑이 있다. 그 주위로 독방 건물이 분할되어 원형으로 배치된다. 감시탑에서는 수감자의 독방을 감시할 수 있는 반면, 독방의 수감자는 감시탑의 교도관을 볼 수 없다. 이런 구조 때문에 수감자는 끊임없이 감시당하고 있다는 의식을 갖게 되고, 그리하여 자신의 모든 행동을 스스로 억제한다.

> 가시성의 영역에 예속되어 있고, 또한 그 사실을 알고 있는 자는 스스로 권력이 강제력을 떠맡아서 자발적으로 자기 자신에게 작용시키도록 한다. 그는 권력관계를 내면화하여 1인 2역을 하는 셈이다. 그는 스스로 예속화의 원칙이 된다. 바로 이런 사실 때문에 외부의 권력은 물리적인 무게를 경감할 수 있게 되고 점차 무형적인 것으로 된다.(미셸 푸코, 『감시와 처벌』, 314쪽)

자기가 스스로 자기를 감시한다는 이 사실(1인 2역)은 외부의 권력관계가 내면화되면서 이루어진다. 우리는 스스로 자유를 피하며 생활한다. 여기서 주체는 권력을 감시하는 자아와 그에 복종하는 자아로 분할된다. 즉 주체는 권력관계를 내면화하고, 상위의 자아가 하위의 자아를 규율화한다.

여기서 칸트의 경험적-초월론적 이중체의 구조가 허물어지고 있는 것은 사실이다. 칸트에게 '규율'은 '이성의 규율'이었다. 이 규율의 원리는 자아의 초월론적 심급에 있었다. 즉 규율은 오로지 추상적인 이성에 의해서만 산출된다. 그리고 이 추상적인 이성은 사전에 고정된 선험적인 이성이다. 그러나 여기서 푸코는 규율이 이성이 아니라 외적인 힘들로서의 권력관계라고 보고 있다. 그것들은 구체적이고 현실적인 권력관계에 따라 구성된다. 따라서 이성적 규율에서 사회적 규율로 전환된 것이라고 할 수 있다.

그러나 그 전환이 완전하지 않다. 여전히 푸코도 초월론적 자아와 경험적 자아의 관계 속에서만 이야기하고 있는 셈이었다. 다시 말하면 초월론적 자아와 경험적 자아 사이의 힘의 관계가 역전될 가능성을 갖지 않는다. 즉 팬옵티콘의 세계는 모든 저항으로부터 벗어나 있다. 팬옵티콘의 권력은 "영원한 승리"[미셸 푸코, 앞의 책, 314쪽] 속에 있는 것이다.

경험적 심급이 지배와 저항이 교차하는 다양체로서 나타나는 데 반해, 초월론적 심급은 그것이 지배의 체계로 환원될 수 있는 한에서 하나의 힘만 있는 장일 수밖에 없다.[사토 요시유키, 『권력과 저항』, 62쪽] 권력관계를 수용하기만 하면, 주체는 이중으로 분할되어 한편에서는 감시를, 다른 한편에서는 복종만 하는 주체로 고정되고 만다. 분명 칸트적 주체를 넘어서서 사회의 권력관계로부터 주체를 설명해 내는 공헌이 있었지만, 『감시와 처벌』은 다시 칸트적 구도로 미끄러지면서 저항의 개입 여지를 다시 막아 버렸다. 매번 투쟁 속에 새로운 권력을 받아들이기는 하지만, 이 지배-복종 관계 자체를 뒤집지는 못한다. 권력관계라는 게임 속에서 엎치락뒤치락하기는 하지만, 다시 칸트적 구도로 미끄러지면서 시작하자마자 게임종료가 되어 버린다. 이런 구도라면 권력은 항상 승리할 수밖에 없는 것이다.

/

푸코의 돌파 : '자기'의 문제

/

푸코의 『성의 역사』 1권(「앎의 의지」)은 분명히 기존의 정신분석을 비판하고 있다. 그리고 그것은 '고백'이라는 기독교적 형식을 논의하는 것으로부터 시작한다. 원래 가톨릭에서의 '고백'은 회개^{metanoia}와 결합되어 실행된 자신만의 의례이자 독점적인 실천이었다. 그러나 프로테스탄티즘 이래로 이것은 교육학, 의학에 하나의 형식으로 들어가면서 점차 세속화된다. 사회적 관계 곳곳으로, 자녀-부모, 학생-선생, 환자-정신과의사 등의 사이로 고백의 형식이 스며든 것이다. "서양에서 인간은 고백의 짐승이 되었다."[미셸 푸코, 『성의 역사 1』, 81쪽] 환자들은 정신과의사에게 자신의 정신적 문제를 고백하고 그들의 결정을 기다린다. 정신분석도 그 실행의 구조로 본다면 이런 고백의 구조와 별반 다를 바 없다. 따라서 정신분석도 이 고백의 역사 속에서 분석되어야 한다는 것이 푸코의 시각이다.

여기서 고백의 중요성은 고백하는 자가 자신의 고백의 의미를 스스로 결정하지 못한다는 데 있다. 고백의 진리성은 '언표행위의 주체'(고백하는 사람)와 '언표의 주체'(고백 내용을 행한 사람)가 일치함으로써 보장된다. 그런데 이 진리성을 결정하는 사람은 고백하는 사람이 아니라 고백을 듣는 사람이다. 이제 고백의 진리성은 고백을 듣는 사람의 해석에 의존하게 된다. 예컨대 환자의 고백이 병인지 아닌지는 의사의 진단에 달려 있다. 주체의 진리, 즉 고백하는 사람 자신에 대한 진리가 주체의 외부에 놓이게 되는 셈이다. 나는 나의 진리성을 결정하지 못한다. 훗날 푸코는 '주체의 해석학'(1981~82, 콜레주 드 프랑스)이라는 강의에서 이를 분명히 규정한다. "회개(고백성사)하는 자기는 자기 자신을 포기한 자기입니다."[미셸 푸코, 『주체의 해석학』, 245쪽.]

따라서 여기서 타자가 진리의 주인으로 간주되는 권력관계가 다시 나타난다. 주체는 고백이라는 권력장치에 의해 권력에 예속된다. 가정에서, 학교에서, 병원에서, 사람들은 자기 자신의 신체와 성에 대해서 말하게 되고, 그 정보들은 행정적으로 관리된다. 결혼, 출산, 생존의 국가적 관리는 기본적으로 고백 구조에 의해 조직화된다.

그런 의미에서 고백은 팬옵티콘의 다른 버전이라고 할 수 있다. 즉 고백은 권력에 예속화되는 의례적인 기계인 셈이다. 고백은 명령으로 메아리 친다. 따라서 이 시점까지도 푸코는 이 예속화를 벗어날 새로운 주체 개념을 제시하지 못하고 있었다. 그래서 들뢰즈는 이 책이 나온 후 다음과 같이 의문을 제기한다.

[푸코의] 이러한 방향은 내[들뢰즈―인용자]가 보기엔 하나의 출구를 발견하면서 다른 출구들을 막아 버릴 것 같다. …… [푸코는] 진리를 권

력에 종속적인 것으로 개념화함으로써 그는 이 범주를 완전히 혁신
할 수 있었다. 그런데 이 같은 혁신 속에서 그는 권력에 반하는 재료를
발견할 수 있을 것인가? 나[들뢰즈―인용자]로서는 그 방법을 모르겠
다.…… [신체의 쾌락과 관련해서] 여기서도 역시 내가 예상한 것처럼, 어
떻게 쾌락이 대항권력을 활성화하며 미셸이 어떻게 이러한 쾌락의 개
념을 구상하는가라는 질문이 제기된다.[들뢰즈·가타리, 「욕망과 쾌락」, 『탈주의 공간을
위하여: 들뢰즈·가타리의 정치적 사유』, 이호영 옮김, 푸른숲, 1997, 108~109쪽]

규율권력은 개개인의 신체를 감시·훈육하고, 자신의 신체를 자신
이 통제하는 반성적이고 규제적 자아를 만들어 냈다. 프로이트도 자
아는 외부세계의 자극(고통의 기입)과 그 자극에 대한 신체의 반작용
(고통에 대한 반성)에 따라 형성된다고 보았다. 규율권력 메커니즘은
프로이트의 반성 메커니즘과 동일하다. 바로 그렇게 구성된 자아가
스스로 자신의 신체적인 힘을 조절한다. 유용성의 측면에서는 신체
의 힘을 증가시키지만, 복종의 측면에서는 그 힘을 약화시키는 것이
다.[미셸 푸코, 『감시와 처벌』, 217쪽] 자본주의 사회에서 그 흔한 자기계발은 이런
식으로 작동한다. 그것은 자본주의에 유용한 신체의 기술(힘)은 증대
시키지만, 자본주의에 저항하는 힘으로 커지지 않는 데까지만 그렇
게 한다. 더군다나 우리는 증대된 신체의 힘을 자기를 위해 사용하지
않는다. 타자에 의해 구성된 욕망들(명문대 입학, 승진, 급여 인상 등)
에 투여되어 소비될 뿐이다. 자기계발을 하면 할수록 우리는 권력에
예속된다. 자기계발은 자기를 탕진하는 작업이다.
　푸코가 플라톤을 뒤집어 말한 '혼은 신체의 감옥이다'는 바로 이

런 의미에서이다. 권력관계에 의해서 생성된 규제적 자아가 자신의 신체를 감시하고 훈육한다. 이것은 다시 되돌아간 칸트적 주체, 즉 '경험적-초월론적 이중체'와 다른 것이 아니다. 규율권력은 신체에 고통을 기입하고, 그 고통에 따라 자아의 반성성을 만들어 낼 뿐인 거다. 우리는 달팽이마냥 감옥 한 채를 뒤집어 쓰고 산다. 이런 구도라면 여전히 저항을 위한 발판이 마련되기는 힘들다.

이건 참 이상하다. 아포리아가 거듭 되돌아오는 것이다. 푸코는 『성의 역사』 1권 이후 이 아포리아와 함께 8년간 침묵을 지킨다. 그에게 권력의 밤은 외출이 불가능한 영토다. 이 밤을 푸코는 어떻게 돌파하는가? 이 과정에서 그는 놀라운 것을 발견한다. 사실 규제적 자아는 니체가 비판에 열중했던 '노예의 의식'에 상응한다. 그것은 니체가 줄곧 이야기해 왔던 '병든 양심'이었던 것이다. 니체는 '규제적 자아'와는 완전히 다른 것을 발견한다. 그것은 바로 '자기'라는 놀라운 존재이다.

> 형제여, 너의 생각과 느낌 배후에는 더욱 강력한 명령자, 알려지지 않은 현자가 있다. 이름하여, 자기가 그것이다. 이 자기는 너의 신체 속에 살고 있다. 너의 신체가 자기인 것이다.[니체, 「신체를 경멸하는 자들에 대하여」, 『차라투스트라는 이렇게 말했다』, 52쪽.]

이것은 규제적 자아와는 완전히 다른 능동적인 힘이다. 여기서 자기를 발견한다는 것은 규제적 자아를 '능동적인 자기'로 전환시키는 것을 말한다. 즉 '병든 양심에 젖은 인간'을 '약속할 수 있는 인간'

으로 바꾸는 작업이다. 신체의 감옥으로서의 혼, 즉 반성적인 자아를 능동적인 '자기'로 전환시킴으로서, 기존의 자기를 넘어서도록 저항의 거점을 확보하는 것이다. 신체의 감옥이었던 혼이 신체를 이끄는 것으로 극적으로 전환된다. 바로 이 지점이 푸코가 『성의 역사』 1권을 쓴 이후에 그리스-로마철학으로 되돌아간 곳이기도 하다.

생각해 보면 이것은 아주 묘한 지점이다. 칸트적 주체에서 초월론적 심급은 반성적 심급으로서 경험적 주체를 감시하고 처벌하였던 규제적 자아였다. 프로이트의 초자아도 같은 개념이었다. 기묘하게도 푸코는 이들과 똑같은 자아에 대해 말하면서 다른 결론을 내고 있다. 자기 자신에게 시선을 쏟아붓고 있으면서도, 그것은 규제적이지 않고, 오히려 주체의 존재 양태를 변용시키는 시선으로 작용한다는 주장이다. 자신의 기존 시선을 완전히 뒤집는다.

푸코는 세네카라는 스토아주의자를 통해서 이 새로운 자기가 고백과는 완전히 다른 구조 속에서 자신을 점검하는 것을 보여 준다. 세네카는 다음과 같이 말한다.

오늘은 네 마음의 악덕 중에서 어떤 것을 고쳤는가? 너는 오늘 어떤 악덕에 저항했는가? 어떤 점에서 너는 조금이라도 나아졌는가? (……) 이번은 용서할 테니 두 번 다시는 그런 행동을 하지 않도록 조심해라. 오늘 토론에서 너는 너무 시비조로 말했다. 자기가 무슨 말을 하는지도 모르는 사람들과는 앞으로는 얽히지 마라. 이제까지 아무것도 배우지 못한 자는 앞으로도 배우기를 원치 않는다. 그 사람에게는 필요 이상 솔직히 충고를 했다. 그 결과 너는 그 사람의 잘못을 고친 것이 아니라 기분만 상하게 했을 뿐이다.(세네카, 『화에 대하여』, 김경숙 옮김, 사이, 2013, 235~236쪽.)

세네카는 잠이 들기 전에 지나간 하루 전체를 '점검'excutere한다. 아내가 조용히 잠이 들면, 고요함 속에서 홀로 자신의 하루 언행을 샅샅이 뒤진다inspecter. 나 자신을 속이지도 않고, 어떤 것도 그냥 지나치지 않는다. 그것은 피고가 재판관을 앞에 두고 이루어지는 사법적 관계가 아니다. 즉, '위반사항'을 찾아내 유죄판결을 내리기 위함이 아니다. 그것은 단지 일이 이루어진 후에 처음에 예상했던 대로 그 일이 처리되었는지를 살펴보는 데 의미가 있다. 따라서 그것을 수행하는 '자기'는 재판관이라기보다 비평가나 행정적인 검열관과 같다. 세네카가 사용하는 '스펙클라토르'speculator: 관찰자란 용어는 이런 역할을 지칭한다.

이것은 우리가 앞서 봤던 규제적 자아의 감시·감독과는 완전히 다른 차원이다. 세네카는 자기를 징벌하기 위해서가 아니라, "존재를 이성적이고 단독적인 주체로 변모"시키기 위해서 그렇게 한다.(사토 요시유키, 『권력과 저항』, 127쪽.) 후회의 느낌을 돋우기 위해서가 아니라, 현명한 처신을 확보해 주는 이성적 장치를 강화하기 위해서 그는 홀로 자신을 점검한다.(미셸 푸코, 『성의 역사 3: 자기에의 배려』, 이혜숙·이영목 옮김, 2004, 83쪽.) 책망이나 후회가 끼어들 틈이 없다. 그리고 그것은 규제적 자아와는 달리 표상들을 능동적으로 점검하고 통제하며 선별하는 훈련 속에서 이루어진다. 이를 극적으로 설명한 철학자는 에픽테토스이다.

너에게 일어나는 각각의 것에 대해서, 너 자신을 향해서 돌아서야 한다는 것을 기억하고, 그것에 대해서 사용할 수 있는 어떤 힘을 네가 가지고 있는지 탐구하라.[에픽테토스, 『엥케이리디온』, 25쪽.]

우리에게 달려 있는 것들은 본성적으로 자유롭고, 훼방받지 않고, 방해받지 않지만, 우리에게 달려 있지 않은 것들은 무력하고, 노예적이고, 방해를 받으며, 다른 것[사람]들에 속한다.[에픽테토스, 앞의 책, 13~14쪽.]

이 점검은 규제적 자아처럼 표상의 대상을 찾고, 그 의미를 해석하고, 규제하는 데 목표를 두지 않는다. 중요한 것은 어떤 표상이 떠오르면, 그것이 '우리에게 달려 있는 것들'인지, 아니면 '우리에게 달려 있지 않은 것들'인지를 선별하는 것이다. 육체, 소유물, 평판, 지위 같은 것은 우리에게 달려 있지 않다. 반면 믿음, 충동, 욕구, 혐오는 우리에게 달려 있다. 우리에게 달려 있는 것은 우리가 자유롭게 선택하고 다룰 수 있는 것들이다. 그러나 우리에게 달려 있지 않은 것들은 우리의 자유를 방해하는 것들이다. 그것은 우리를 노예의 상태로 몰아넣는다. 이런 것들에 몰두하면 자기도 모르게 스스로 자유를 피하면서 생활하게 된다. 별 볼일 없는 것들에 스스로 속박당한다. 에픽테토스는 선별을 통해서 이 무력하기 짝이 없는 노예적인 것들을 버리고, 자기 자신의 자유롭고, 방해받지 않는 선택만을 따르고자 한다.

따라서 세네카는 외부의 규범에 자신을 맞추기 위해서 반성하지 않는다. 외부의 규범은 자기 자신의 것이 아니다. 세네카와 에픽테토스는 이를 자기 자신에게로 회귀하여 자신을 돌보는 행위라고 부른다. 자기가 스스로의 깃발을 가지고, 자기를 스스로 바꾸어 가는 오직 자기만의 행위인 것이다. 그는 저녁의 점검을 통해 매일 새로운 인간으로 탄생한다. 그것은 생활에 스며든 복종적 태도(기존 습관과 통념에 따르는 주체)를 끊임없이 털어내는 저항의 태도이기도 하다. "너는 오늘 어떤 악덕에 저항했는가?" 여기에 이르면 기존의 틀에서 벗어나 습관을 바꾸는 것, 그것 자체가 권력에 저항하는 출발이 된다. 그것은 기묘하게도 그 누구도 아닌 '자기'로부터 생성되고 있었다.

푸코는 이 거점을 기반으로, 이른바 칸트적 주체(경험적-초월론적 이중체)로부터 윤리적 주체(자기배려하고 저항하는 주체)로의 변용을 시도하였다. 이 윤리적 주체가 지향하는 목표는 일반적인 도덕과 한참 다르다. 도덕적 주체화는 구성원의 행동 규칙을 보편화함으로써 공동체의 규범과 법에 적응시키는 것이라면, 윤리적 주체화는 자신의 행동을 개별화하고 변소하며, 자신의 행위에 단독적인 광채를 부여할 수 있는 태도를 갖도록 하는 것이다. 다시 말하면 다른 것으로 대체될 수 없는 존재로서의 '자기', 단 한 번도 그렇게 되어 본 적이 없는 '자기'를 구성해 낸다. 결국 도덕으로 대표되는 규율권력은 일반적인 규범을 개체에게 부과하는 장치로서 작용한다면, 윤리적 주체화는 개별적인 힘으로서 특이성을 스스로 구성하고 조직화하는 실천이다.

『감시와 처벌』에서 반성적 자아는 주체가 자신을 스스로 규율화하는 것으로 나타났다. 그러나 여기서 반성적 시선은 윤리적 주체를 형성하는 기능을 동시에 품고 있으면서, 규율에 저항하는 역량으로 나타난다. '규제적 자아'가 '탈복종적인 자기'로 탈바꿈된다. 결국 푸코에게 주체의 반성적 자아는 '인식의 주체'를 형성하기도 하고, 권력에 '복종하는 주체'가 되기도 하지만, 거꾸로 그것들을 뒤집는 '저항의 주체'를 형성하기도 한다. 반성적 자아 자체가 혼종적heterogeneity으로 존재하는 것으로 출현한다. 그곳에는 인식도 있고, 복종도 있으면서 그리고 그에 대한 저항도 있다. 푸코는 저항의 주체로서 '혼종적인 주체'를 발견함으로써 자기배려의 세계로 성큼 들어갔다. 푸코가 스스로 푸코 자신에게 저항한 결과다. 자기배려, 그것은 내가 나에게 저항하는 것이다.

*   *   *

물론 푸코는 저 저항이 타자와의 관계 속에서라야 구성된다고 말한다. 나쁜 습관들을 버리고 존재방식을 변형시키려면 스승이나 친구가 반드시 필요하다는 뜻이다. 그러나 그럴 때조차 자기 스스로 자기를 교정할 수 있어야 그 존재변형이 궁극적으로 완성된다는 점에서 '자기'의 혼종성은 매우 근본적인 출발점이라고 할 수 있다. 존재변형의 모험은 자기 안에 이미 다른 자기들이 거주하고 있어야만 가능한 모험인 것이다. 그런 의미에서 자기배려는 본래적인 자기가 되는 일이며, 수많은 자기로 들끓는 그곳으로 되돌아가는 것이라고 할 수 있다.

그렇다면 나 자신 자체가 혼종적인 공동체라고 말해도 될 것 같다. '나'라는 장이 이미 '사회적인 장'인 것이다. 더 나가서 '나'라는 사회적인 장은 학교, 회사, 국가 같은 외부의 사회적인 장과 온통 뒤섞여 있다고까지 말할 수 있다. '나'와 '나 아닌 사회'의 경계가 그리 명확하지 않은 것이다. 다시 말하면 '사회적인 장'은 외부에 독립하여 견고하게 서 있는 것이 아니라, 내부의 수많은 자기들과 뒤섞여 구성된 것이라고 해야 한다.

매순간 우리는 사회 속에 있다. 그러나 사회는 언제나 이미 내 안의 수많은 자기들과 함께 뒤섞인 것이다. 나에겐 이미 사회가 '외부의 사회'일 수 없으며, 수많은 '나의 자기들'로 둘러싸이고, 뒤섞여 있는 혼종적인 사회다. 아마도 내 습관에 대항하는 저항은 사회 속에 뒤섞여 있는 수많은 자기들을 촉발하는 힘으로 운동할 것이다. 따라서 내가 나를 바꾸는 저항은 그것 자체로 사회를 바꾸는 저항이다.

내 몸을 스스로 지키기 위해 내 몸에 묻어 있는 습관을 털어내는 일은 건강을 의사에게 맡겨 버리고 뒷짐 지는 예속에 저항하는 일이며, 나가서 그 저항은 부당한 의료권력에 대항하는 사회적인 힘으로 드러난다. 술과 담배, 그리고 육식에 찌든 내 식습관을 공격하는 일은 자본주의의 대량생산체제와 환경문제에 개입하는 대항적인 힘을 구성한다. 다른 사람들의 소비패턴와 취향을 습관적으로 따라가는 행위에 균열을 내는 일은 사회에 만연한 기만적인 욕망을 바꾸는 성찰적 문화를 키운다. 규정과 법규에만 맞추는 관료적인 내 일처리 방식에 내가 저항하는 일은 새로운 사회 윤리를 만드는 출발이 된다. 이모든 것이 나에게 저항하여 얻을 '기쁨의 힘'이나. 그것은 다른 감각, 다른 쾌락을 생산하는 일이다.

우리에게 연대가 필요하다면 내가 나에게 저항하는 연대, 그래서 그것 자체로 기존 사회에 대항하는 연대일 것이다. 이런 것이야말로 자유의 연대라 할 수 있다. 돌이켜 보면 내 자신의 변화가 그렇게 이루어졌다. 또한 역사의 많은 혁명도 바로 그렇게 이루어졌다. 그것들은 같은 길이다. 이런 저항이 없는 사람들은 불행하기 짝이 없다. 그들은 애써 자유롭지 못한 생활을 하려 한다. 그러니까 아이러니하게도 자유로운 생활을 스스로 피하고자 한다. 책망과 후회, 그리고 경망스러운 분노와 이유 모를 두려움은 바로 그런 사람들의 몫이다.

2부
|
|
|
|

문학 창구

루쉰이 편지에서 학생에게 한 대답을 이해하게 된다.
수단을 가리지 말고 생계를 이어가고,
        애인을 위로해야 한다는 그 담담한 말을.
        그리고 "영원히 몰락하지 말아야 한다"고 이어서 덧붙였던 염려를.
        그것은 삶과 혁명은 당신의 몰락을 원치 않을 뿐 아니라,
당신을 영원히 사랑한다는 것을 말해 주기 위함이리라.
영원한 삶과 영원한 혁명과 영원한 당신, 그리고 영원한 현재.
        할 수 있는 것이 있으면 그것으로부터 출발하라.
        그것이 바로 너의 혁명이다.
그러니 오늘 실패한 당신들, 슬퍼하지 마라.
별일 없이 살아남아서 혁명하여라.

그리고 다시 혁명하여라

2-1장.
별일 없이 산다,
복수한다 : 루쉰(1)

봄바람이 살랑살랑 드는 어느 나른한 결혼식장. 사람들이 뷔페를 먹으며 잡담 중이다. 어느 잘나가는 회사의 중역은 요즘 매일 격무에 시달린다고 푸념이다. 생각 같아서는 시골에 작은 텃밭을 일구어 살고 싶다고 한다. 그러나 그의 말투로 보아 잘나가는 회사의 높은 연봉과 자부심 느끼는 직위를 영 포기할 것 같진 않다. 또 다른 월급쟁이 중년들도 애들 학원비에 대해 볼멘소리를 늘어놓는다. 아침저녁으로 입시를 둘러싸고 벌이는 엄마와 아이들의 전쟁도 함께 전하며 한숨이 이어진다. 하지만 웬일인지 그런 생활에 안녕이 가득한 듯했다. 또 어떤 이는 지난주에 벌어진 정치권 뉴스를 입에 올리며 정치가들을 깡그리 비난하고, 심지어 그들을 찍은 국민들까지 개탄했다. 모든 것을 다 바꿔야 한다고 주장하기도 한다. 그러나 그런 그가 급진적인 사회개혁을 지지하거나, 용인하는 것은 아닌 것 같다. 또 어떤 이는 주말 동안 가족을 데리고 어딘가 여행을 다녀온 이야기로 침을 튀긴다. 막힌 교통을 뚫고 어떻게 다녀왔는지 마치 활극처럼 생생하다. 분명 그의 눈빛엔 안락한 가정이 아른거렸다. 이들의 마음을 읽는 것은 월권이지만, 나는 웬일인지 이렇게만 읽힌다.

이런 대화에서 어찌 그리 사냐고 딴죽을 거는 건 바보 같은 짓이다. 거기엔 이미 '누군들 그걸 몰라 이러겠냐'는 암묵적인 공감이 흐른다. 오히려 그들은 이런 걸 잘 치러내는 모습을 보여 주고 싶어 한다. 그 무대에서 벗어날 생각은 추호도 없는 것이다. 겉으론 어쩌고저쩌고 푸념이지만, 속은 그런 삶을 지키려고 안간힘을 쓴다. 누군가 그 생활을 문제 삼으려 하면 순식간에 공격적으로 돌변한다. 자신의 울타리를 침범한다고 생각하는 것이다.

이건 참 이상한 일이다. 자신이 만들어 놓은 울타리 안에 자신을 스스로 가둔다. 그리고 그곳에서 이런저런 푸념을 해대면서, 다른 한편으론 그 울타리를 꽃단장하고 온힘을 다해 지켜 내는 셈이다. 이제는 살 만큼 살아서인지 그 울타리도, 그 울타리 안 좁은 언덕도 너무 익숙해졌다. 바뀌는 것도 없고, 딱히 바꾸고 싶은 것도 없다. 그래서 굳이 아무도 깨지 않는 그런 울타리. 하지만 이러다간 이 '공감의 울타리' 안에서 서로 전부 잡아먹을 것 같은 두려움이 든다. '누군들 그걸 몰라 이러겠냐?'는 암묵적인 공감이 우리를 조금씩 집어삼키고 있는 느낌인 것이다.

/

이중투쟁 : 안팎의 식인들과 싸우다

/

루쉰魯迅, 1881~1936의 광인狂人은 이 울타리에 대해 아주 민감했다. 「광인일기」의 광인은 역사책에서 남들이 보지 못하는 글자를 발견한다. 정자로 적혀 있어야 할 '인의'仁義와 '도덕'道德이 비뚤비뚤 적혀 있다. 그런데 그 틈새로 웬 글자들이 꿈틀거린다. '식인'이라는 글자다. 역사책에서는 인의와 도덕이 이 글자에게 자리를 내준 지 오래다. 수많은 영웅들은 사람들을 잡아먹고서 영웅이 되었다. 도덕은 기만과 배신 속에서만 지켜졌다. 책만이 아니다. 소작인들 입에도 이런 말들이 잔뜩 발려 있다. 눈알을 부라리는 모습을 보면 이들도 식인과 다름없는 모양이다.

그런데 저 멀리 있는 영웅이나 저잣거리 사람들만 그런 것이 아니다. 뜻밖에 내 형님도 사람을 잡아먹는 자였다. 끔찍하게도 식인성은 아주 가깝고 깊숙이 들어와 있었다. 모든 사람이 다른 사람을 잡아먹고 싶어 하면서도 동시에 남에게 잡아먹힐까 두려워한다. 세상 풍경은 온통 욕망과 감시로 뒤엉켜 있다. 광인은 외친다. "당신들이 고치지 않는다면 당신들도 전부 먹히고 말 거야. (……) 사냥꾼이 늑대 씨를 말리듯이 말야! 벌레처럼 말이야!"(루쉰, 「광인일기」, 『외침/방황』(루쉰전집 2권), 루쉰전집번역위원회 옮김, 그린비, 2010, 41쪽) 절박한 계몽의 외침이다. 광인은 '광인'이 될 수밖에 없었던 것이다.

그러나 문제가 발생한다. 큰형님이 오래전에 누이동생을 잡아먹었던 것이 기억났다. 아마도 큰형님은 누이를 반찬 속에 섞어 광인 자신에게도 먹였을 것이다. 그렇다면 나는 누이동생을 잡아먹고 살아남은 자가 아닌가. 어처구니없게 나도 식인이다! 사천 년간 내내 이어져 온 이 식인사회에서 광인 자신도 자유로울 수는 없었다. 더군다나 내가 그 식인행위를 도와주기까지 했다는 걸 뒤늦게 깨닫는다. 계몽 행위가 바로 그랬다. 계몽으로 깨어난 청년들은 곱절의 고통을 느끼게 되었을 뿐이다. 청년을 증오하는 자들은 청년들의 배가된 고통을 감상하면서 찌릿찌릿한 쾌감을 더 느낀다. 이것은 취하醉蝦: 산 새우를 술에 담가 먹는 중국요리 요리에서 새우가 꿈틀거릴수록 먹는 사람이 유쾌해지는 것과 같다. 식인자들은 사람들의 고통을 보고 더욱 식욕을 느끼게 된다. 광인은 부지불식간에 이를 돕고 있었다. "지금 저는, 제 자신이 이 파티를 돕고 있다는 것을 발견했습니다."[루쉰,「저는 식인 파티를 돕고 있습니다」, 이욱연 편역,『아침꽃을 저녁에 줍다』, 창, 1991, 167쪽.]

이것은 큰형님이 식인이라는 사실보다 더 문제적이다. 자기 자신이야말로 '마음을 고쳐먹어야' 하는 사람인 것이다. 여기서 계몽의 외침은 단번에 무너진다. 더 이상 계몽의 언어는 계몽을 수행할 수 없게 된다. 계몽조차 식인을 돕고 있었다. 그렇다면 광인은 '실패한' 인간, 한마디로 '무너져 내린' 인간이라고 해야 한다. 결국 광인은 광인이기를, 다시 말하면 사람을 잡아먹지 말라고 외치는 행위를 멈추어야 했다. 식인이 식인을 막을 수는 없으니까.

광인의 싸움은 새로운 국면에 들어선다. 그곳은 싸움 자체에 대해 새로운 설정이 필요한 곳이다. 「검을 벼린 이야기」에서 검은빛의 사나이가 미간척을 붙잡고 속삭였던 것처럼 말이다.

"총명한 아이야. 잘 들으렴. 내가 얼마나 원수를 잘 갚는지 너는 아직 모르겠지. 너의 원수가 바로 내 원수이고, 다른 사람이 곧 나이기도 하단다. 내 영혼에는, 다른 사람과 내가 만든 숱한 상처가 있단다. 나는 벌써부터 내 자신을 증오하고 있단다!"[루쉰,「검을 벼린 이야기」,『들풀/아침 꽃 저녁에 줍다/새로 쓴 옛날이야기』(루쉰전집 3권), 루쉰전집번역위원회 옮김, 그린비, 2011, 374쪽.]

그의 말처럼 서로가 서로를 물어뜯는 이 아수라장에서 그들과 나는 다르지 않다. 세상 사람들은 너 나 할 것 없이 식인의 모습으로 닮아 있었다. 어쩌면 이 식인성 자체가 우리들의 울타리인지 모른다. 내가 스스로 들어가서 갇힌 식인의 울타리. 이곳에서 취하의 새우처럼 되지 않으려면 단순한 계몽으로 될 일이 아니다.

검은빛의 사나이는 너의 원수가 바로 내 원수라고 말한다. 함께 싸워야 하는 것이다. 그런데 문제는 그 원수가 '나'이기도 하다는 점이다. 나는 나의 원수다. 따라서 내부의 식인성과 외부의 식인성에 대해 함께 싸워야 한다. 내부와 외부, 모두에 대한 선전포고다. 그래서 이중투쟁이다. 이 쇠철방에서 취하의 새우가 되지 않으려면 '나'와 사람들이 동시에 무너져야 한다. 이처럼 쇠철방은 항상 이중투쟁 중이다. 적들은 '나'와 타인의 모습으로 동시에 존재한다. 더군다나 적들은 친근하고 익숙한, 형이나 누이의 모습으로 돌아다닌다. 심지어 내가 전혀 눈치 채지 못하게 '나'에게 젖어들어 '나'의 모습으로 암약한다. 우리는 안팎의 식인들과 싸운다. 나는 나와 싸운다. 우리는 우리와 싸운다.

/

'나'와의 싸움 : 내가 나를 무너뜨리다

/

이 순간이야말로 루쉰이 정조준한 순간이다. 이 싸움은 자기 자신을 무너뜨리는 싸움이다. 그런데 이 싸움을 다른 사람에게 넘겨서는 안 된다. "나는 스스로 무너진 자다"라고 했던 바이런처럼 루쉰도 자신 스스로 그 일을 감행한다. 진실은 나에게 달려 있지 다른 사람들 속에 달려 있지 않다. 이 순간 나는 자신 내부에 쌓인 인습들과 투쟁해야 한다. 그것은 자신을 무너뜨리는 것으로 시작한다. 그래야 자신에게 들러붙어 있던 적들이 함께 몰락하게 된다. 적을 무너뜨리기 위해서는 내부로 스며들어 있는 적들을 함께 무너뜨려야 한다. 그러기 위해서는 그 적들이 기거하고 있는 '나'를 우선 무너뜨려야 가능하다.

이것은 「검을 벼린 이야기」에서 미간척이 검은빛의 사나이와 함께 가차없이 행한 최초의 모험이기도 하다. 그리고 그 모험은 검은빛의 사나이에게도 똑같이 전염된다. 이 모험의 연대는 자기 자신을 무너뜨리고서야 맺어질 수 있는 그런 연대다. 미간척과 검은빛의 사나이는 자기에게 들러붙어 있는 내부의 적들과 밖의 세계에서 공격해오는 외부의 적들, 양쪽 모두와 투쟁하는 광인의 다른 이름들이다.

주변의 모든 이들이 자기를 집어삼키려 한다는 걸 안다. 그들은 식인이다. 그런데 자신도 그들과 뒤섞여 있다. '나'도 식인이다. 그래서 '나'에게 들러붙어 있는 적들을 없애기 위해서 나는 스스로 '나'를 무너뜨린다. 그리고 무너진 자들은 이 무너뜨림의 모험 속에서 서로 연대한다. 나는, 그리고 우리는 적들과 함께 암흑 속으로 기꺼이 들어간다. 결국 자기 존재를 걸고서야 이 모험은 가능하고, 그래야만 적들을 무너뜨릴 수 있다. 이것은 그림자의 형상에서 더욱 명확해진다.

내 한낱 그림자에 지나지 않소만, 그대를 떠나 암흑 속에 가라앉으려 하오. 암흑은 나를 삼킬 것이나, 광명 역시 나를 사라지게 할 것이오. 그러나 나는 밝음과 어둠 사이에서 방황하고 싶지 않소. 나는 차라리 암흑 속에 가라앉겠소.(루쉰,「그림자의 고별」,『들풀 / 아침 꽃 저녁에 줍다 / 새로 쓴 옛날이야기』, 29~30쪽.)

여기서 그림자는 '나'다. '나'는 명암의 경계에 있기보다 차라리 암흑으로 잠겼으면 한다. 성공 욕망과 냉소만 판치던 곳에서 암흑에 잠겨 모든 모독을 감내하는 것. 암흑은 모든 것을 씻어 버린다. 적들은 낮의 광명과 빛깔 뒤에 숨어 있다. 그러나 적들의 빛깔은 밤이 되자 빛을 받지 못하고 사라져 버린다. 밤은 나의 적들, 숨어 있는 식인성을 뼛속까지 찾아내어 암흑 속으로 흩어지게 한다.

또한 그림자는 주인인 당신들이 바로 그 적임을 분명히 한다. 그는 천국도, 지옥도, 황금세계도, 내가 싫어하는 것이 있다면 그곳으로 가기 싫다고 선언한다. 그러면서 당신(주인)이야말로 내가 싫어하는 것이고, 따라서 당신을 따라나서거나, 여기서 그냥 멈추는 것이 싫다고 외친다. 다른 사람들이 '뒤에서 돌맹이질을 하든 구정물을 퍼붓든 내버려 두고', 내 갈 길을 가는 것이다. 어차피 니체가 말했듯 그들은 '크나큰 모독'을 할 꿈도 꾸지 못하고, 그럴 능력도 안 되는 위인들이므로 무시해도 된다. 차라리 그림자는 "무지無地에서 방황하려 한다"고 외친다. 이제 그림자는 노예처럼 붙어 따라다니던 주인의 몸에서 떠나려 한다. 그가 가려는 것은 다른 어떤 그림자도, 주인도 없는, 그러니까 공허뿐인 곳이다. 텅 빈 자리, 근본의 자리다. 이제 싸움은 이른바 '근본적인 투쟁'에 들어간다.

침묵의 싸움 : 적 스스로 무너지다

그렇다면 근본적인 투쟁이란 어떤 것인가?

오직 침묵만이 최고의 경멸이다. 내가 여기서 말하는 것도 다 쓸모없는 것이다. 독이 없으면 대장부가 아니다. 그러나 글로 나타내는 독은 단지 소독小毒일 뿐. 최고의 경멸은 무언이다. 그것도 눈 하나 까딱하지 않는 채로의 무언.— 생뜨 뵈브C.A. Sainte Beuve [루쉰, 「독이 없으면 대장부가 아니다」, 「아침꽃을 저녁에 줍다」, 83~84쪽.]

　루쉰은 적들에게 '무언'이라는 기묘한 창을 갈아세운다. 싸워야할 대상이 인격적인 형태로 존재한다면 싸움은 간단하다. 그 사람과 싸워서 넘어뜨리면 될 일이다. 그러나 루쉰은 적의 형상을 그런 식으로 간단히 규정하지 않는다. 식인성은 아버지, 어머니, 친구, 친척의 탈을 쓰고 친숙하고 다정한 모습으로 다가온다. 심지어 '나'의 모습으로도 숨어들어 있다. 그 적들을 시끌벅적하게 떠들어 대며 없애려 하면 그들에게 쉽게 당하고 만다.
　그런 의미에서 「자명등」이라는 작품에서 등불을 끄려 했던 광자가 마을 사람들에게 잡혀 방에 영원히 갇혀 버리는 장면은 의미심장하다. 적들은 뚜렷하지 않고, 온갖 곳에 흩어져 매복해 있다. 친숙한 사람들의 두려움, 체면, 허영 등으로 스며들어 있다. 봉기하는 순간

도리어 친숙한 사람들로부터 역공을 당할 위험에 빠질 수 있다. 어리석은 사람이 노비의 하소연을 듣고 벽을 헐었다가 도리어 그 노비에게 쫓겨났다는 우화[루쉰, 「총명한 사람, 바보, 종」, 『들풀/아침 꽃 저녁에 줍다/새로 쓴 옛날이야기』, 92쪽]는 이를 더욱 선명하게 보여 준다.

루쉰이 침묵이라는 무기를 갈아세운 것은 바로 이 지점이다. 그 적들을 끌어 모아, 부정의 힘이 작동하는 회로를 일거에 허물고자 한다. 다른 시선, 다른 전략이다. 루쉰이 묘사한 복수의 형상을 보자. 길거리에서 두 사람이 싸우기 직전의 장면이다.

두 사람은 온몸을 발가벗은 채 비수를 들고 광막한 광야에 마주 섰다. 그 둘은 보듬을 것이고, 죽일 것이다. (……) 행인들이 사방에서 달려온다. 겹겹이, 빽곡하게, 회화나무 자벌레 떼가 담벼락을 기어오르듯, 생선 대가리를 나르는 개미 떼처럼, 차림새는 멋들어지나 손이 비었다. 그렇지만, 사방에서 달려와서, 또한, 죽자 사자 목을 세워, 이 포옹 혹은 살육을 감상하자고 한다. 그들은 그런 일이 있은 뒤에 있을, 제 혓바닥의 땀 또는 피의 생생한 맛을 예감한다.[루쉰, 「복수」, 앞의 책, 38쪽]

벌거숭이 두 사람이 서로 죽이려 한다. 행인들은 이 살육으로 땀과 피의 생생한 맛을 볼 거라는 욕망으로 개미 떼처럼 몰려든다. 행인들은 시인들의 갖가지 형상들이나. 이제 누 사람이 칼로 서로를 내리치고 새빨갛고 더운 피를 내뿜게 되면 행인들은 황홀해할 것이다. 식인들에게는 정말이지 더없이 좋은 일이지 않은가.

그러나 루쉰은 행인들이 원하는 통념적인 쾌락으로 이끌지 않는다. 벌거숭이 두 사람은 한없이 그대로 서 있다. 보듬을 생각도 죽일 생각도 없이. 그러자 행인들이 무료해진다. 무료함이 심장에서 털구멍을 뚫고 나와 다른 사람들 털구멍을 파고들 정도다. 그들의 목과 혀에 갈증이 생긴다. 식인의 욕망을 채울 수 없게 되자 하나둘씩 사라진다. 모두 사라지고 급기야 통념적인 쾌락의 회로가 닫힌다. 동시에 식인의 회로도 무너진다. 뜻밖에도 이제는 벌거숭이들이 행인들에게 복수를 한 셈이었다. 침묵 속에서 행인들의 식인성이 일거에 허물어진 것이다. 아무리 헉헉거리며 피 맛을 보려 해도 벌거숭이 두 사람이 그렇게 만들어 주질 않는다. 온갖 부정적인 것들의 회로를 아예 처음부터 차단하는 것, 통념적인 쾌락에 끈질기게 호응하지 않는 것, 그래서 부정적인 것들이 힘을 쓰려야 쓸 수 없도록 하는 것, 바로 그것이 침묵으로 싸우는 방식이다.

그래서 침묵의 싸움은 '진짜 분노'가 된다. 마음을 고쳐먹으라고 외친들, 상대에게는 신음하고, 탄식하고, 통곡하고, 애걸하는 소리로만 들린다. 그러나 적들의 회로 자체를 무너뜨리는 침묵의 투쟁은 그들 스스로 무너지게 만든다. 싸우지 않고 싸우는 것이다. 이기지 않고 이기는 것이다. 그것은 온갖 부정적인 것들이 아무리 유혹해도 그것에 넘어가지 않고 살아내는 것이다. 한마디로 말하면 홀로 '별일 없이 사는 것'이다. '별일 없이 사는 것', 그것이 루쉰의 진정한 복수, 침묵의 복수다.

이제 복수는 끝났다. 그러나 루쉰의 복수는 그 이후의 모습조차 통념적인 복수를 거스른다. 루쉰의 복수에서 '승리제전' 같은 것은 찾아볼 수 없다. 나를 무너뜨리고, 적의 회로를 차단하고 나서 남은 것은 뜻밖에도 '허무'의 세계다. 「검을 벼린 이야기」의 마지막은 이 모습을 인상적으로 보여 준다. 미간척의 복수가 끝나자 솥 안에는 미간척과 검은빛의 사나이, 그리고 왕의 머리가 물 밑으로 같이 가라앉아 있다. 세 개의 두개골을 들어 올리자 왕비가 묻는다. "우리 상감마마는 머리가 하나뿐인데 어느 것이 우리 상감마마의 것이오?"[루쉰, 「검을 벼린 이야기」, 『들풀/아침 꽃 저녁에 줍다/새로 쓴 옛날이야기』, 387쪽] 그러나 두개골의 색깔이나 크기가 분간되지 않는다. 가죽이나 살이 문드러져 버려 더 이상 그들 사이에는 다른 점이 하나도 없게 되었다. 이마의 상처도, 생시에 높았던 콧대도, 튀어나온 후두부도 왕을 식별하는 데에 아무런 소용이 없다. '하나뿐인 왕'이 '아무것도 아닌 것들'과 섞여 버려 '어느 것'이 왕인지 전혀 모르게 된 것이다. 그들의 위계는 가뭇없이 사라지고 없다.

복수한 자들과 복수당한 자가 뒤섞여 한덩이가 되어 버린 상태. 그리고 뒤죽박죽 엉망이 되어 버린 장례 행렬. 더불어 더 이상 왕이 누구인지 알 수 없는 상태, 그래서 더 이상 '하나뿐인 것'을 찾을 수 없는 상태. 그곳에서는 아무 두개골이나 왕이라 칭할 수 있다. 어느 누구를 숭배할 필요도, 대상도 없다. 더군다나 도통 그런 것에 관심이 없어 엉망이 된 장례 행렬처럼, 서로 다른 것들이 마구 뒤섞여 뒤죽박죽인 곳이기도 하다. 복수가 끝난 그곳은 어떤 허위도, 어떤 장식도 용납하지 않는 곳이기에, 어떤 것이 나타날지 예측할 수 없게 된다. 루쉰은 **복수** 이후에도 승리의 동념석인 쾌감을 느끼는 길 말고 오히려 모든 감각이 사라져 버리는 길을 택했다. 그래서 허무다.

예측할 수 없기 때문에 허무 밖에서 이 허무 안을 바라보는 것은 두려운 일이다. 그러나 허무 안에서 허무 밖을 바라보는 것은 새로움으로 가득한 일이다. 그곳은 모든 가치와 모든 언어가 가능한 곳이다. 그곳은 사소한 것들이 나의 행로를 즉각적으로 결정지을 수 있어서 온갖 돌발 사태로 가득한 지대다. 하지만 바로 그 우발성 덕분에 허무 밖의 세상 어떤 것과도 만날 수 있으므로 미래에 대한 가능성과 기대로 가득한 곳이기도 하다. 그래서 이 허무의 세계에서야 비로소 새로운 인간은 탄생할 수 있게 된다. 무너지면서 새로워진다.

*   *   *

이런 생각이 든다. 높은 연봉과 지위, 학원비, 그리고 주말여행 속에 보이지 않는 적들이 숨어 있다고 말이다. 그렇다고 회사의 격무와 학원비의 가격과 주말여행의 어려움만 문제인 것은 아닌 것 같다. 차라리 그런 것들을 불가피하다고 인정하는 우리들의 태도, 그리고 불가피함을 들어 거기에 호응하는 욕망이 바로 그 섬뜩한 '적'이 아닌지 싶다. 적들은 이 암묵적인 묵시 속에서 더욱 성장하고 강해지고 있는 것이다. 그것들이 우리들의 목을 치게 될 날이 가까워지는 것은 아닐까? 물론 그것이 또 새로운 출발이 될지 모르지만 말이다.

2-2장.
별일 없이 산다,
혁명한다 : 루쉰(2)

어린 시절 이따금 일요일 오전은 라스베이거스 특설링 권투 중계 차지였다. 상대편 타격에 그로기 상태로 로프에 기댄 우리 선수를 보면 TV 앞의 우리 입에서도 절로 신음소리가 난다. 반면에 상대편 배팅에도 불구하고 우리 선수가 마우스피스를 굳게 물고 반격에 나서면 우리 손도 앞으로 나간다. 어디서 알게 된 단어였는지 동생들과 '블로우blow: 타격, 블로우!' 또는 '어퍼컷uppercut: 올려 치기, 어퍼컷!'을 외치기도 했다. 그만큼 우리는 이 육박전에 아주 많이 황홀해했다.

　살아 보니 그때 그 권투처럼 인생도 하나의 거대한 육박전이다. 매순간 구슬땀을 흘리며 싸우는 그런 것이다. 루쉰이 그랬다. 루쉰은 온갖 것들과 싸운다. 그가 선 자리는 언제나 싸움터로 변했다. 문학이든, 혁명이든, 그에겐 싸움 아닌 것이 없었다. 식인들로 둘러싸인 광인, 푸른 검으로 복수하러 나서는 소년과 검은빛의 사나이, 구경꾼들로 둘러싸여 대결하는 벌거숭이 두 사람, 그리고 적들에게 예기치 않은 결함을 던지는 고독한 남자. 이들은 싸움터에 서 있는 루쉰의 여러 모습들이기도 하다. 아마도 루쉰은 뼛속까지 '싸움꾼'이라고 해야 옳을 것이다.

그런데 어떤 글에서 루쉰이 이와는 다른 감각으로 말한 적이 있다. 1928년 어느 날, 한 학생이 싸움꾼 루쉰에게 편지를 보냈다. 이 편지에서 학생은 "중국에 계급은 있어도 사상은 모두 하나다. 그것은 관리가 되어 돈을 벌려는 것이다"[루쉰, 「앓은 고통의 시작이었습니다」, 『아침꽃을 저녁에 줍다』, 169쪽]라고 쓰고 있었다. 물론 사람들이 처음엔 '생명의 출로'를 찾으러 도붓장수처럼 "혁명! 혁명!" 하는 소리에 몸을 실었다. 하지만 지금은 '생명의 출로'는커녕, '생존의 출로'조차 봉쇄되었다는 비극적인 전언이다. 이제 학생에게 세상 돌아가는 것을 안다는 건 고통이다. 길도, 희망도 잃었다. 살아봐야 별 수 없다는 생각마저 토로한다. 학생이 루쉰에게 묻는다. 출구 없는 이곳에서 어떻게 살면 되겠냐고. "제가 가야 할 최후의 길을 가르쳐 주십시오." 자신을 이 지경에 이르도록 독약을 먹인 것은 루쉰이라고 원망까지 한다.

하지만 루쉰의 대답은 뜻밖에도 담담하다. 수단을 가리지 말고 생계를 이어가라는 말이었다. 덧붙여 애인을 위로해야 한다는 말도 놓치지 않았다. 그토록 전투적인 루쉰이 지금까지와는 다르게 이야기하고 있는 것이다. "나는 당신이 잠시 쉬기를 권합니다."[루쉰, 「미래를 지나치게 밝게 본 잘못」, 앞의 책, 176쪽] 나는 루쉰을 읽을 때마다 휴식을 권하는 이 장면 앞에서 항상 멈추게 된다. 싸움꾼 루쉰이 권하는 휴식이 내 몸에 이전과는 다른 울림을 불러일으킨다.

/

쇠철방의 아Q, 길 잃은 사람들

/

사실 루쉰은 오래전에 이 출구 없는 곳을 두고 '적막하다'고 말했다. 그리고 이곳을 '쇠로 만든 방'(쇠철방)에 비유하며 이렇게 말한다.

"가령 말일세, 쇠로 만든 방이 하나 있다고 하세. 창문이라곤 없고 절대 부술 수도 없어. 그 안엔 수많은 사람이 깊은 잠에 빠져 있어. 머지않아 숨이 막혀 죽겠지. 허나 혼수상태에서 죽는 것이니 죽음의 비애 같은 건 느끼지 못할 거야. 그런데 지금 자네가 고래고래 소리를 질러 의식이 붙어 있는 몇몇이라도 깨운다고 하세. 그러면 이 불행한 몇몇에게 가망 없는 임종의 고통을 주는 게 되는데, 자넨 그들에게 미안하지 않겠나?"[루쉰, 「서문」, 『외침/방황』, 26쪽]

창문도 전혀 없고 절대 부술 수도 없는 쇠철방, 그리고 그 안에 잠들어 있는 사람들. 루쉰은 이들에게 소리를 질러본들 몇몇이 고통을 느끼다 죽을 뿐이라고 말한다. 차라리 혼수상태로 죽도록 내버려 두는 것이 더 낫지 않냐는 비극적인 자책에 가깝다. 이 극도의 허무주의적 발언 앞에서 가슴은 먹먹해진다. 이런 곳에서라면 더 이상 전망을 잃고, 한 발자국도 걸어가지 못하게 될 뿐이다. 이 지점에서는 산다는 것이 무엇인지, 그리고 왜 살아야 하는지조차 무의미해진다. 그래서 '적막'이다. 깊은 잠 때문에 떠들썩한 지지나 반대가 없어 적막하고,

더러 깨어난 사람이 있어도 벽에 둘러싸여 앞으로 나가지 못해서 또한 적막하다.

그럼에도 불구하고 루쉰은 싸운다. 루쉰은 자신이 적들로 포위된 상태라는 것을 분명히 알았다. 이 포위선을 뚫기 위해서는 싸움도 전면적이어야 했다. 사회, 계급, 집단, 전통, 허위 뭐든 싸움을 걸었다. 나는 루쉰이 이 싸움으로 승리를 원했다기보다, 단지 적막을 걷어 내고 싶어 했을 거라고 추측해 본다. 어쩌면 적막과 싸운 것이다. 그래서 첫 소설집 제목이 '외침'[吶喊]인 게 아닐까. 그것은 적막 속을 질주하는 용사들에게 위안을 주기 위해서 붙인 말이었다.

그렇다고 그가 남들에게만 싸움을 건 것은 아니다. 중국의 모든 사람들이 사람에게 잡아먹히고, 거꾸로 사람들을 잡아먹었다. 자기 자신도 그 식인들과 다르지 않았다. 더욱이 '술 취한 새우'(청년)들이 더 맛있게 요리되도록 이 식인 파티를 돕기까지 했다는 사실도 분명히 깨달았다. 다시 말하면 쇠철방을 더욱 견고하게 만들어 준 것은 자신과 같은 사람들이다. 하여 자기를 무너뜨리는 싸움이 필요했다. 결국 루쉰은 자기 자신과도 싸운다.

그러나 이 싸움 끝에 얻은 혁명은 너무 쉽게 무너진다. 타도의 대상들이 슬금슬금 그 자리로 다시 복귀했다. 사람들은 다시 그 밑으로 들어가 먹고 살기 바쁘다. 또 다시 찾아온 적막이다. 오히려 사태는 더 악화되었다. 잠에서 깨어나 싸웠던 사람들이 끔찍한 이 광경을 보고 극도의 허무주의에 빠진다. 편지를 보낸 학생이 바로 그런 사람이다. 혁명이라는 대의에 몸을 실어 싸웠지만, 그 싸움 끝에 온 승리는 잠깐이고, 이내 삶은 다시 적막해진다. 여전히 쇠철방인 것이다. 빠져

나갔다고 생각하자마자, 다시 그 안에 있게 되는 기묘한 쇠철방.

아Q는 바로 이 지점에서 출현한다. 아Q는 적막에 대해 정신승리로 응한다. '우리집도 그전에는 너보다 훨씬 잘살았어!'라는 거짓 위안, 글방도련님이나 성안 사람들에 대한 헛된 경멸은 차라리 동정이라도 할 만하다. 그러나 자신을 놀리고 때리는 사람들에게 '나는 벌레야'라며 머리를 찧고 만족해하는 장면에선 도무지 대책 없고 어이없을 따름이다. 이 허위는 죽음의 순간에도 작동한다. 아Q는 약탈당하는 자오씨 댁에 구경 갔다가 체포된다. 심문당하는 순간까지도 '반란하려 했다'는 식의 허위 속에 젖어 있었다. 결국 아무런 죄도 없이, 오로지 그 허위 때문에 처형당하고 마는 것이다. 그러나 정작 아Q에게는 "눈이 캄캄해지고 귀가 윙윙거려 전신이 먼지처럼 흩어지는 느낌"[루쉰, 「아Q정전」, 『외침/방황』, 158쪽]이 죽음을 이해하는 전부다. 그리고 구경꾼들이 그의 죽음 앞에서 헛걸음이라고 불만을 터트리고 마는 것이 또한 아Q의 죽음이 말해 주는 모든 것이다. 정신승리는 적막을 더 깊게 할 뿐이다. 싸웠지만 허위만 더 커진다.

/

회귀, 항상 성공하지 못하는 혁명

/

그런데 이 세계는 마치 벌이나 파리가 무엇에 놀라 날아갔다가, 다시 제자리로 돌아오듯 항상 다시 원점으로 되돌아온다. 비틀거리는 개 '아쉐이'처럼 회피하고 싶은 대상들이 자꾸 되돌아오기도 하고

『술집에서』, 쯔쥔과의 사랑 이후 다시 돌아간 텅 빈 방처럼 공허한 것들로 되돌아오기도 한다『죽음을 슬퍼하며』. 그래서 "혁명 이전에 나는 노예였지만 혁명 이후에도 얼마 안 되어 다시 노예에게 속아 그들의 노예로 바뀐 듯한 기분"[루쉰, 「생각나는 대로」, 『노신문집 3』, 한무희 옮김, 일월서각, 1987, 134쪽]이 든다. 일견 부정적인 것들만 되돌아온 듯하다. 불행히도 상황은 더 악화되어 이제는 우리가 '노예의 노예'로 바뀐 듯한 기분이다. 결국 다시 적막이다.

그러나 그것은 어린 시절 뛰어 올라간 언덕 뒤에 또 다른 언덕이 다시 출현하는 것과 매한가지다. 그것들은 '같지만 다르게' 되돌아온다. 매번 모양을 달리하며 되돌아오는 것이다. 마치 해변으로 갈마드는 파도가 항상 다른 모양이듯이 말이다. 그렇다면 그 파도들을 맞이하듯 매번 물살을 가르며 버텨내고 다르게 넘어서야 한다. 모든 것은 단번에 끝나지 않는다. '아쉐이'가 되돌아오듯, 온갖 것들이 끊임없이 되돌아와서 우리를 다시 식인으로 만든다. 그러나 다른 배치 속에서 되돌아오기 때문에 항상 다른 식인, 다른 적들, 다른 적막이다.

따라서 그에 응하는 우리도 다른 사람이다. 우리는 매번 다른 사람으로 되돌아온다. 그러므로 달라진 자신과 싸우고, 새로 시작하는 과정을 반복해야만 한다. 매번 그것들과 싸우며 새로운 인간이 되어야 한다. 항상 다시 싸워야 하는 것이다. 이 의미에서 '새로운 인간'이란 완성된 사람을 말하지 않는다. 차라리 새로워지고자 기존의 것을 끊임없이 넘어서고 있는 상태, 그 자체라고 해야 한다. 즉 새로운 인간이란 매번 넘어서는 자다.

'문명'의 역사도 이와 다르지 않게 펼쳐진다. 루쉰은 「문화편향론」에서 문명은 편향을 지니지 않을 수 없다고 단언한다.[루쉰,「문화편향론」 『무덤/열풍』(루쉰전집 제1권), 루쉰전집번역위원회 옮김, 그린비, 2010, 83쪽.] 중세시대에는 교황 권력에 편향되어 사람의 마음을 속박하였으나, 루터가 종교개혁을 통해 그 편향을 해소하였다. 그러나 교황을 전복할 때 군주의 권력을 빌렸으므로 군주에 편향되어, 다음에는 시민혁명이 일어났다. 하지만 이것도 다수의 편향 때문에 폐해에 이른다. 즉, 문명은 반드시 기존의 편향을 교정하면서 앞으로 나아간다. 그러나 교정 이후에도 다시 편향이 생긴다. 마치 편향 그 자체가 목표인 듯이 말이다.

계속되는 편향은 매번 회귀하는 적막과 같은 것이다. 나는 문명이 편향을 없애고자 하지만 그 자체의 결함으로 어쩔 수 없이 편향에 빠진다고 보지 않는다. 뒤집어 봐야 한다. 오히려 루쉰은 문명 자체가 편향을 통해 구성되어 왔다는 점을 말하고 싶었을 것이다. 다시 말하면 편향 그 자체가 문명변동의 동력이라는 말이다. 문명은 편향을 생산한다. 그 편향이 다시 문명을 생산한다. 역사는 편향과 문명의 변주다. 따라서 나를 동여매는 편향, 즉 부정적인 것들이 나를 움직이고, 나를 살게 하는 동력인 셈이다. 편향의 변주는 삶의 동력이다. 이런 관점이라면 쇠철방은 우리를 구속하는 억압의 기제가 아니라 삶의 조건, 생의 동력이 된다. 따라서 쇠철방과 '나'는 뒤집힌다. 쇠철방이 없으면 '나'의 삶도 없고, 더욱이 새로운 인간도 없다. 말하자면 쇠철방은 생의 배수진이다. 적막이 생을 만드는 것이다.

루쉰은 쑨원의 혁명을 같은 방식으로 보았다. 1925년 쑨원이 객사하면서 남겼다는 유촉遺囑: 죽은 뒤의 일을 부탁함. 또는 그런 부탁. "혁명은 성공하지 않았다"는 바로 영원히 되돌아오는 쇠철방들, 그것들에 대해 부단히 투쟁하는 혁명을 극적으로 표현한 말이다. 그래서 그것은 "혁명, 혁명의 혁명, 혁명의 혁명의 혁명, 혁명의 혁명의 혁명의 혁명……"[루쉰, 「느낌의 단편들」, 『아침꽃을 저녁에 줍다』, 98쪽]처럼 비아냥의 대상이기도 하지만, 성공하지 못한 혁명으로서, 부단히 계속될 영원한 혁명을 지칭하는 것이기도 하다.

우리는 이 혁명을 긍정해야 한다. 싸움을 통해 세계가 진일보하고 우리를 행복하게 해줄 것이라는 헛된 희망도, 세계가 잘못되어 우리를 구렁텅이로 떨어뜨릴 것이라는 공포나 절망도, 루쉰에겐 아무런 의미를 갖지 않는다. 오로지 세계가 회귀하여 돌아온다는 사실을 긍정할 뿐이다. 이 긍정 속에서 내 몸을 바퀴 삼아 앞으로 나아갈 뿐이다. 따라서 쇠철방은 선물이다. 쇠철방의 적막은 새로운 인간을 위해서 전제가 되어야 할 필요조건이다. 적막이란 이제 막 그윽하게 번지게 될 생기의 제로상태인 것이다. 오히려 우리가 스스로 이 쇠철방을 만들어 친구들에게 나눠 주어야 할는지도 모를 일이다.

/

일상적 혁명, 혁명적 일상

/

루쉰은 혁명을 아주 긴 시간으로 바라본다. 그래서 루쉰은 일시적인 깜짝 희생은 필요하지 않다고 말한다. 오히려 '묵묵하고 끈기 있는 투쟁'이 더 낫다고 단언한다.[루쉰, 「노라는 떠난 후 어떻게 되었는가?」, 『무덤/열풍』, 250쪽] 루쉰은 입센의 희극 「인형의 집」에서 집 나간 노라가 두 가지 갈림

길에 서 있다고 말한다. 하나는 타락의 길이고, 다른 하나는 집으로 다시 돌아오는 길. 우울한 전망이다. 물론 노라가 남편으로부터 독립한 점은 긍정적이다. 그러나 경제적으로 아직 자립하지 않았기 때문에 여전히 불완전하다. 그래서 루쉰은 경제적으로 자립해야 한다는 점을 명확히 하고 있다. 남이 시키는 대로 하는 '인형'이 되지 않으려면, 우선 먼저 자신의 생활을 자신이 영위할 수 있어야 한다. 자기 스스로 밥벌이를 할 수 있어야 한다는 말이다.

그러나 밥벌이의 일상은 참으로 묘한 대상이다. 사람들은 그것을 국가나 혁명 같은 '대의' 밑에 종속된 것으로 보기도 하고, 거꾸로 그런 것들과 전혀 무관하게 실리적으로 접근해야 할 대상으로 보기도 한다. 먼저 국가의 번영, 미래의 혁명, 회사의 발전 등과 같이 탁월한 대의를 강조하는 것은 뭔가 불순하다. 일상은 부분이 되고, 대의는 전체가 된다. 부분은 전체에 의해 규정될 뿐이다. 일상은 대의에 의해 조정당한다. 우리를 국가의 인형, 혁명의 인형, 회사의 인형으로 만들어 버린다. 말하자면 '대의의 인형'이다. 그래서 루쉰은 대의가 원통형인지 타원형인지도 모르는데, 어떻게 그걸 '내걸' 수 있겠느냐고 조롱한다.[루쉰, 「대의는 딱 질색」, 『노신문집 4』, 한무희 옮김, 일월서각, 1986, 119쪽.]

반면, '일상에 충실하라'는 구호는 어떤가? 혁명이니, 복수니, 투쟁이니 하는 대의는 몰라요, 오로지 소박하게 먹고 사는 데 충실할 뿐이에요! 그게 삶의 전부 아니에요? 이 반문 앞에서는 윤택한 생활을 위한 실리적 기획만 의미를 가진다. 이를 위해서 기존의 통념적 가치와 위계에 따라 꼭대기에 올라가는 것만 중요해진다. 여기에 다른 고민과 분투는 필요 없다. 오직 실리와 효율 아래에 자기를 단련시키기만 하면 될 뿐이다. 그 흔한 자기계발이 이것이다. 기존의 위계 아래 사람들은 고분고분해진다. 불만이 생기면 신세타령이나 하면서 동정과 위로를 받아서 살아가고, 다른 이들의 참혹과 비참을 보고 '운 좋게 걸려들지 않은 것'을 기뻐하며 살아가며, 사람 피가 자기들의 주린 배를 채우기 위해 있다고 모기가 웽웽거리듯, 밥그릇 앞에서 고래고래 다투며 살아간다. 그들은 '일상의 인형'이다.

'대의'를 강조하여 '주인 행세 하는 노예'가 되든, '일상'에 매몰되어 '노예의 노예'가 되든, 모두 다 정신승리의 여러 버전일 뿐이다. 그럼 어떤 일상이어야 하는가?

> 우리는 진기한 꽃에만 마음이 팔려 가지나 잎에는 눈을 돌리지 않는다. (……) 가지나 잎을 따는 사람은 절대로 꽃이나 열매를 가질 수가 없다. (……) 도대체 전사가 수박을 먹을 때 먹으면서 동시에 생각하는 의식을 치러낼 수 있느냐 하는 것이다. 아마 없을 것이라고 나는 생각한다. 목이 말라서 먹고 맛있다고 생각할 뿐이지, 듣기에 그럴듯한 고상한 이치를 생각하면서 먹을 리가 없으리라. 먹은 다음에 기운을 챙기고 그런 다음에 싸운다면 목이 마른 채 싸우는 경우와는 다를 것이다.[루쉰, 「이것도 생활……」, 『노신문집 6』, 한무희 옮김, 일월서각, 1993, 119쪽]

스스로 밥벌이를 할 수 있다고 바로 인형에서 벗어나는 것은 아니다. 하지만 밥벌이를 스스로 할 수 있어야만 인형에서 벗어날 수 있는 힘을 얻는다. 바로 이 조그만 힘, 즉 밥벌이할 수 있는 이 조그만 힘이야말로 앞으로 부단히 펼쳐질 영원한 혁명의 출발점이다. 혁명의 출발로서의 일상이다. 이 힘으로 부단히 싸우고 혁명한다. 하지만 그 혁명은 다시 되돌아와서 밥벌이의 일상을 변화시켜야 할 것이다. 생활의 변화와 동행하지 않는 어떤 혁명도 루쉰에게 부정된다. 결국 루쉰에게 일상은 혁명의 출발점이자 종착지인 셈이다.

가지나 잎이 꽃을 받치고 있듯, 일상의 단단함이 혁명을 이루어 낸다. 꽃 속의 씨앗이 새로운 가지와 잎을 만들 수 있듯, 혁명은 일상을 새롭게 일구어 낸다. 일상과 혁명의 무한한 연속은 가지와 꽃의 영원한 연속과 닮았다. 이제 혁명은 일상적인 것이 된다. 이 지점에서 모든 혁명은 일상적 혁명이 된다. 아니, 모든 삶의 모습, 일상 자체가 혁명이 된다. 그렇다면 바로 밥벌이와 함께하는 혁명이어야 한다. 다시 말하면 그것은 혁명적인 일상이다.

삶, 죽음을 끌어안고 가다

그런데 루쉰은 여기서 멈추지 않았다. 혁명만 부단히 일어나는 것이 아니라, 삶 그 자체도 끊임없이 앞으로 나아간다. 생명은 죽음 앞에서도 웃고 춤추며, 그 죽음을 뛰어넘어 앞으로 나아간다. 그래서 생명이 가는 곳은 길이 없다. 죽음 이후에도 가기 때문이다. 따라서 생명은 길이 없던 곳을 밟아 길을 새로 만든다.[루쉰, 「생명의 길」, 『무덤/열풍』, 519 쪽] 길은 끊임없이 이어진다. "소년에서 장년으로, 노년으로, 죽음으로 기쁘고도 용감하게" 앞으로 나아간다.[루쉰, 「청년아, 나를 믿고 나아가라」, 『아침꽃을 저

녘에 줄다』, 127쪽) 생명은 죽음 그 자체를 마치 삶의 한 사태인 것처럼 여기며 거침없이 앞으로 나아간다. 이처럼 삶이 앞으로 부단히 나가기 때문에 혁명도 뒤따라서 일어난다. 이런 의미에서 혁명은 삶의 종속변수라고 할 수 있다. 죽음 이후에도 삶은 계속된다. 죽음이 혁명을 가로막지 못하는 것이다.

이렇게 루쉰은 부단히 진화하는 생명, 그리고 매우 장구한 시간의 삶과 혁명을 말한다. 그래서 루쉰은 행인의 입을 빌려 "묘지를 지난 그 다음"을 물었던 것이다. 그러나 사람들은 루쉰의 의지를 읽지 못하고, "가 본 적이 없다"고만 되풀이하여 대답할 뿐이다.(루쉰, 「길손」, 『들풀/아침 꽃 저녁에 줍다/새로 쓴 옛날이야기』, 60쪽) 하지만 루쉰은 자신의 사후를 형상화함으로써 끊임없이 지속될 삶에 대한 의지, 혁명에 대한 의지를 강렬하게 드러낸다. 그리고 마침내 사후에도 적들의 타격을 상상하며 유쾌해한다.

털끝만큼도 생각 못했다. 사람 생각이 죽은 뒤에도 변할 수 있다는 것을. 문득, 어떤 힘이 내 마음의 평안을 깨뜨렸다. 동시에, 수많은 꿈들이 눈앞에서 꾸어졌다. 몇몇 벗들은 나의 안락을 빌었고, 몇몇 원수는 나의 멸망을 빌었다. 나는 그러나 안락하지도 멸망하지도 않고, 그작그작 살아왔다. 어느 한쪽의 기대에도 부응하지 못했다. 그런데 지금 나는, 그림자처럼 죽었다. 원수들이 알지 못하게. 그들에게 공짜 기쁨은 조금치도 선사하고 싶지 않다……. 나는 통쾌한 중에도 울음이 나올 것 같았다. 그건 내가 죽은 뒤 첫번째 울음이었다.(루쉰, 「죽은 뒤」, 앞의 책, 86쪽)

「고독자」[루쉰, 『외침/방황』]의 렌수는 살아 있다는 사실 하나로 적에게 타격을 주었다. 그러나 이번에는 자기가 죽더라도 적에게 조그만 기쁨조차 넘겨주지 않아서 적들이 당황할 걸 생각하니 너무나 유쾌하다. 이 태도에는 죽음을 넘어서 나아가는 삶, 그 지대에서 바라본 유머가 서려 있다. 영원히 사는 자의 유머. 죽음조차 이 유쾌함을 가로막지 못한다. 또한 자신을 원망하는 적들에게, 루쉰 자신은 죽더라도 끝까지 그들을 용서하지 않겠다고 웃어 버린다. 영원히 싸우는 자의 웃음. 죽음 이후에도 루쉰의 투쟁심은 적들에게 끊임없이 타격을 입힌다. 산다는 문제, 혁명의 문제는 죽느냐 안 죽느냐의 문제를 뛰어넘는 사안인 것이다. 루쉰에게 생명은 영원하다. 그래서 생명은 정신의 비탈길을 따라 위로 끊임없이 올라간다. 삶의 문제는 우리가 살고 싶으면 살고, 살기 싫으면 살지 않아도 되는 그런 문제가 아니다. 삶은 자명하고 무조건적인 사태다.

그런데 삶에는 "원하든 원하지 않든 살아가게 된다"는 자명함과 "반드시 살아가야 한다"는 의지가 동시에 작용한다. 삶이 자명하다고 해서 의지를 갖지 않아도 살아질 거라고 생각한다면 오산이다. 삶의 자명함에만 기대어 사는 사람은 이 삶의 온갖 비루함을 돌파할 수 없다. 동일한 쇠철방에 영원히 갇혀 버릴 뿐이다. 그들은 똑같은 쇠철방에서 쳇바퀴 돌듯 살아가게 될 것이다. "반드시 살아가야 한다"는 의지가 있어야 이 비루함을 뚫고, 언제나 되놀아오는 쇠철방들을 새롭게 맞이하고 끊임없이 다른 삶을 살아간다. 삶의 자명함과 삶에의 의지는 서로 꼬리를 물며 삶을 이끈다.

이처럼 삶에 대한 자명함과 의지가 꼬리를 물며 삶의 구성을 계속 반복한다. 쇠철방이 찾아오고, 그것과 부단히 분투하고, 또 새로운 쇠철방이 찾아오고, 다시 분투하며, 자기가 원하든 원하지 않든, 그 반복은 계속된다. 어쩌면 이 반복이 계속됨으로써만 삶이 완성되고 있는 것일지 모르겠다. 결국 이 반복은 죽음을 삶의 한 사태로서 끌어 안고 죽음 너머로 장엄하게 걸어 나간다.

그러나 이 의지는 이상화된 삶의 모습을 상정하고서 그 모습을 위해 나아가는 의지가 아니다. 죽음을 끌어안고 끊임없이 나아가기 때문에, 미래의 이상을 현재에 투사하지 않는다. 끊임없이 삶은 새로운 형태로 되돌아오기 때문에, 과거에 대한 후회가 현재를 가로막지도 않는다. 그것은 오로지 현재적인 것에 투신하고, '지금 여기'를 긍정하려는 의지이다. 이렇게 되면 '지금 내가 할 수 있는 것이 무엇인가'만 중요해진다.

따라서 문제는 바뀐다. "어떻게 할 것인가?"가 아니라 "무엇을 할 것인가?"이다. 미래의 이상을 상정하고 그 이상에 '어떻게' 도달할 것인가가 아니다. 또한 과거의 후회를 넘어서 더 나은 것을 '어떻게' 획득할 것인가도 아니다. "어떻게 할 것인가?"는 자기 밖에서 매뉴얼을 찾는 노예의 질문, 인형의 질문이다. 주인은 '무엇을 할 것인가'라는 질문을 스스로 던지고, 매번 '지금 할 수 있는 것'으로 응답한다. 그것은 끊임없이 돌아오는 쇠철방을 매번 넘어서는 것이다. 이 강력한 의지는 삶을 항상 현재적인 것으로 만든다. 이것은 끊임없이 돌아오는 것들을 조건 없는 선물로 맞이하는 것이다. 그리고 그것이 몰고 온 편향 그 자체에서 매번 다시 출발하는 것, 아울러 새로운 편향에 기꺼이 뛰어드는 것이다.

루쉰은 사람들이 뿌려 놓은 헛된 희망과 절망의 뿌리를 뽑아 버린다. 루쉰은 삶을 장식하는 모든 말들과 허위들을 걷어 버린다. 루쉰은 죽음으로 몰아가며 두려움을 안겨주는 적들을 비웃어 버린다. 그러나 놓치지 말아야 할 것 하나, 그것은 삶을 구하고, 분투하는 것이다. 지금 여기에서 일구고 가꾸어 가는 현재의 삶, 이것만큼은 뽑아 버리거나, 걷어 버리거나, 비웃어 버릴 수 없는 단 하나의 진실이다.

　　　　＊　　＊　　＊

　　이 지점에 와서야 루쉰이 편지에서 학생에게 한 대답을 이해하게 된다. 수단을 가리지 말고 생계를 이어가고, 애인을 위로해야 한다는 그 담담한 말을. 그리고 "영원히 몰락하지 말아야 한다"고 이어서 덧붙였던 염려를. 그것은 삶과 혁명은 당신의 몰락을 원치 않을 뿐 아니라, 당신을 영원히 사랑한다는 것을 말해 주기 위함이리라. 영원한 삶과 영원한 혁명과 영원한 당신, 그리고 영원한 현재. 할 수 있는 것이 있으면 그것으로부터 출발하라. 그것이 바로 너의 혁명이다. 이것이 루쉰이 청년에게 전하려 했던 메시지의 전부다. 그것은 롄수가 살아갈 자격이 없더라도 복수를 하기 위해 '어쨌든 살아가야' 한다고 말했던 바로 그 이유이기도 하다. 살아갈 자격이 없으므로 완전히 실패했지만, 어쨌든 살아가는 것만을 할 수 있었기 때문에 살아남았고, 그래서 적에게 타격을 입힐 수 있어서 승리하였다. 그러니 오늘 실패한 당신들, 슬퍼하지 마라. 별일 없이 살아남아서 혁명하여라, 그리고 다시 혁명하여라. 끝까지 살아내서 그때 "살았다"고 말해 주어라. 지금은 인생의 육박전에서 잠시 클린치clinch: 방어 방법의 하나로 상대편의 공격을 피하기 위해 껴안는 일가 필요할 뿐이다. 우리 삶의 권투는 공이 울리기에 아직 시간이 이르다. 당신들의 삶은 앞으로도 영원히 계속될 것이니까.

2-3장.
구경하지 말고,
달려라! : 루쉰(3)

나는 평생 선두에 서 본 적이 없다. 고등학교를 졸업할 때까지 성적은 반에서 중간을 벗어나지 못했고, 겨우 들어간 지방의 한 대학에서도 학점 좋은 상위권에 밀려, 직장에는 들어갈 수 있으려나 싶은 그런 사람이었다. 어찌어찌하여 용케 직장에 들어가서도 그런 상태는 계속되어, 똑똑하고 좋은 대학 나온 친구들에게 밀려서 그다지 두각을 나타내지 못했다. 물론 남들처럼 결혼도 하고, 정규직에, 간혹 승진도 했기 때문에 내가 열등하지는 않다고 애써 자족해 왔다.

하지만 나 같은 사람은 아주 이상한 감정에 사로잡혀 살게 된다. 내가 분명 열등하지는 않은 것 같은데, 그렇다고 우월하다고 말할 수는 없는 그런 애매한 상태에 있는 것이다. 그래서 우월하다고 생각되는 사람들을 따라한다. 그들의 생각, 태도, 행동들을 따라하고, 또 그들과 어울리려고 한다. 내가 오랜 직장생활 속에서 내세울 게 있다면 바로 그들을 무신상 따라했던 근면성이다. 나는 그렇게 아주 근면했다. 그러다 보면, 어느새 내가 그들이 된 느낌이다. 서울에 올라와 직장을 다니기 시작해서부터 오랫동안 이런 감정 속에 있었던 것이다. 그때는 나만 그러는 줄 알았다. 그러나 오랜 시간이 지나고 나서 보니, 주위의 많은 사람들이 그러고 있었다. 단지 오랜 세월이 흐르면서 그런 감정에 스스로 속아 원래의 자신을 잊어버렸을 뿐. 나는 우월한 자를 따라하는 걸 우월자로 착각했던 것이다. 하긴 진짜 우월한 사람이 그리 많을 리가 없지 않은가.

/

영원한 실패, 영원한 승리?

/

이런 우등생-열등생 구도는 개인 차원에서만이 아니라, '근대' 동아시아 역사에도 그대로 적용된다. 그중에서도 특히 일본은 메이지유신을 통해 이 문제에 가장 먼저 대면한 나라다. 일본은 우등생이고자 했던 아시아의 대표선수였으며, 실제로도 아시아의 최우등생이었다. 일본에서도 수재들은 사관학교와 제국대학으로 모였고, 이들이 일본을 지배했다. 그리고 그들은 자신들이 인민들과 가치적으로 다르다고 생각하였다. 뒤떨어진 인민을 가르치는 것이 자신들의 사명이라고 생각한 것이다. 그러나 안타깝게도 자신들은 유럽의 근대 과학 문명을 갖고 있지는 못했다. 따라서 그것을 받아들여 인민들에게 가르쳐야 했다. 일본의 우등생은 유럽의 열등생이었던 셈이다. 일본의 우등생들은 '유럽의 근대'를 부단히 쫓아가려 했다. 우리도 '근대'를 쟁취해서 세계의 우등생이 되어 보자! 요즘 학부모들 생각과 다르지 않아 보인다.

다케우치 요시미^{竹內好, 1910~1977}는 이런 구도의 일본을 통렬하게 비판한다. 이른바 '근대'라는 관념은 유럽이라는 특정한 지역이 봉건적인 것으로부터 자신을 해방시키는 과정에서 봉건적인 것과 자신을 구별하여 유럽 자신이 자신을 바라본 자기 인식이다. 다시 말하면 유럽 자신의 자신에 대한 인식이며, 유럽 자신을 주체로 하여 정립한 자기 인식이다. 어쩌면 '고대-중세-근대-현대'라는 역사 프로그램 자체가 유럽이 유럽 자신을 바라보며 자신을 주체로 하였기에 가능한 것이지, 유럽 아닌 다른 곳까지를 포괄하여 세운 역사 관점은 아니었을 것이다. 따라서 이를 따라한들 그들과 다른 역사를 가지고 있는 우리가 똑같은 결과를 기대하는 것은 애당초 무리가 있음은 자명하다.

따라서 유럽의 동아시아에 대한 침입도 그런 점에서 불가피한 것이다. 그들은 이런 자기 인식에 기반을 두어서 자신이 늘 자신이고자 하는 욕망에서 자기를 확장한다. 즉 자기 보존의 결과로 자본주의를 확대하고 예수 그리스도를 포교한 것이지, 어떤 새로운 사회를 만들어 주기 위해서 '근대 유럽'이 동아시아로 온 것이 아니다. 물론 유럽의 침입은 동아시아의 '저항'을 낳았지만, 그들의 침입을 근본적으로 뒤흔들지는 못한다. 오히려 동아시아는 그 저항을 통해서 유럽처럼 되고 말았다. 동아시아의 저항은 유럽의 근대 프레임 내에서의 저항이었을 뿐이다.

그런 과정에서 동아시아는 자신의 패배를 인정해야만 했다. 어쩌면 저항을 통해서 패배를 인식하게 되었다고 할 수 있다. 싸워 봤더니 그들이 더 세더라. 따라서 저항이 계속되고 있다는 말은 여전히 패배 속에 있다는 말이다. 그리고 그런 저항과 패배의 구조 속에서 유럽이 일구어 놓은 세계사의 진보는 확고한 것으로, 당연한 것으로 여겨진다. 그런 점에서 저항이야말로 패배의 조건이다.

하지만 저항하지 않는 우등생들은 패배하지 않는다. 아주 묘한 상태다. 그들은 패배를 회피하면서 저항하지 않는다. 그들은 애매한 입장에서 자꾸 유럽의 근대를 따라하고, '서양과 동양의 조화' 혹은 '동양의 발전과 근대 초극'이라는 그럴듯한 모토로 자꾸 패배를 지연시킨다. 아니, 이제 그런 조화를 통해서 자신들도 유럽이 된 것인 양 생각하고, 나아가서 유럽보다 더 나은 유럽, 즉 여태껏 있어 본 적 없는 '동양과 조화를 이룬 유럽'을 자신들이 만들 수 있게 되었다고 생각하기에 이른다. 이제 새로운 동양을 만들었다!

그러나 앞서의 저항은 패배에 대한 저항이었고, 그 패배 이후 지속되는 패배감에 대한 저항이었다. 나는 졌지만 그것을 극복하기 위해서 저항한다. 엄습하는 패배감을 없애기 위해서 끊임없이 저항해야 한다. 따라서 저항하는 자의 관점에서 '서양과 동양의 조화'는 허무맹랑한 것이다. 저항하는 동아시아는 유럽의 프레임 그 자체를 탈구축하려는 것이고, 그렇게 해서 구성될 것은 동양도 서양도, 유럽도 동아시아도 아니다. 그러나 '서양과 동양의 조화'라는 인식은 그런 프레임을 더욱 고착화시키는 방향으로 운동한다. 왜냐하면 조화로운 동서양이란 유럽적인 사유 형식에 불과한 것이기 때문이다. 따라서 '서양과 동양의 조화'라는 사고는 유럽의 전진과 승리의 관점에서 유럽 자신을 보충하는 것으로 될 뿐이다. 즉 한쪽 극인 유럽을 더 풍부하게 만들어 줄 뿐이다.

그런데 문제는 이런 사고가 동아시아 여러 곳에 그대로 복제되어 반사된다는 사실이다. 그래서 동아시아는 유럽을 앞에 두고 자신의 긴 역사와 유럽의 역사를 혼합하려고 시도한다. 그것은 대개 동양의 관점에서 자신을 확보하고, 서양을 받아들이겠다는 방식으로 진행된다. 동양의 고전연구를 기반으로 서양의 현대사상을 삽입하면 될 것 같이 느껴진다. 하지만 그것은 애초에 유럽의 필요에 의해 생성된 시각이므로, 동아시아에게는 아무런 생산도 가져오지 못한다. 그것은 허상이고 기만일 뿐인 거다. 그것은 처음부터 계속적인 저항을 회피하고 패배를 지연시키려는 욕망에서 거짓으로 만들어진 사고였던지라, 도무지 돌파라곤 이루어지지 않는다. "모든 것이 유럽의 것이다."

(다케우치 요시미, 「중국의 근대와 일본의 근대」, 『일본과 아시아』, 서광덕·백지운 옮김, 소명출판, 2006, 26쪽.)

따라서 동아시아에 있어서 '서양과 동양의 조화'라는 관점은 동아시아 밖에 있는 관찰점에서 생성된 관점이다. 그것은 동아시아에게 초월적인 관점이다. 사실 유럽의 입장에서 본다면 이런 관찰점은 자신의 확장을 위해서 대단히 중요하다. 자신의 밖에 있는 관찰점이라고 하더라도, 자신이 거기까지 가는 운동 중에 있는 것이라면, 자신의 확장을 위해 매우 필요한 목표점일 수 있다. 그러나 자신의 밖에 있으면서, 자신의 운동 방향과 전혀 관계없는 점이라면 그것은 아무 쓸모없는 목표점이다. 타인의 목표를 자신의 목표로 오인함으로써 자신의 운동을 망치고 마는 것이다.

이렇게 되면 오랜 습관에 따라 현실은 항상 주어지는 것으로 받아들인다. 그래서 현실과 관념의 괴리라는 부조화를 항상 안고 사는데, 그것을 바꿀 수 있다는 생각은 하지 못한다. 사실 그것은 유물론을 받아들였다고 생각하는 사람들도 그렇다. 그들도 현실을 바꿀 수 있다는 것을 '관념'으로만 가지고 있다. 그래서 그들에게도 현실은 바

펼 수 없는 것으로 나타난다. 그저 싸움의 장 밖에서 초월적인 시선으로 정치평론 같은 것을 할 뿐이다. 현실 자체는 실체적으로 존재하고, 과학이나 합리주의를 통해 그 현실에 무한히 가까워지고 있다고 착각한다. 아니, 그럴 수 있을 것처럼 조작한다. 그들의 생각 자체가 그 출발부터 "노예의 과학이고 노예의 합리주의"[다케우치 요시미, 「중국의 근대와 일본의 근대」, 『일본과 아시아』, 39쪽]인 것이다. 자신들의 과학, 자신들의 합리주의를 구성할 줄 모른다. 그들은 영원히 실패함으로써 영원히 승리하는 꿈에 젖어 있다고 할 수 있다. 무저항이 가져온 일종의 비극인 셈이다.

/

매 순간 극한을 달려라!

/

다케우치 요시미는 다음과 같은 말을 한다.

역사는 공허한 시간의 형식이 아니다. 자신을 자신이게 하며 그 때문에 그러한 곤란들과 싸우고, 그래서 무한의 순간이 없다면 자신을 잃게 되고 역사도 잃어버리게 될 것이다. (……) 전진=후퇴는 순간이다. 그것은 유럽이 유럽으로 되는 (따라서 동양이 동양이 아니게 되는) 긴장의 순간이다. 순간이란 극한으로서 연장되지 않는 역사상의 한 점이라기보다도 역사가 거기에서 나오는 장소(넓어지는 것이 아닌)라는 의미다.[다케우치 요시미, 「중국의 근대와 일본의 근대」, 앞의 책, 19쪽]

그가 '순간의 극한'을 강조한 것은 주어진 틀을 부지불식간에 가정하고 그 틀 속에서만 사고하는 역사, 다시 말하면 프로그래밍된 역사를 거부하기 위한 것이다. 그가 말한 순간이란 바로 그런 틀과 프로그램이 도저히 작동하지 못할 곳이다. 그 모든 전제가 사라진 곳, 그런 시점에서야 주체는 주체로서 "자기형성을 위해 싸우는 매순간의 역사가 발생한다"[쑨거, 『다케우치 요시미라는 물음』, 윤여일 옮김, 그린비, 2007, 126쪽.]고 할 수 있다. 다른 어떤 참조점이 없는 지대에서 자기 스스로 걸어가는 역사이다.

　　다케우치 요시미는 도야마 시게키[遠山茂樹]와 '아시아주의'를 둘러싸고 역사논쟁을 벌이면서 역사에 대해 이야기하길 "만들 수도 분해할 수도 있는 구축물"[쑨거, 『다케우치 요시미라는 물음』, 126쪽.]이라고 단언하였다. 따라서 앞서 말했던 유럽의 틀에 포섭된 '동양'의 역사는 이런 관점에서 본다면 근본적으로 '동아시아'의 역사가 아니다. '동양'은 유럽이 구성한 유럽의 구축물이었던 것이다.

　　이런 상황에서 루쉰은 근본적으로 다른 길을 걷는다. 다케우치 요시미식으로 말한다면 그 '무한의 순간' 속으로 자기 자신을 던져 넣었다. 그래서 루쉰이 걸어간 길은 기존의 중국을 극한에서 무화시키는 길이다. 이를테면 이런 식이다.

　　외국은 화약으로 총알을 만들어 적을 제어하지만 중국은 폭죽을 만들어 신을 경모한다. 외국은 나침반으로 항해를 하지만 중국은 풍수를 점친다. 외국은 아편으로 병을 치료하지만 중국은 그것을 가져와 밥 삼아 먹는다. 똑같은 물건임에도 불구하고 중외의 사용법은 이처럼 다르다.[루쉰, 「전기의 장단점」, 『거짓자유서 / 풍월이야기 / 꽃테문학』(루쉰전집 7권), 루쉰전집번역위원회 옮김, 그린비, 2010, 42쪽}

전기를 쓸 때에도 중국인은 형벌을 위한 도구로 사용한다. 또 기 껏해야 약 광고에나 삽입하는 기괴한 용도로만 사용하고 있을 뿐이 다. "인삼젤리 : 체내에 전기를 보충할 수 있고, 살아 있는 전자를 공급 하는 약." 이런 전도는 화약에도, 나침반에도, 아편에도 적용된다. 중 국인이 받아들이면 모든 것이 거꾸로 된다. 루쉰은 이런 사실을 모두 까발리는 데 자신의 에너지를 집중하였다. "빛이 빛이기 위해서는 어 둠이 짙어지지 않으면 안 된다"[다케우치 요시미, 「중국의 근대와 일본의 근대」, 『일본과 아시 아』, 30쪽]는 것을 루쉰은 너무나도 정확히 깨달았다.

루쉰이 말하길 인생에서 가장 고통스러운 것은 꿈에서 깨어났을 때 갈 수 있는 길이 없는 것이라고 했다. 만일 갈 수 있는 길을 찾아내 지 못했다면 그를 놀래켜 깨우지 말아야 한다고까지 말한다.[루쉰, 「노라는 떠난 후 어떻게 되었는가?」, 『무덤 / 열풍』, 244쪽] 그러나 정작 루쉰은 깨어났다. 그는 '인 생에서 가장 고통스러운 것', 즉 자신이 노예라고 자각하는 상태를 겪 고 만다. 그것은 아주 가공할 만한 일이다. 되돌아갈 수도 없는 곳에 서 공포가 밀려오는 것이다. 완전히 날 것으로 벌판을 홀로 걸어가는 사람, 바로 그가 루쉰이다.

다케우치 요시미는 깨어난다는 것을 이렇게 묘사한다. "노예가 노예임을 거부하고 동시에 해방의 환상을 거부하는 것, 자신이 노예 라는 자각을 포함해서 노예인 것, 그것이 '인생에서 가장 고통스러운' 꿈에서 깨어났을 때의 상태다. 갈 길이 없지만 가지 않으면 안 되는 오히려 갈 길이 없기 때문에 더 가지 않으면 안 되는 상태다. 그는 자신인 것을 거부하고 동시에 자기 이외의 것도 거부한다."(다케우치 요시미, 「중국의 근대와 일본의 근대」, 앞의 책, 47쪽) 깨어난다는 것은 길 없는 곳에서 더 가지 않으면 안 되는, 상태다. 그래서 그것은 공포다.

그러나 그것은 불가피하다. 중국은 패배했다. 패배의 시점에서는 패배했다는 사실을 분명히 해두어야 한다. 후퇴 속에 있는 자는, 다시 말하면 패배 속에 있는 자는 자신의 패배를 철저하게 깨달아야 한다. 자신이 노예라는 점을 철저히 자각해야 한다는 말이다. 이 사실을 공포 때문에 회피해서는 안 된다. 공포를 견뎌내야 한다. 그렇지 못하면 패배의 열등감을 갖고 있으면서도 우등생의 우월감을 뒤섞는, 아주 기묘한 정신 상태를 갖게 된다. 열등감과 우월감이 묘하게 뒤섞인 애매한 정신. 아마도 그런 정신상태가 정신승리일 것이다. 노예라는 자각을 버리게 된다. 다시 노예의 정신이다.

이런 정신 속에서는 패배의 감정을 은폐하고, 실패를 계속 지연시키는 방식으로 노예임을 숨긴다. 오히려 노예로서 노예의 주인이 되고자 한다. 어떤 의미에서 루쉰이 말했던 바대로 노예와 노예의 주인은 같다. 결국 우리는 노예의 주인이 됨으로써 노예로부터 벗어나고자 발버둥치고 있는 가련한 자들이다. 우등생이 되겠다는 생각부터가 환상인 셈이다.

이런 환상은 다음과 같은 기민으로 나타난다. 루쉰은 1931년 만주사변에 대하여 장제스蔣介石가 '평화로 야만에 대항해야 한다'고 했던 것에 다음과 같이 조롱하였다.

우리 중국인은 늘 평화를 사랑한다고 하기를 좋아한다. 그런데 실은 싸움을 사랑한다. 다른 생물들의 싸움 구경을 좋아하고 자신들 사이의 싸움도 구경하기 좋아한다. (……) 스페인에서는 사람과 소가 싸우지만 우리는 소끼리 싸움을 붙인다. 그것들끼리 싸움 붙여 놓고 자신은 안 싸우고 바라보기만 한다. (……) 그런데 군벌도 자신이 몸소 싸우는 것이 아니라 병사들끼리 싸우게 하므로 해마다 격전이 벌어져도 우두머리는 하나하나 끝내 무탈하다.[루쉰, 「싸움구경」, 『거짓자유서/풍월이야기/꽃테문학』, 32쪽.]

여전히 잠 속 꿈에서 깨어나지 못하는 자, 노예의 주인이 되겠다고 환상을 품은 노예, 우등생이 되고자 그들을 따라하는 열등생, 그들은 모두 자신은 싸움에 들어가지 않으면서, 싸우고 있다고 착각하는 사람들이고, 심지어는 다른 싸움을 구경하면서 승리자가 되려는 자들이다. 이들의 감각을 다케우치 요시미는 다음과 같은 비유로 너무나 리얼하게 설명한다.

그것은, 자신은 역사 속으로 깊숙이 파고 들어가지 않고서 역사라는 코스를 달려가는 경마를 밖에서 바라보는 것이다. 자신이 역사에 깊숙이 들어가지 않기 때문에 역사에 충실하게 하는 저항의 계기는 놓치게 되지만 대신에 '어떤 말이 이길까'는 잘 보인다. 중국말은 뒤처지고 있다. 일본말은 자꾸자꾸 앞지르고 있다. 그것은 그렇게 보인다. 그리고 그렇게 보이는 것은 올바르다. 올바르게 보이는 것은 자신이 달리지 않기 때문이다.[다케우치 요시미, 「중국의 근대와 일본의 근대」, 『일본과 아시아』, 51쪽.]

자, 우리는 경기장 안에서 달리고 있는 것일까? 그저 관중석에 앉아 경주마를 구경하면서, 열등한 자신이 이기는 환상만을 줄곧 품고 있었던 것은 아닐까? 달리지도 않으면서 경기에서 이기는 꿈. 심지어 우스꽝스럽게도 다른 말의 목표를 향해서 내 환상 속의 말이 달리는 꿈을 꾸고 있는 것은 아닌지. 그런데 더 문제는 자신이 그런 환상 속에 있지 않다고 생각하는 또 다른 환상 속에 있다는 점이다. 환상이 환상을 머금었다. 환상의 연쇄고리 속에서 자신조차 환상적으로 존재한다. 다케우치 요시미는 "노예는 자신이 노예가 아니라고 생각하는 것 자체로 노예다"[다케우치 요시미, 「중국의 근대와 일본의 근대」, 앞의 책, 60쪽]라고 말한다. 계속 그런 생각이라면, 깨어나지 말자. 그렇지 않다면, 구경하지 말고 당신이 직접 뛰어들어 달려야 한다.

2-4장.
소세키를 넘어선

소세키 : 나쓰메 소세키 (1)

서울에 올라온 지 20년째다. 입사 20년차라는 말이다. 고향의 한 대학을 졸업하고 겨우 들어간 직장은 나를 서울 어딘가에 던져 놓았다. 아마 인사 담당자의 엑셀시트 한 구석에 내 이름은 아무 의미 없이 처박혀 있었을 것이다. 실제로도 시트 위에 박힌 이름처럼 나는 정말 별 볼일 없었다.

물론 요즘 세상에 그것만으로도 복에 겨운 일이다. 나도 잘 안다. 하지만 웬일인지 나는 하루하루가 무시무시했다. 사회에 갓 나온 청년의 꿈 같은 것은 없었다. 꿈꾸던 세상의 모습이 전혀 아니었다. 그때부터 '보이스 비 앰비셔스'boys be ambitious류의 헛된 표어들을 믿지 않게 되었다. 아마도 내가 아둔하고 무력한 자여서 그랬을 것이다. 회사에서는 배우는 일마다 실수가 잦았고, 하루가 멀다 하고 사건이 발생했다. 술을 마시면 어김없이 사고를 치거나, 엉뚱한 곳에 돈을 썼다. 뭐 좋은 정보라도 있을까 하고 사람들과 몰려다니지만 끝은 항상 카드 결제비와 망가지는 몸뿐이었다.

물론 사람들이 이런저런 조언을 해주기도 했다. 그러나 나로선 사람들이 요령 좋게 세상일을 헤쳐 나가는 것이 도무지 이해되지 않았다. 고참이나 상사가 '바담 풍' 하면 똑같이 '바담 풍' 해야 한다고 생각했던 나는 처음에 다른 사람들이 상황에 따라 '바람 풍'이나 '바담 풍'으로 척척 알아듣는 게 신기했다. 어떤 상황에서든 고참이나 상사의 보이지 않는 요구를 읽어야 했다. 나는 그런 게 쉬이 익혀지지 않았다. 어떤 사람은 이런 나를 도리어 이해하지 못하겠다고 할지 모른다. 그러나 아둔하면 정말 평범한 것조차 공포로 다가온다. 아마 시골 놈들 어느 누구나 겪어야 하는 통과의례 같은 것이었을 수도 있다. 마치 소세키의 '산시로'가 그랬던 것처럼 말이다.

/

신경쇠약을 만드는 세계

/

20세기 첫해인 1900년, 나쓰메 소세키夏目漱石, 1867~1916는 영국으로 유학을 간다. 문부성의 국비 유학생 1호였다. 하지만 유학비는 늘 부족했던가 보다. 돈을 아껴야 한다는 말이 당시 글 곳곳에서 발견된다. 게다가 서양인에 대한 신체적인 열등감, 언어장벽 그리고 위궤양 같은 것에도 시달렸다. 급기야 여기에 노이로제가 더해져 '정신이 이상해졌다, 발광했다'는 근거 없는 소문이 나돌기도 했다. 이 때문에 "나쓰메, 정신에 이상 있음. 보호해서 귀국시킬 것"이라는 어처구니없는 명령 전보를 받기도 한다. 신경쇠약은 전 생애에 걸쳐 소세키를 괴롭혔다. 심지어 나이 들어서는 아내 나쓰메 교코의 빈번한 발작이 그의 신경쇠약을 더 깊게 하였다.

이런 증상은 소세키 개인 기질 때문만은 아니다. 그것은 소세키의 몸을 경유하여 드러난 근대의 증후라고 해야 한다. 이 증후를 고스란히 드러낸 청년 소설이 『산시로』三四郎다. 규슈에서 산요선山陽線 기차로 갈아 탄 산시로는 교토와 오사카를 거쳐 '하얀 여자들'이 있는 도쿄로 들어온다.[나쓰메 소세키, 『산시로』, 최재철 옮김, 한국외국어대학교출판부, 2005, 1쪽] 세계는 철도의 격자처럼 정교하게 연결된 지 오래다. 하지만 이 현실세계는 그와 도무지 연결되지 않은 채 낯설기만 하다.

소세키가 만난 세계는 『나는 고양이로소이다』 속 메이테이의 큰아버님이나 『그후』에서 다이스케의 아버님이 만난 세계와는 너무 다르다. 그들이 만난 세계는 아직 격자처럼 정교하지 않아서인지 그들이 '성실과 열의'로 나라를 세우겠다고 해도 이상하지 않았던 시절의 세계였다. 그만큼 자신들이 마음먹은 대로 세상과 대면했다. 그러나 소세키 세대가 만난 현실세계는 '나'와 도무지 연결되지 않은 채 전적으로 독립하여 존재한다. '나'는 기차에 타는 것이 아니라 실리는 것이고, 기차로 가는 것이 아니라 운반되는 것이다.[나쓰메 소세키, 『풀베개』, 오석윤 옮김, 책세상, 2006, 186쪽] 그 세계는 거대하고 무지막지하고 독립적이며, 한마디로 인정사정이 없다. 마치 '돌고 있는 팽이와 같고', 그것을 계속 멈춰 세우려다 보면 '평생 잠들 수 없을 것만 같은'[나쓰메 소세키, 『그후』, 윤상인 옮김, 민음사, 2010, 75쪽] 그런 세계인 것이다.

소세키 앞에 도래한 문명은 분명히 현실적으로 '세계'를 움직인다. 더군다나 매혹적이기까지 하다. 『산시로』의 미네코가 산시로를 단번에 사로잡은 것처럼, 이 문명은 다가선 사람들을 사로잡고 놓아주질 않는다. 이런 미네코에게 산시로는 속마음을 간파당하고 굴욕감을 느낀다. 똑같이 소세키는 서구문명 앞에서 자꾸 "늦었다"는 생각에 부끄럽고 초조하기만 하다. 소세키의 신경쇠약은 쏟아지는 서구문명에 대해 정신적 예속과 그 피곤을 보여 주는 셈이다.

/

자기본위, 해체의 다른 이름

/

나도 상경 당시 화려한 네온사인에 압도된 서울 문화와 화폐에 매몰된 인간관계에 아주 많이 당황했다. 항상 뭔가에 허우적거리는 상태가 되었다. 소세키도 이런 느낌이지 않았을까. 런던은 당시 세계 문명의 최고점에 있던 도시였다. 유학 중인 소세키는 대학을 그만두고, 산더미 같은 책들을 홀로 독파하기로 한다. 아주 예외적인 결정이다. 그러나 진척이 신통치 않았다. 읽어야 할 책이 너무 많았다. 상심은 커져 갔다. 영문학 책 더미 앞에서 소세키는 양자養子로 보내진 느낌이다. 부평초같이 이리저리 표류하고 근본에서 멀어져 간다. 결국 예정된 기한 안에 좋은 결과를 내는 건 불가능했다. 더군다나 영문학에 속았다는 불안감도 생긴다. 이 불안감과 절망감에 소세키는 자신을 '마치 자루 속에 갇혀서 나올 수 없게 된 사람'이라고 생각하게 된다. 할 수 없는 것 때문에 싫감니는 세계에서 벌어진 것이다.

이 지점에서 소세키는 뜻밖에 대범해진다. 문부성이 명령한 범위를 벗어나서라도 다른 연구 방법을 찾아야 했다. 그것은 막다른 골목에서 출구를 찾는 일이었다. 그래야 전진할 수 있는 것이다.

[영문학과 한문학에 대한—인용자] 학력은 동일한 정도인데 대상에 대해서 느끼는 태도가 이렇게까지 차이가 나는 것은 양자의 성질이 그 정도로 다르기 때문이라고 말할 수밖에 없으며, 달리 말해서 한학에서 이른바 문학이라고 하는 것과 영어에서의 이른바 문학이라고 하는 것이 도저히 동일한 정의로 포괄할 수 없을 정도로 서로 다른 종류라고 할 수밖에 없다.[나쓰메 소세키, 「문학론 서」, 『문학예술론』, 황지헌 옮김, 소명출판, 2004, 36쪽.]

대개 우리는 모든 것을 양적인 잣대로 판단한다. 공부도 마찬가지다. 일정한 시간과 노력을 투여하면 영문학을 따라잡지 못할 리 없다. 그러나 한문학과 동일한 공부량을 투여했는데도 그것을 도저히 따라잡지 못하고 있었다. 그렇다면 영문학의 일정 수준에 오르는 관건은 단지 양적인 문제에만 있는 것이 아닐 듯싶다. 동일한 양을 공부해도 어떤 것은 획득할 수 있고, 어떤 것은 습득 불가능하다면 분명 서로 다른 차이가 있음이 틀림없다.

여기에 이르렀을 때 소세키는 양자 간에 '본성상 차이'가 있다는 것을 자각한다. 어느 문학이 더 우위에 있다거나, 보다 높은 학력을 요구하는 것이 아니다. 영문학은 다른 문학일 뿐이며, 여러 문학 중에 단지 하나의 문학일 뿐이다. 따라서 "영문학이란 무엇인가?"라는 질문은 바뀌어야 한다. 단지 하나의 문학이 아니라, 문학 그 자체를 포괄하는 질문, 즉 "문학이란 무엇인가?"라는 질문으로 바꿔 던져야 한다. 다른 질문이 다른 대답을 생산한다. 새로운 물음이 길을 돌파하는 것이다. 소세키는 오히려 문학이라는 근본 문제에 파고들 때, 영문학이라는 특수 대상을 보다 잘 볼 수 있다고 생각했다.

이제 영문학은 유일한 문학으로서 대상화될 게 아니라, 한문학과의 비교 속에서 그 차이가 연구되어야 한다. 또한 한문학 수련을 받아온 자로서는 도저히 도달하기 힘든 영문학의 좁은 틀에서만 연구하는 것이 아니다. 문학이 어떻게 문학일 수 있는지를 다른 학문과의 관련 속에서 연구하여야 했다.

인간은 자기가 해결할 수 있는 문제만 만난다고 했던가. 놀랍게도 근본적인 방향으로 질문을 변형시키자, 내가 할 수 있는 지평에서 방법들이 구성되고, 목표가 재생산된다. 따라서 소세키는 자신이 잘 알고 있는 한문학의 입장에서 영문학을 바라보면 된다. 또한 자신의 시도가 유일한 것이기 때문에 스스로 자신만의 목표를 정하면 될 일이다. 다른 사람의 기준에 맞출 이유가 없다. 이제 소세키는 문제를 뒤집어 새로운 문제를 가지고 삶과 대결할 수 있게 되었다.

소세키가 새롭게 구성한 문제는 뒤집혀 있던 것을 바로잡는 하나의 전복이다. 그것은 현재의 '위계'를 뒤집어 허물어뜨린다는 점에서 반시대적 전복이다. 더군다나 자신의 존재 기반인 한문학이나 유학 생활의 존재 기반인 영문학 모두의 권위를 인정하지 않는다는 점에서 불온한 전복이다.

이런 소세키의 사유는 『나는 고양이로소이다』 곳곳에서 고양이의 시선을 통해 강하게 드러난다. 특히 신의 전능함을 한순간에 무능함으로 뒤집는 장면은 단연 압권이다. 대개 신이 수많은 얼굴을 만드니 전능하다고 말한다. 그러나 고양이는 반대로 생각한다. "왜 똑같이 만들지 못했을까?" 혹시 모방 능력이 없어서 모두 다르게 만든 것은 아닐까? 그렇다면 신은 무능한 게 아닌가!

이 위트와 아이러니의 기저에는 가시적인 위계 밑에 숨어 있던 질문("어떻게 이렇게 모두 다르게 만들었을까?")을 찾아내 뒤집고, 새로운 질문("왜 똑같이 만들지 못했을까?"——신이 무능하기 때문이지!)으로 바꾸는 전복이 도사리고 있다. 그 전복은 당초에 신이 전능하다는 답변이 나올 수밖에 없도록 했던 질문의 구조 자체를 해체함으로써 프로그래밍된 답변을 뒤집어 버리는 전복이다. 이런 전복 위에서 비로소 신은 '절대적으로 전능한 자'에서 '무능할지도 모르는 자'로 변형되어 나의 지평 안으로 들어온다. 질문 자체를 뒤집어서 도달할 수 없었던 대상을 나의 지평 안으로 들어오게 만든 것이다. 이로부터 마침내 소세키는 다음과 같이 빛나는 출발점에 올라선다.

바로 그때 비로소 문학이란 무엇인가 하는 개념을 근본적으로, 그리고 자력으로 만들어 내는 방법 외에는 나를 구할 길이 없다고 자각하게 되었습니다. 지금까지는 완전히 타인본위여서 근본이 없는 부평초와 같이 이 근처를 되는 대로 표류하고 있었기 때문에 소용이 없었다는 사실을 발견하게 되었습니다. (……) 나는 이 '자기본위'라는 말을 나 자신의 손으로 꽉 붙잡았기 때문에 대단히 강해졌습니다. 그들은 그들일 뿐이라는 기개가 생겼습니다. 그때까지 망연자실하고 있던 나에게 여기에 서서, 이 길을 따라서 이렇게 행동하지 않으면 안 된다는 지침으로서 주어졌던 것이 바로 이 '자기본위'라는 네 글자였습니다. 고백하자면 나는 이 네 글자로부터 새롭게 시작했습니다.[나쓰메 소세키, 「나의 개인주의」, 『문명론』, 황지헌 옮김, 소명출판, 2004, 236~239쪽]

'자기본위'는 본성상 차이일 뿐인 것을 아무런 근거 없이 '위계'로 치환해 버리는 것에 대항한다. 그리고 그 위계를 폭로하고, 그 위계로부터 도출된 거짓 문제를 전복함으로써 자신을 보다 근본적인 입장에 서게 하고, 대상들을 나의 지평으로 가져오는 작업이다. 필연적으로 타인본위를 해체해야만 가능한 이 실천은 본질적으로 불온하며, 반시대적이며, 해체적이다.

런던 하늘 아래 도저히 해결할 수 없을 것 같은 문제 앞에서 정처 없이 해매는 소세키. 조금만 참자, 조금만 참아내자고 혼잣말을 해가며 잠자리에 들었다(나쓰메 소세키, 『런던소식』, 노재명 옮김, 하늘연못, 2010, 171쪽)는 가련한 소세키. 그는 주류 지식체계에 의문을 제기하고, 왜 영문학을 공부해야 하느냐는 근본적인 의문을 품고 기원으로 거슬러 올라간다. 자기본위는 기원으로 거슬러 올라가는 것이며, 따라서 반시대적인 것이다. 자기본위는 타인으로부터 의심 없이 주어진 상황과 체계에 의문을 제기하고, 투쟁한다. '문학이란 무엇인가'를 집요하게 파고들려는 태도 그 자체가 타인본위의 문학을 해체하고 그 기원으로 거슬러 올라가서 자신의 입장을 세우려는 눈물겨운 투쟁이었던 것이다.

/

'자기', 새로운 자연의 세계

/

그렇다면 이 해체의 작업을 거쳐 되돌아온 '자기'란 과연 어떤 것일까? 왜 근본적인 관점에서 생각하면 모든 문제가 반드시 '나'(자기)

의 지평으로 되돌아온다고 할 수 있을까? 언뜻 보기에 소세키가 이른 바 '마음', 특히 이기적 에고를 깊이 탐구하였다는 점을 들어, 소세키가 실체적인 자아를 인정하고, 그 구성요소들의 변하지 않는 속성, 다시 말하면 '마음의 본질'을 찾으려 했다고 오해할 수도 있다. 그러나 자기본위는 그 태생 자체가 해체적이기 때문에 자기본위를 실행하는 '자기'가 고정불변으로 존재하는 것은 불가능하다. 오히려 해체하고 변화하는 것을 그 존립 근거로 해야 한다는 점에서 마음을 '에고'라는 단단한 실체로 해석하는 것은 자기본위의 사유와 모순된다. 소세키는 이 마음, 정신을 어떻게 말하고 있을까?

> 그는 성실성이든 열의든 간에 어떤 완성된 상태로서 자신의 내면에 간직돼 있는 것이 아니라 돌과 쇠가 부딪치면 불꽃이 튀듯이, 상대에 따라서 마찰이 잘 이루어질 때 당사자들 사이에 일어나는 현상이라고 생각했다. 자신에게 내재해 있는 것이라기보다는 오히려 정신의 교환작용이라 할 수 있다. 따라서 상대방이 나쁘면 성실성이나 열의가 생길 리 없다고 생각했다. [나쓰메 소세키, 『그후』, 45쪽.]

그에게 '자기'란 타자와 마찰이 일어날 때 발생하는 정신들의 상호작용이다. 이 관점하에서는 정신이 실체로 존재하지 않는다. 돌과 쇠가 부딪치면 불꽃이 튀듯이, 각각의 비-주체들이 어떤 사건을 만나면 그 순간 상호작용이 발생하여 정신이 탄생하고, 그것으로 비로소 주체가 된다는 말이다. 이른바 성실한 사람은 다이스케의 아버지가 생각한 대로 '금을 두들겨 펴서' 만들어지는 것이 아니다.

인간의 목적이란 태어난 본인 스스로가 만든 것이어야만 한다. 그렇지만 어떤 사람이라도 그것을 마음대로 만들 수는 없다. 자기의 존재 목적은 자기 존재의 과정을 통해 이미 천하에 발표한 것과 마찬가지기 때문이다. 이런 전제에서 출발한 다이스케는 자기 본래의 활동을 자기 본래의 목적으로 삼고 있었다. 걷고 싶으니까 걷는다. 그러면 걷는 것이 목적이 된다. 생각하고 싶으니까 생각한다. 그러면 생각하는 것이 목적이 된다. (……) 자기 본래의 활동 이외에 어떤 목적을 세워서 활동하는 것은 활동의 타락이 된다. 따라서 자기의 모든 활동을 한낱 방편의 도구로 삼는 것은 스스로 자기 존재의 목적을 파괴하는 것이나 마찬가지이다.[나쓰메 소세키, 앞의 책, 180쪽.]

인간이란 애초에 체계적인 목적을 지니고 태어난 것이 아니다. 태어나고 나서야 자신의 목적을 구성하고 실현한다. 본래부터 목적을 지니고 태어났다고 말하는 순간 그는 자유를 상실한 것이 된다. 존재의 목적은 — 만일 그런 것이 있다면 — 태어난 후 활동하는 과정에서 활동을 담지하는 존재자가 구성하고 완성해야 한다. 그래서 다이스케는 자기 본래의 활동을 자기 본래의 목적으로 삼고자 한다. 걷고 싶으니까 걷고, 그래서 그것이 목적이 된다. 활동 자체가 목적을 위한 방편이 되어선 안 된다. 그렇게 하면 모든 인간의 존재 목적을 파괴해 버린 꼴이 되고 만다. 어쩌면 먹고 싶으면 먹고, 자고 싶으면 자고, 화가 나면 화를 내고, 울 때는 죽어라 하고 우는 고양이야말로 '인간적인' 것일지 모르겠다. 주인 구샤미는 겉과 속이 다르기 때문에 '일기'라는 것으로 속내를 풀어내야 하고, 또 자신이 쓴 일기를 보고 무턱대고 짜증을 낸다. 그는 혼자서 '있을 수 없는 목적'을 만들어 내고, 그 목적을 달성하지 못하면 혼자서 그것과 싸우고, 이어서 스스로 화가 나는 어처구니없는 상황을 연출한다.[나쓰메 소세키, 『나는 고양이로소이다』, 김난주 옮김, 열린책들, 2009, 30쪽.]

다이스케는 이를 자신의 활력에 충실하지 못한 것이라고 본다. 또 단번에 행동하려는 '용기와 흥미'가 부족하기 때문에, 행동 중에 스스로 그 행동의 의미를 의심하게 됨으로써 그런 혼란이 발생한다고 지적한다. 이것이 바로 권태다. 다이스케가 '생활의 의의(실감)를 잃어버리고 혼란에 빠진 것'이라고 했던 것이고, 소세키가 런던 유학 시절 이리저리 표류하여 근본적이고 실감나는 세계로부터 멀어지는 것이라고 했던 바로 그것이다. 사실 '활동이 곧 목적'이라는 다이스케의 이념은 매순간 존재자 스스로 자신의 삶을 실감나게 구성하는 이념이기도 하다. 이렇게 소세키는 다이스케를 통해 해체적 자기본위를 '활동이 곧 목적'이라는 사유 위에 위치시킴으로써, 친구 히라오카의 아내(미치요)를 받아들이고 다음과 같은 세계로 들어선다.

'오늘 비로소 자연의 옛 시절로 돌아가는구나'라고 마음속으로 중얼거렸다. (……) 처음부터 왜 자연에 저항을 했을까 하는 생각도 했다. 그는 비 속에서, 백합 속에서, 그리고 재현된 과거 속에서 순수하고 완벽하게 평화로운 생명을 발견했다. 그 생명은 어디에도 욕망이 없고 이해관계를 따지려 들지도 않았으며 자기를 압박하는 도덕도 없었다. 구름과 같은 자유와 물과 같은 자연이 있었다. 그리고 모든 것이 행복했다. 따라서 모든 것이 아름다웠다.[나쓰메 소세키, 『그후』, 276쪽.]

다이스케가 돌아간 그 지점, '욕망도 없고 이해관계도 없는' 그 자연은 모든 활동이 그 자체로 목적이 되는 지점이다. 그곳은 활동과 목적이 일치하여, 외발적인 어떤 거짓도 개입될 여지가 없는 지대다. 여기서 우리는 자기본위가 모든 문제를 나의 지평으로 되돌아오게 하는 이유를 알 수 있게 된다. 그것은 타인본위에 입각해서 외발적으로 강박하고 있는 문제들이 애당초 인간의 자연적인 존재방식과 달리, 근거 없는 것이기 때문이다. 오히려 타인의 목적에 내가 예속되면 타인이 나의 생산물(활동의 결과물)들을 마음대로 강탈하기까지 한다. 실감나는 생활을 위해서 타인본위의 목적은 당연히 폐기해야 마땅하다. 따라서 타인본위의 목적이 사라지면 문제들이 '나'의 지평으로 들어오는 것은 당연하다고 할 수 있다.

나의 삶을 위해 진정으로 의미 있는 문제, 즉 근본적이고 실감나는 문제는 내가 할 수 있는 것으로 변화된 문제다. "영문학이란 무엇인가?"는 위계적 질문이었고, 영문학적 권위로 대변되는 근대문물에 무조건적으로 예속시키려는 불순한 질문이었다. 그러나 "문학이란 무엇인가?"는 근대문물로서의 영문학뿐만 아니라, 좌국사한左國史漢·춘추좌씨전, 국어, 사기, 한서를 이름으로 대표되는 한문학, 그리고 기타 등등의 모든 문학과 학문을 동일한 지반 위에 올려놓고, 자신이 할 수 있는 것을 목표로 활동할 수 있게 하는 새로운 질문이다. 그것이야말로 소세키에게 실감나면서도 근본적인 질문이었던 것이다.

이제 우리의 다이스케는 히라오카를 정점으로 하는 세계에 의문을 제기(미치요에 대한 사랑)하고 그 기원(자기기만으로 사랑을 친구에게 양보)에서 해체(미치요에게 사랑을 고백)하자, 모든 것이 행복해졌다. 그리고 모든 것이 아름다웠다. 소세키에겐 자유가 바로 이런 모습이었을 것이다.

*　*　*

20년 전의 '나'는 어쩌면 새로운 질문이 필요한 '나'였을지 모른다. 그런데도 나는 내 질문을 찾지 못하고 타인들의 질문 앞에 서성거리며 타인들을 위해 대답을 찾았다. 만일 질문이 없었다면 질문을 만들기라도 했을 테지만, 흐리멍덩한 나는 남들이 쥔 질문이 유일한 질문인 줄 안 모양이다. 하지만 지금도 여전히 그 허접스러운 질문들 앞에서 머뭇거리고 있는 것은 아닐까? 거기에 대답할 필요도, 응답할 수도 없다는 걸 여태 못 깨닫고 말이다.

그래서 이런 생각이 든다. 타인의 질문 앞에 머물게 한 그 배후의 이유를 되묻고 그 후면을 파고들어야 올바른 질문이 솟아나지 않을까? 언제나 틀린 질문, 틀린 대답을 해온 거라면, 그 질문을 받아들인 나를, 특히 나의 욕망을 의심해야 한다. 나의 예속은 사실 내가 타인의 욕망에 갇혀 있어서 가능한 예속이다. 대체 나는 무엇을 꿈꾸며 그 오랜 세월을 머뭇거렸을까? 욕망이 복제되면 질문도 복제된다. 남들이 부러우라고 기껏 승진이나 연봉에 쩔쩔매면, 그걸 나눠 주는 사람에게서만 질문과 대답이 자란다. 또 남들 보기에 그럴듯하라고 아파트 값과 사교육비를 지불하는 데에 정신이 팔리면, 그걸 버티려고만 질문하고 대답한다. 그게 아니더라도 통념적인 위계에 맞추어 그 꼭

대기에 가고 싶어 하면, 언제나 질문은 하나가 된다. "어떻게 저걸 가질 수 있는가?" 20년 전이나 지금이나 계속 삶에 공포가 도사리고 있다면, 이 풀리지 않는 욕망과 질문들을 내 것인 양 들고 있어서일 것이다. 이 질문들에 대한 대답은 사실 '공포' 말고 없다. 따라서 용기란 이 공포를 참는 것이 아니라, 욕망을 바꾸는 실천이다. 아무도 원하지 않는 다른 길을 원해야 한다. 그 순간에야 나는 나의 질문을 만들어 낼 수 있을 것이다.

2-5장.
소세키를 넘어선

소세키 : 나쓰메 소세키(2)

모두가 "예스"라 할 때 "노"라 말할 수 있는 당신. 언젠가 이런 광고 카피가 회자되었다. 자기 상품이야말로 다른 무엇보다 차별성이 높다는 걸 자극적으로 표현한 카피다. "남들과 똑같은 물건은 노"라는 말로 자기 상품을 선택하는 소비자의 탁월함을 은밀히 추어올린다. 머리가 아둔한 나도 이 문구를 기억하는 걸 보니, 카피만큼은 대성공이었나 보다.

그러나 이 카피를 머리에 다시 떠올리는 심경은 좀 복잡하다. 물론 남들과 똑같은 가방, 똑같은 신발, 똑같은 옷을 입은 내 모습을 상상하면 좀 한심하기는 하다. 하지만 다른 가방, 다른 신발, 다른 옷을 입었다가 썩 튼튼하지도 못하고, 그다지 폼도 나지 않는 낭패를 볼 수도 있지 않은가. 남들과 다른 선택이 꼭 훈훈하게만 끝나지는 않을 것 같다.

이런 망설임이 백화점 앞에서만 생기는 일이라면 그래도 좀 낫다. 이것이 삶의 방식을 결정하는 데에 이르면 좀 이야기가 심각해진다. 남들은 대부분 대학에 가는데 나는 "노"라고 이야기하고, 남들은 너도 나도 직장에 들어갈 때 나는 "노"라고 말하고, 남들이 아파트를 살 때 나는 "노"라고 외칠 수 있을까? 그리 대답하면 단번에 바보로 취급되고 말 것이다. 광고 카피는 선뜻 자기 지갑을 열었던 '소비자'들에게만 감동을 주는 듯하다. 감동을 받은 '소비자'들도 자신의 삶 속으로 들어가면 이내 카피를 잊는다. 자기 삶의 방식 앞에서는 모두가 "예스"인 것이다.

나라고 예외는 아니다. 대학도, 직장도, 아파트도, 기타 등등 거의 모든 것을 남들처럼 하고 살고 있다. 도무지 내가 "노"라고 했던 기억을 떠올릴 수가 없다. 물론 그런 쓸데없는 것에 고민할 만큼 여유 있는 사람이냐고 비난하면 할 수 없는 일이다. 그러나 20세기 초에 '자기본위'를 이야기했던 소세키가 내 삶을 본다면, 그가 미술전람회에 가서 일본작품들을 두고 했던 비난을 주저없이 다시 할 것이다. "머리는 사용하지 않고 기계적으로 삶을 살고 있군. 그렇게 살려고 몇십 년을 그리 허비했나? 쯔쯧 그래 가지고야, 어느 머리가 당신 머리에 감응하겠는가?"[나쓰메 소세키, 「일영전람회의 미술품」, 『문학예술론』, 369쪽. 인용자가 소세키의 일본미술평을 이 글에 맞게 대화체로 변형했음] 나로선 달갑지 않은 소리이나, 별수 없이 받아들여야 할 말일 것 같다.

/

아이러니한 자기본위의 세계

/

'자기본위'는 언제나 기존 세계와 결별하지 않을 수 없다. 반드시 새로운 세계와 만나야 하는 것이다. 소세키는 이 세계를 곧잘 '자연'

이라고 불렀다. 메이테이가 "자연 그 자체를 옮겨라"고 능청을 떨었던[나쓰메 소세키, 『나는 고양이로소이다』, 12쪽] 그 자연이다. 그런데 그곳은 비인정非人情의 세계여서, '이기자, 이기자'고 초조해하지 않는 곳이다.[나쓰메 소세키, 『풀베개』, 16쪽, 139쪽] 또한 다이스케가 '순수하고 완벽하게 평화로운 생명이 발견되는 땅'[나쓰메 소세키, 『그후』, 276쪽]이라 했던 바로 그 지대이기도 하다. 그래서 다이스케는 사회적 파문(불륜)을 무릅쓰고 미치요가 있는 그 지대로 넘어갔다. 그곳에만 가면 완벽한 평화가 찾아올 것만 같아 생각만 해도 설레는 것이다.

그러나 놀랍게도 자기본위를 통해 주류 도덕을 이탈한 후의 모습은 너무나 황량하다. "노"의 대가가 작지 않은 것이다. 『문』[門]에서 소스케는 친구였던 야스이를 배신하고 그의 부인 오요네를 아내로 삼는다. 하지만 나약함과 죄책감 때문에 항상 불안하다. 또 『마음』에서 주인공 '선생'은 친구를 배신해 자살하게 만든 과거가 있다. 결국 선생도 노기乃木 대장[러일전쟁에서 활약한 일본의 군인]의 순국 소식을 접하고 자살하고 만다. 주류 도덕을 깨고 사랑을 쟁취하자마자 황량함과 슬픔, 그리고 불안의 정서로 가득 찬다. 다이스케가 생을 걸고 투신하려던 '아름다운 자연'은 온데간데없는 것이다. 다이스케의 아름다움은 이 황량함을 감추고 빛난 기만인 듯하다.

이처럼 소세키가 바라본 '자연'은 기묘하다. 자연은 '아름다움'이란 무기로 사람들을 불러 모은다. 그러나 유혹에 넘어가기만 하면 바로 그 순간 황홀함을 송두리째 빼앗아 버린다. 이제는 끝을 알 수 없는 적막함만 감돈다. 오히려 주류로부터 소환될까 봐 언제나 불안하다. 금방이라도 돌덩이가 떨어질 것 같은 절벽 밑 외딴방에서 숨죽여

사는『문』의 소스케, 자책감으로 부인과 홀로 살아가는『마음』의 선생, 이 모두 황량하기 짝이 없는 생이다. 소세키 말대로 '보이지 않는 결핵균'이 잠복해 있는 것 같다. 얼핏 유령이 들러붙은 듯 보인다.

그러나 여기에 기묘한 반전이 있다. 담벼락 밖에서는 아름다움이 황량함을 숨긴다. 그러나 담벼락 안에서는 불안과 황량함이 아름다움을 숨긴다. 소세키가 묘사한 그들의 일상생활은 외관과 달리 너무나 소박하고 따뜻하다. 부부의 금실은 더할 나위 없이 좋다. 함께 살면서 한 번도 얼굴 붉히며 싸운 적이 없다. 미래라든가 희망이라는 것이 그림자도 비치지 않고, 아울러 과거 얘기도 별로 하지 않는다.[나쓰메 소세키,『문』, 유은경 옮김, 향연, 2009, 52쪽.] 오직 현재의 결합에 충실할 뿐이다. 그들은 산속에 사는 심정으로 도시에 산다. 주류 사회와의 접경지대에 자신들만의 세계를 구성한 것이다. 그래서 소세키는 마치 둘이 하나가 되어 만든 유기체와 같다고 말한다.

> 외부로 성장할 여지를 찾아내지 못한 두 사람은, 내부를 향해 깊숙이 뻗어나가기 시작했다. 그들의 생활은 폭이 좁아질수록 깊이를 더해 갔다. 그들은 육 년 동안 세상에서 산만한 교섭을 찾지 않는 대신, 그 육 년이라는 세월을 들여 서로의 가슴속으로 파고들었다. 그들의 생명은 어느 틈엔가 서로의 밑바닥까지 파먹어 들어갔다. 그 두 사람은 세상에서 보면 분명 두 사람이었으나, 서로가 볼 때는 도의상 떨어지려야 떨어질 수 없는 하나의 유기체였다. 두 사람의 신경을 이루고 있는 신경계는 마지막 섬유질에 이르기까지 서로 부둥켜안도록 만들어져 있었다.[나쓰메 소세키,『문』, 176쪽.]

이들은 여러 겹을 벗겨내야만 드러나는 그런 독특한 유기체다. 주류로부터 낙인찍혔으니 조마조마하고 쓸쓸하다. 하지만 주류에 대한 기대감 자체가 사라져 버리고 없으니, 그만큼 자유롭다. 그들에게 있어서 주류 사회는 생활필수품을 공급해 주는 곳 이상이 아니다. 둘은 하나의 생명인 듯이 빛난다.

소세키는 이를 두고 자연과 결부시켜 말한다. "도덕에 가담하는 자는 일시적 승리자임에 틀림없지만, 영원한 패배자다. 자연을 따르는 건 일시적 패배자이긴 해도 영원한 승리자다."[나쓰메 소세키, 『행인』, 유숙자 옮김, 문학과지성사, 2009, 235쪽.] 그들은 주류 도덕의 관점에서 패배자지만, 사랑의 관점에서는 승리자다. 사랑의 기쁨에 비하면 패배의 황량함은 부차적이다. 황량함과 슬픔, 불안 따위는 일시적 패배의 모습이다. 그러나 이 패배 없이는 승리도 없다. 주류 도덕의 구속으로부터 이탈은 아름답지만, 홀로 되는 아픔과 슬픔은 불가피하다. 그 지대는 통념적인 것에 적대적인 행위(불륜)를 하고서야 건너갈 수 있는 곳이다.

그래서 자연은 '경계'의 지대다. 주류로부터 탈주하였지만, 여전히 주류와 긴장관계 속에 있는 지대다. 소세키는 후배 작가 미에키치에게 보내는 편지에서 그저 깨끗하고 아름답게 사는 게 과연 얼마나 의미 있겠냐고 반문한다. 그러면서 단순한 아름다움만으로는 만족할 수 없고 큰 세계로 나가 적극적으로 고통을 찾기 위해 글을 써야 한다고 충고한다. 그러면서 소세키 자신은 "한편으로 하이카이적인 문학에 출입함과 동시에, 한편으로는 목숨을 건 유신(혁명)의 지사 같은 격렬한 정신으로 문학을 해보고 싶다"[나쓰메 소세키, 『소가 되어 인간을 밀어라』, 이종수 옮김, 미다스북스, 2004, 205쪽.]고 말하고 있다. 바로 이 격렬한 정신이 구성되고 있는 곳이 경계로서의 자연이다. 그렇게 자기본위는 아이러니한 것이다.

자기본위가 만든 삶의 해방구

승리와 패배의 전도는 『나는 고양이로소이다』에서 주인이나 메이테이, 그리고 간게쓰 군 같은 백수들과 여유만만한 고양이의 아이러니한 조롱에서 이미 극적으로 드러난다. 그들에게 사회란 서로 물어뜯고 싸우는 미치광이들의 집합소다. 따라서 세상 이치를 아는 자는 걸림돌이 되니 정신병원에 가두어야 할 사람이 된다. 반대로 미치광이들이 세력을 가지면 '정상적인 인간'으로 돌변한다. 그래서 정신병원에 갇혀 있는 사람이 '정상적'이고, 병원 밖에서 난동을 부리는 사람이 미치광이인 것이다. 현실에서는 정상과 광기가 뒤집힌다.

이 역설은 『도련님』에서 주인공 봇짱坊ちゃん: 도련님의 이야기로도 드러난다. 도련님이 보기에 사람들은 나쁜 것에 물들지 않으면 이 사회에서 성공할 수 없다고 믿는 것 같다. 차라리 학교에서 '거짓말하는 법'이라든가 '사람을 의심하는 기술'을 가르치는 편이 낫지 않냐는 비웃음에 가까운 교육비평으로 변수되기까지 한다. 급기야 이런 아이러니는 『그후』의 '고등유민'高等遊民 : 고등교육을 받고도 일정한 직업 없이 놀며 지내는 사람인 다이스케에게 이르러 저항의 이념으로까지 발전한다.

전직 은행원 히라오카 앞에서 다이스케가 말하는 내용은 급진적이다. 노동이 다른 것의 간섭을 받게 된다면 그런 노동은 타락한 노동이라며, 먹고산다는 목적만으로 맹렬히 일하는 주류의 일본을 극렬하게 조롱한다. 이에 덧붙여서 다이스케는 자신이 게으름쟁이라고 당당하게 말하고 있다. 그는 남이 느끼지 못하는 것을 느끼고, 나에게 가장 적합한 것과 접촉하며 지내야 한다고 선언한다. 결국『고양이』의 구샤미 일당,『도련님』의 봇짱,『그후』의 다이스케,『문』의 소스케 부부,『마음』의 선생,『행인』의 이치로…… 이들 각각은 외관상 희극과 비극으로 다양하게 변주되어 나타나지만, 그들 모두 '경계의 자연'에 사는 사람들의 다른 이름들이다. 그들이 보는 세계는 다른 세계인 것이다.

분명 배제된 자들에게 이 지대는 탈출 지대이긴 하다. 하지만 아직 완전한 해방구는 아닌 불안 지대다. 마치 영화「매트릭스」의 '시온'과 같은 곳이다. 해방구민들은 매트릭스로부터 소환될지 모른다는 불안을 안고 끊임없이 주변을 살핀다. 아직은 패배의 흔적으로 황량함과 슬픔 그리고 불안이 상존하는 그런 곳이다. 더군다나 그곳에 갔다고 해서 모두 주류의 도덕이나 이기심으로부터 자유로워지는 것은 아니라는 사실은 상황을 더욱 괴롭게 만든다.

고양이는 이 부분을 예리하게 파악하고 있었다. 구샤미 일당이 초연한 척은 하지만, 욕심과 경쟁심이 여전히 숨어 있기 때문에 여차하면 그들이 늘 욕을 해대는 속물과 한통속이 될 우려마저 있다고 냉정하게 진단한다.[나쓰메 소세키, 『나는 고양이로소이다』, 3쪽.] 해방구는 여전히 타인본위로 둘러싸여 있다. 그래서 끊임없이 자기본위를 안고 타인본위의 공격을 막아내야 하는 위험천만한 곳이기도 한 것이다. 그래서 영화 「매트릭스」의 사이퍼처럼 다시 주류로 돌아가고 싶은 마음 때문에 자기본위를 포기하는 시도가 항상 있게 되는 그런 곳이기도 하다.

따라서 이곳은 자기본위를 감행했던 '런던'과 다르다. 이곳에서 소세키는 '런던의 소세키'와는 또 다른 싸움을 해야 하는 상황이다. 『마음』에서 선생은 친구를 배신했다는 죄의식에 시달린다. 그것은 소세키의 친구 마사오카 시키로 대변되는 자신의 뿌리, 한문학의 세계로부터 떠나 영문학을 지향하게 된 소세키 자신의 모습이다. 소세키는 어린 시절 양자로 보내졌던 전력이 있다. 이런 전력을 참조한다면 그것은 친가를 떠나 양자로 보내진 자신이기도 하다. 그러나 친구를 배신하고 간 영문학의 세계도 자신을 속인 듯하여 의심스럽기만 하다. 영문학으로서의 문학도, 한문학으로서의 문학도 아닌 어떤 곳에 닻을 내리고 자신의 길을 살 수밖에 없어 보였다. 그래서 붙잡은 것이 "문학이란 무엇인가"라는 자기본위의 물음이었지 않은가.

그럼에도 불구하고 친구 마사오카 시키가 그토록 열망했던 하이쿠적인 세계를 배신했다는 죄의식이 사라지지는 않는다. '친구 K가 나처럼 혼자 남겨진 외로움을 견디다 못해 결국 마지막 길을 선택하게 된 건 아닐까?'[나쓰메 소세키, 『마음』, 332쪽.] 그렇게 아름다웠던 하이쿠의 세계가 내가 가고자 했던 길들 때문에 몰락하게 된 것은 아닐까? 아니 내가 생각했던 그 길이 그 몰락을 재촉하지는 않았는지. 또 그렇게까지 해서 찾아갔던 영문학의 세계조차 이제 떠나 버린 자신이 정말 옳긴 한 걸까? 내가 가려 했던 그 길은 불명확하고 불안하고, 도무지 끝이 없어 보인다. 영문학이나 한문학으로 대변되는 주류 사회의 방향이 더 이상한 쪽으로 흘러가고 있었고, 더군다나 자신이 혼자 힘으로 세우려 했던 그 '문학'이란 것도 도무지 의심스럽기는 마찬가지다. 그런 게 있기는 한 것일까? 결국 "문학이란 무엇인가?"라는 질문이 지탱해 주었던 자기본위조차 위태롭고, 의문스럽기 그지없다. 자기본위로 만든 삶의 해방구는 그 자체로 위태로워 보인다.

/

소세키를 넘어선 소세키

/

내가 사모님을 의심하기 시작한 것은 아주 작은 일 때문이었네………. 갑자기 사모님이 작은아버지와 같은 속셈으로 자기 딸을 나와 맺으려고 노력하는 것은 아닌가 의심하게 된 거야……. 모녀가 내 뒤에서 서로 입을 맞춰 지금까지 모든 일을 진행해 왔다고 생각하니 나는 갑자기 숨이 막혀 견딜 수 없는 지경이 됐지. 불쾌한 정도가 아니라 이젠 더 이상 발을 내딛을 곳이 없는 벼랑 끝에 몰린 기분이었네. 하지만 나는 마음 한구석에선 그녀를 굳게 믿었네. 그렇기 때문에 믿음과 의혹 중간에서 올바르게 행동할 수가 없었지. 나에겐 어느 쪽이나 진실이고, 또 양쪽 모두 허상이었던 거야.[나쓰메 소세키, 『마음』, 218쪽]

하이쿠적인 문학에 온 열정을 바쳤던 시키('친구 K'), 그러나 그 시키의 세계를 떠나 의지해 보려 했던 영문학('사모님'), 그리고 내 의문을 풀어 주리라 믿고 파헤쳤던 근본적인 문학에 대한 물음('딸'), 그래서 지금까지도 어쨌든 문학이라는 것을 한다고 생각하고 있었지만, 도무지 의심스러운 소세키('선생'). 그리고 그 소세키를 보고 따라가고 있는 제자들(학생 '나'). 선생의 말처럼 더 이상 발을 내딛을 곳 없는 벼랑 끝이다. 그런데 그는 이 뜻밖의 순간에 자신을 넘어서고 있었다. 마치 '런던의 소세키'가 궁지에 몰린 자신을 넘어섰던 것처럼, 『마음』의 소세키'는 또 다시 궁지에 몰린 '런던의 소세키'를 극적으로 다시 넘어서고 있었다.

영문학과 한문학은 원래부터 없었다. 그래서 그는 그것들로부터 떠났었다. 그래서 '문학' 그 자체를 자신이 만들어 보고자 했다. 그러나 자신이 혼자 힘으로 만들려 했던 문학 그 자체도 처음부터 없었는지 모른다는 의심이 생긴다. 아니, 문학이란 영문학으로, 한문학으로, 기타 등등으로 보이고, 그렇게 지칭되고 있을 뿐, 문학 그 자체가 따로 있는 것이 아닐지 모른다. 사모님이 딸과 결혼하도록 뒤에서 딸과 입을 맞춰 일을 진행했던 것처럼, 영문학이 뒤에서 "문학이란 무엇인가?"라는 질문을 만들어 냈던 것은 아닐까? 혹시 이것조차 타인본위의 기만 속에서 구성되어 버린 질문이 아닐까? 영문학이든 한문학이든 어느 쪽이나 진실이고, 또 양쪽 모두 허상이다!

이 순간 우리는 다시 앞으로 거슬러 올라간다. 한문학에서 영문학으로 갈아 탄 소세키. "영문학이란 무엇인가?"라는 질문을 "문학이란 무엇인가?"라는 질문으로 뒤집었던 소세키. 그래서 영문학과 한문학, 어디에도 돌아가지 않으리리 결심했던 결연한 소세키. 유학을 마치고 돌아오는 배 안에서 이제부터는 어떤 일이 있어도 10년 전의 일은 되풀이하지 않을 것이라고 다짐했던 소세키. 혼자 힘으로 갈 데까지 가서 그곳에서 쓰러져 죽을 것이라고 외쳤던 열혈 청년 소세키.[14]

쓰메 소세키, 『소가 되어 인간을 밀어라』, 199쪽」 그런 소세키가 이제는 자기가 구성했던 "문학이란 무엇인가?"조차 의심하고 있었다. 소세키는 '런던의 소세키'가 그랬던 것처럼 기존의 질문을 다시 뒤집어야 할 상황에 처한 것이다. 이제 "문학이란 무엇인가?"라는 질문은 대체 무엇으로 바뀌어야 한단 말인가? 자기본위는 이렇게 매번 기존의 질문을 내던져 버리는 것이다.

그것은 뜻밖에도 자기가 '자기'를 의심하는 것으로 나타난다. 사모님과 딸과의 공모를 알고서도 선생은 자신의 이기심 때문에 친구K를 배신했었다. 소세키는 이제 자신의 질문을 의심해야 했다. 문학이란 영문학으로, 한문학으로, 기타 등등으로서만 존재할 뿐이었다. 그래서 영문학과 문학은 서로 보이지 않는 공모 속에서 자신으로 하여금 "문학이 무엇인가"란 질문을 하게끔 했던 것은 아닌지. 그렇다면 이제 "문학이란 무엇인가?"라는 질문을 생산하게 했던 그 자기본위조차 의심해야 한다.

결국 이 의심의 끝에는 또다시 '자기'가 웅크리고 있다. '자기'란 무엇인가? 모든 질문을 넘어서면 마침내 '자기'에 도달하는 것이 아닌가. 여태껏 자기본위로 산다고 했지만, 그 "자기"가 혹시 '근대'라는 타인본위의 또 다른 생산물로 둔갑한 것은 아닐까? 이 끔찍한 의문 때문에 벼랑 끝에 다시 선다. 그것은 『나는 고양이로소이다』에서 "눈을 감아도 나, 눈을 떠도 나"라고 했던 그런 '나'일 것이다. 마치 영문학이 문학을 문학으로서 존재하도록 했던 것처럼, 자기가 믿었던 자기본위의 '자기'라는 것조차 타인본위의 세계가 만들어 놓은 기만적인 '자기'로 둔갑할 수 있는 게 아닌지 의심하게 되는 것이다. 소세키는 자기본위의 퇴행과 대면한다. 이제 자기본위는 그 먼 길을 우회하여 결국 '자기'와의 싸움 앞에 다시 선 것이다.

> 이런 과정을 하나하나 밟아오는 동안에 타인에게 짓밟히기보다 내가 나 자신을 짓밟아야겠다고 생각하게 됐네. 아니, 내가 나를 학대하기보다 아예 나 자신을 죽여 버리는 게 낫겠다는 생각이 들었지. 그러다가 결국엔 죽었다는 심정으로 살기로 결심했네.[나쓰메 소세키, 『마음』, 335쪽]

결국 선생은 35년간 죽음을 가슴속에 품고 실행할 날만을 기다려 왔다는, 그러니까 '죽었다는 심정으로 살아왔던' 노기 대장의 유언을 보고, 마침내 자결하기로 결심한다. 메이지 시대의 자기본위가 '타인본위의 자기'(이기적 에고)로 가고 있다는 항거는 선생의 '유신(혁명)의 지사 같은 격렬한' 죽음으로 끝을 맺는다. 이 지점에 이르면 드디어 자연도, 자기도 없어지고 만다. 결국 자연의 지대란 매번 되돌아오는 타인본위들과 끊임없이 대결하는 세상이다. 소세키는 이 싸움을 '이기적인 자기', '퇴행적인 자기'를 죽이는 것으로 돌파하였다. 소세키는 소설-기계로 할 수 있는 최극한치에 올라선다. 마침내 스스로 '무'無로 가는 행동을 감행한 것이다.

이 삶은 「몽십야」에서 쇼다로우의 싸움과도 같다. 절벽을 뒤로 두고, 한 마리씩 돌진해 오고 있는 돼지들. 그것들과 영문도 모르고 싸우고 있는 쇼다로우. 그는 씩씩대며 달려오는 돼지들을 몽둥이로 후려치며 버티고 있을 뿐이다. 그러나 종국에는 기력이 다해 손의 힘이 빠지자 쓰러지고 만다.[나쓰메 소세키, 「몽십야」, 『런던소식』, 42쪽] 소세키는 자기본위의 삶이란 바로 이런 싸움이고, 그 싸움 속에서 삶의 실감을 느끼고 있을 뿐이라고 말하고 있는 듯하다. 타인본위와의 싸움 속에서 느끼는 삶의 실감. 그리고 그 싸움이 진행되고 있는 전장으로서 '경계의 자연'.

우리는 먼 길을 걸어 소세키가 말하는 자기본위의 길을 뒤따라갔다. 그러나 길 끝에는 '자기'가 없다. 이제 더 이상의 공허하고 아름답기만 한 자연도 존재하지 않는다. 이제 더 이상의 혐오스럽거나, 순수한 '자기'도 존재하지 않는다. 타인본위의 체계들로 둘러싸인 경계지대에만 존재하는 자기본위. 어쩌면 텅 빈 자기본위라고 해야 할 그런 자기본위. 그래서 항상 위태롭고, 뒤집히며, 끊임없이 굴절 속에 있을 수밖에 없는 자기본위.

바로 이 지점에서야 선생의 죽음을 이해하게 된다. 선생은 죽음으로, 메이지 유신이라는 혁명이 자기본위로부터 굴절되었음에 강력히 항거한 것이다. 그리고 거기에 기만적으로 삶을 영위해 왔던 자기 자신을 제거했다. 그것은 타인본위로부터 탄생한 이기적이고 기만적인 '자기'였다. 이와 동시에 선생을 따르던 학생, '나'는 자기(선생)가 없는 자기본위, 타인들로만 구성된 그런 도쿄로 들어간다.

그도 기만적인 '자기'를 품고 있을까? 그것은 잘 모르겠다. 하지만 '나'는 선생의 죽음으로 새롭게 구성된 자기본위로 무장하고, 새로운 차원의 타인본위가 도사리고 있을 도쿄로 들어가는 것일 터이다. 아마도 도쿄는 '쇼다로우'나 '선생'과 같은 이들의 끊이지 않는 싸움 덕택에, 산시로가 들어갔을 때의 그것과 많이 달라졌을 것이다. 결국 '활동이 목적인 존재로서의 자기'[나쓰메 소세키, 『그후』, 180쪽]란 '자기가 없는 자기'이고, 진정한 자기본위란 '자기가 없는 자기본위'이다. 타인들만 있는 곳, 자기가 사라져 버려 자기조차 타인인 곳에서 자기본위로 산다는 것. 그런 삶이 과연 무엇인가를 질문하는 것이 바로 소세키가 자기 자신에게, 그리고 우리에게 던지는 자기본위의 새로운 질문이다.

✳   ✳   ✳

"예스"라고만 응답하는 삶은 슬프다. 그러나 "노"라고 대답하는 삶은 쉽지 않다. 남들과 다르게 살아야만 하기 때문에 쉽지 않은 것만이 아니라 이 어려움이 아주 오래 지속될 것이기 때문에 어려운 것이나. 한 번 정도 다르게 산다고만 해결되는 문제도 아닌 것이다. "노"라고 대답하고 전진한 그 지대에는 '자기'조차 타인이 되기 때문이며, 그래서 자기에게조차 "노"라고 외치며 '자기'의 부드러운 손길도 매번 뿌리쳐야 하기 때문에 어려운 것이다. 어쩌면 그 "노"는 '나'를 없애는 끔찍한 "노"가 될지 모르겠다. 그리고 중요한 것은 그것이 '나'에 대해서 끊임없이 감행하는 공격이라는 점이다. 그것은 쌀쌀한 겨울, 입김을 호호 불어 써놓은 차창 손글씨에 불과한 '나'를 매번 지우는 공격이다. 슬픈 삶이 되지 않기 위해서, 나는 나에 대한 이 공격을 매번 받아들여야 하는 것이나. 물론 모든 살아 있는 생생한 것들은 무너지기 마련이니까, 사실 두려운 일도 아니다.

2-6장.
능동성,
망각과 기억의 드라마 : 나쓰메 소세키와 니체

나는 그리 유쾌한 사람은 아니다. 농담을 능수능란하게 하는 사람을 보면 그렇게 부러울 수가 없다. 너무 부러운 나머지 시나리오를 만들어 그걸 따라 해보려고도 해봤다. 그러나 시나리오는 시나리오일 뿐, 모든 상황은 시나리오에 아랑곳하지 않고 흘러간다. 시나리오대로 되지 않으니 말과 행동은 항상 엇박자다. 유머를 당최 소화시키질 못하는 몸인 것이다. 오히려 나는 엇박자인 내가 우스워 나를 두고 나 홀로 웃는다. 남들은 속도 모르고 어리둥절해하지만 말이다. 처지가 그러니 남들에게 유쾌한 인간으로 인정받는 것은 포기한 지 오래다.

그런데 세상엔 좀 다른 유쾌함이 있다. 예컨대 나쓰메 소세키의 소설 『도련님』에 넘쳐나는 소세키 특유의 유쾌함 같은 것 말이다. 이 유쾌함에는 그 흔한 농담이 전혀 없다. 오히려 그곳엔 정의와 진실만 있다. 그런데도 유쾌하다. 주인공은 어수룩하지만 어떤 일에든 끈질기고 용교하다. 악당들과 대결한 끝에 표표히 학교를 떠나는 장면에선 서부영화의 마지막 장면처럼 찡해지기까지 한다. 젊은 시절의 순수함을 다시 보는 느낌인 것이다.

하지만 어떻게 보면 만화 주인공 같기도 하다. 그런 장면들이 그를 비현실적으로 만드는 게 아닌가 싶기도 하다. 그러다 보니 '자기본위'조차 만화처럼 상상적이고 비현실적인 것으로 보인다. 자기본위가 순식간에 공허한 이야기가 되고 마는 것이다. 그러나 나는 도련님의 기상천외함 이면에 흥미진진한 사유가 깔려 있다고 생각해 왔다. 니체가 말하는 '능동적인 인간'을 도련님처럼 잘 보여 주는 인물이 또 있을까 하는 생각이 들기 때문이다. 내 생각에 소세키의 '자기본위'는 니체의 '능동성'과 그리 멀리 떨어져 있지 않은 것 같다.

/

망각의 역량 : 과거는 반드시 잊는다

/

도련님은 시작부터 돈키호테적이다. 같은 반 녀석이 겁쟁이라고 놀리자, 도련님은 2층에서 곧바로 뛰어내린다. 그러고 하는 말. "다음에는 허리는 삐지 않게 뛰어내릴게요!" 또 친척에게 받은 서양제 칼을 친구들이 비웃자, 대뜸 오른손 엄지손가락을 쓱 벤다. "뭐? 손가락? 그것쯤 문제도 아니지!"(나쓰메 소세키, 『도련님』, 9~10쪽) 이쯤 되면 과대망상이라고 해야 옳을 듯하다. 쉽게 납득하기 어렵다. 하지만 니체는 이런 인간이야말로 고귀하다고 말한다.

[고귀한 인간은] 오히려 조절해 나가는 무의식적 본능의 완벽한 기능의 확실성이나, 심지어는 위험이든 적이든 무모하게 돌진해 가는 것 같은 어떤 어리석음이, 아니면 그 어떤 시대에도 고귀한 영혼이 스스로

를 다시금 인지하게 되었던 분노, 사랑, 경외, 감사, 복수 등을 열광적으로 순간적으로 분출하는 것이 중요하다. 고귀한 인간의 원한 자체는, 그것이 나타나는 일이 있을지라도, 바로 잇달아 오는 반작용으로 수행되고 약해지기 때문에 해독을 끼치지 않는다. (……) 자신의 적, 자신의 재난, 자신의 비행非行까지도 그렇게 오랫동안 진지하게 생각할 수 없다는 것 ── 이것은 조형하고 형성하며 치유하고 또한 망각할 수 있는 힘을 넘치게 지닌 강하고 충실한 인간을 나타내는 표시이다.[프리드리히 니체, 「도덕의 계보」, 『선악의 저편 / 도덕의 계보』(니체전집 14권), 김정현 옮김, 책세상, 2002, 370쪽.]

2층에서 뛰어내리거나, 칼로 손가락을 긋는 기상천외함이 필요하다고 말하는 것은 아니다. 우리가 더 주목해야 하는 점은 원한이 즉각적인 반작용을 통해 약해지고 소멸한다는 원한의 소멸 원리이다. 원래 고귀한 인간은 행동을 할 때 노예들과 달리 외부의 대립물을 필요로 하지 않는다. 고귀한 인간은 항상 "자발적으로 행동하고 성장한다."[니체, 「도덕의 계보」, 앞의 책, 368쪽.] 물론 고귀한 인간에게도 대립물이 다가와 원한을 생성시키기도 한다. 그러나 고귀한 인간은 즉각적인 반작용을 통해서 그것을 즉시 약화시키고 흘려 보낸다. 하지만 행동과 행동 사이에 지연이 발생하면 원한은 내면화되고 커진다. 이를테면 2층에서 뛰어내리거나, 칼로 손가락을 베는 행동은 상대 행동에 대한 즉각적인 반작용이다. 또 형이 어머니 돌아가신 것을 두고 자신을 책망하자, 가책 대신 형의 귀싸대기를 후려친다거나, 형과 장기를 두다가 빈정대는 형에게 말을 던져 피를 내는 일도 마찬가지다.

그러나 오해하지 말아야 할 것은 그것들이 즉각적 반작용의 고정된 유형은 아니라는 점이다. 즉각적 반작용의 유형적 특성은 무모함을 두려워하지 않고, 무엇으로든 다양하게 표출할 수 있다는 점에 있다. 다시 말하면 고귀한 인간은 즉각적 반작용의 대상과 결과에 대해서 어리석을 정도로 계산하지 않는다. 즉 내면에 원한들이 조금이라도 부석대는 것을 용납하지 않는다. 노예들은 자신들의 도덕을 합리화하기 위해서 대립물을 필요로 하지만 고귀한 자들은 자신을 긍정하는 과정에서 대립물이 보일 뿐이다.[니체, 「도덕의 계보」, 같은 책, 368쪽.] 그래서 아무런 계산도 없이 자신을 긍정하고 행동한다. 따라서 즉각적인 반작용이 우리에게 요청하는 것은 무모함과 어리석음을 계산하지 말고 즉시, 열광적이고 순간적으로, 분출하라는 것이지, 기상천외한 행동을 하라는 말은 아니다.

하지만 우리는 왜 즉각적으로 행동하지 못하는가? 니체에 따르면 그것은 도래하는 체험들을 상처에 따라 기억하기 때문이다. 원한의 인간은 자신에게 다가오는 모든 존재, 모든 대상을 모욕으로 느낀다. 그래서 "모든 것이 그에게 상처를 입힌다. 인간과 사물은 집요하게 그에게 접근하고, 체험들은 깊은 충격을 주며 기억은 곪아 버린 상처가 된다. 병들어 있다는 것 그 자체는 일종의 원한이다."[프리드리히 니체, 「이 사람을 보라」, 『바그너의 경우/우상의 황혼/안티크리스트/이 사람을 보라/디오니소스 송가/니체 대 바그너』 (니체전집 15권) 백승영 옮김, 책세상, 2002, 341쪽.] 원한의 인간은 외부의 자극을 내면에 프로그래밍된 '상처'를 따라서만 받아들이고 만다. 이것은 원한의 숨막히는 반복이다.

아마도 그는 반격할 만큼 충분히 강하지 않다는 계산 때문에 대응하기를 단념해야 했을 것이다. 그는 엎어 놓은 계란 껍데기마냥 약하다. 그래서 반격의 힘이 내면으로 향하여 상처를 내고 만다. 결국 이런 상처를 제거할 수 없는 자신의 무능력을 보상하기 위해서 밖의 대상을 비난하는데, 그것은 정신적이고, 상상적이고, 허구적인 것일 수밖에 없다. 즉 무능을 은폐하고, 자신의 퇴행적인 감정을 보상받기 위해서 상대방을 악의 원인으로 규정하고, 비난한다. 애당초 없는 것을 있다고 하는 셈이다. 그런 것들은 허구이기 때문에 사실 아무것도 해결해 주지 않고 종국엔 상처만 덧낼 뿐이다.

그러나 도련님은 자신의 재난을 진지하게 생각하지 않는다. 아니 더 정확하게 말하면 진지하게 생각할 수 없다. 사실 진지하게 생각할 수 없다는 것 자체가 하나의 역량이다. 그 역량이 바로 '망각의 역량'이다. 첫 수업 시간에 학생이 질문한 기하문제를 풀지 못하고 "지금은 나도 모르겠다. 다음 시간에 가르쳐 주지"라고 하자, 학생들의 비웃음만 산다. 하지만 도련님은 교실을 나오자마자 "모르는 것을 모른다고 말한 것이 뭐가 그리 우습단 말인가"[나쓰메 소세키, 「도련님」, 39쪽.]라며 이내 그 일을 잊는다. 경박하기 그지없다. 도무지 가책이나 부끄러움을 찾을 수 없는 것이다. 그가 그럴 수 있는 것은 그에겐 프로그래밍된 상처 자체가 없기 때문일 것이다. 그는 매번 즉각적인 행동을 통해 자신의 상처를 지워 왔기 때문에 곪을 틈도 없다. 니체는 이런 역량을 문지기의 관리 효용에 비유하면서, 의식의 소음들에 방해받지 않도록 "의식의 문과 창들을 일시적으로 닫는" 상태로 설명하고 있다. 그것은 매번 새로운 것을 하도록 "다시 자리를 마련하는 의식의 백지 상태tabula rasa"[니체, 「도덕의 계보」, 『선악의 저편 / 도덕의 계보』, 395쪽.]이다.

따라서 도련님의 경박한 정신은 나태한 정신이 아니다. 오히려

'제동력'이고 '완화장치'이고 '재생시키고 치료하는 조형적 힘'이다. 망각의 역량은 기억의 상처를 아물게 하고, 더 이상 외부의 자극이 상처를 따라 들어오지 않도록 한다. 원한의 반복을 이탈하게 만드는 힘이다. 이런 망각 없이는 행복도, 명랑함도, 자부심도 있을 수 없다. 니체는 망각하지 못하는 자를 '의식의 소화불량 환자'에 비유했다. 이 환자는 아무것도 '해결'할 수 없다. 오히려 경박해질수록 힘이 강해진다. 도련님의 경박함, 즉 과거를 잊을 수 있는 역량은 그 자체로 힘이다.

/

기억의 역량 : 미래는 절대 잊지 않는다

/

그런데 여기에는 중대한 전제가 있다. 이 망각은 약속한 것들만큼은 잊지 않는 역량이라는 점이다. 고귀한 인간은 약속한 것은 잊지 않는다는 믿음 위에서만 마음껏 잊는다.

이 동물은 이제 그 반대 능력, 즉 기억의 도움을 받아 어떤 경우, 말하자면 약속해야 하는 경우에 망각을 제거하는 기억을 길렀던 것이다 : 이것은 결코 한 번 새겨진 인상을 다시 벗어날 수 없다는 수동적인 상태가 아니며, 단순히 한 번 저당 잡힌 밀[를]을 마무리할 수 없다는 소화불량도 아니고, 오히려 다시 벗어나지 않으려는 능동적인 의욕 상태, 일단 의욕한 것을 계속하려는 의욕, 즉 본래적인 의지의 기억인 것이다.[니체, 「도덕의 계보」, 앞의 책, 396쪽]

이 기억은 앞서 보았던 '상처로 곪아 터진 기억'이 아니다. 그것은 욕망한 것을 계속하겠다는 기억이다. 최초의 욕망과 최초의 약속을 기억하는 것이다. 한 발자국 더 나가면 그것은 욕망에 대해서 지배하는 기억이다. '~하고 싶다', '~하겠다'라고 했던 것을 잊지 않고 멈추지 않는 것이다. 특히 자기와 한 약속을 기억하고, 그것을 지킬 수 있다는 것을 보여 주는 역량이다. 상처투성이 기억은 수동적이고 자의적이고 허구적인 상상을 통해 만들어진다. 그러나 욕망을 끊임없이 산출하는 역량은 상처 없는, 본래적인 기억의 역량이다.

도련님에게 이 본래적인 기억은 바로 '기요에 대한 기억'으로 표출된다. 사실 기요 자체는 과거의 여인으로 퇴행성을 동시에 품고 있다. 다시 말하면 그녀는 과거의 아련한 추억으로 작동한다. 그래서 앞으로 나아가는 도련님을 뒤로 잡아끌어 내는 존재다. 의존적이고 허약한 인간이기도 하다는 말이다. 그러나 도련님은 기요를 그렇게 기억하지 않는다. 고향을 떠나와 바라본 기요는 진정 훌륭한 인간이었다. 그래서 다른 어떤 사람보다 기요가 보고 싶다. 기요는 순수하고 솔직한 것이 손가락질 받을 때면 어김없이 나타나 다시 그것들을 상기시키는 장치로 작동하고 있었다. 이를테면 이렇다. "기요라면 이런 때 결코 웃지 않을 것이다. 내 이야기를 진지하게 들어준다. 기요가 빨간 셔츠보다 훨씬 훌륭한 사람이다."[나쓰메 소세키, 『도련님』, 77쪽] 기요의 퇴행성에 아랑곳하지 않고 도련님은 스스로 저만치 앞서 걷는다.

또 한 번은 기요로부터 편지가 왔는데, 하숙집 할머니의 아직도 보고 있냐는 질문에 도련님은 "아니오. 소중한 편지라서 바람에 날리면서 보고 날리면서 보고 하는 겁니다"[나쓰메 소세키, 앞의 책, 107쪽]라고 대답한다. 아마도 그것은 기요의 기억은 끊임없이 날려 보내더라도 다시 보고 또 볼 수 있다는 그 무한성을 보여 주는 것이리라. 이 무한한 기억은 과거로 되돌아가고자 하는 퇴행으로 작동하지 않고, 항상 현재의 곤경을 돌파해서 새로운 미래를 만들기 위해, 올바름을 기억하는 장치로 작동한다. 이것은 퇴행적인 대상조차 그 가치를 전환할 줄 아는 기억인 셈이다. 아마도 고전을 '기억'하여 끊임없이 새롭게 해석하는 역량이나, 역사로부터 혁명의 흔적들을 '기억'해 내고, 끊임없이 새로운 혁명을 만들어 내는 것이 바로 그런 기억들일 것이다.

이것을 '습관'의 관점에서 생각할 수도 있다. '상처투성이 기억'을 그대로 쫓아가는 것은 그저 수동적인 습관일 뿐이다. 그러나 본래적인 기억은 '습관을 만드는 습관'(베르그송)에 관련된 기억이다. 즉 가치를 전환하고, 자신의 행동과 규범을 바꾸어 봤던 기억이다. 그것은 자기가 자신의 습관을 발명하고 재구조화시킬 줄 아는 기억이다. 이 기억은 그저 회상하는 기억에 머물지 않는다. 그것은 반드시 '~하겠다'는 '약속하는 능력'으로 드러난다. 즉 자신을 바꾸려는 행위로만 드러나는 기억이다. 기억이 머리에서 뛰쳐나와 행동한다. 따라서 그것은 미래를 만드는 기억이며, 마침내 미래 자체에 대한 기억이 된다. 다시 말하면, 기억할 줄 안다는 말은 과거의 어떤 장면을 따져 회상하는 것이 아니라, 새로운 습관을 만들어 낼 줄 알고, 미래의 어떤 순간에도 그렇게 하겠다는 약속을 기억할 줄 아는 것이다.[질 들뢰즈,『니체와 철학』, 이경신 옮김, 민음사, 2001, 238쪽.]

여기서 이제 기억은 뒤집힌다. 더 이상 과거에 대한 기억은 없다. 우리가 기억해야 할 것은 미래다. 뒤돌아볼 일이란 없다. 과거의 회상은 쌓일 틈 없이 미래로 전진하며 사라진다. 그래서 도련님은 한번 마음먹으면 그대로 밀어붙인다. 전혀 자신의 피해를 염려하지 않는다. 즉 앞뒤를 계산하지 않는다. 하물며 학생들에게 잘 보일까 해서 그들을 치켜세우거나 하는 일 따위도 필요 없다. 그것은 언제, 어디든 내가 창안한 습관과 법칙에 따라 살아갈 수 있고, 또 살아가겠다는 내가 나와 맺은 약속이 있기 때문에 가능하다. 오로지 미래를 만드는 기억 이외에는 어디에도 의존하지 않는 약속인 것이다.

따라서 미래의 기억을 품은 자야말로 대립물에 대한 두려움과 계산 없이 즉각적인 행동을 할 수 있는 자이기도 하다. 그런 의미에서 즉각적 반작용의 행위는 발명되고, 또한 기억되어 어느 순간에도 즉각적으로 나오게 된다. 그것은 현재의 염려를 메꾸려하기보다, 자신을 들리지 않고 보이지 않는 미래로 유인한다. 결국 습관을 발명할 줄 아는 자, 바로 그가 망각할 줄 아는 자다. 이처럼 도련님의 기억은 미래의 기억이다. 도련님은 미래를 절대 잊지 않는다.

/

능동적 인간 : 끝까지 갈 수 있다

/

그러나 항상 부정적인 것들은 정의 주변에 검버섯처럼 돋아난다. 학생들이 몰래 숙직실에 메뚜기를 풀어놓는 장난을 해놓고도 발뺌을 한다. 골동품 가게를 하는 집주인은 매번 허락 없이 들어와서 차를 마시고 골동품 얘기만 반복한다. 차라리 그런 것들은 애교라고 치자. 그러나 수업 시간은 너무 적고, 숙직은 전혀 안 서고, 규칙조차 자기 멋대로 정하는 빨간셔츠와 너구리는 애교를 넘어 도련님의 능동적인 힘을 무력화하는 독이다.

니체는 힘을 능동적인 힘(적극적인 힘)과 수동적인 힘(반동적인 힘)으로 나눈다. 능동적인 힘은 주인의 힘이다. 반면 반동적인 힘은 우리가 할 수 있는 것으로부터 능동적인 힘을 분리시키고 고립시키는 노예의 힘이다. 그것들은 '나'의 가능성을 축소시킨다. 마치 질병과 같다. 만일 빨간셔츠나 너구리같이 반동적인 행위가 커지면, 도련님의 능동적인 힘은 분리되어 고립될 수 있다. 고립으로 능동적인 힘의 가능성은 약해지고 급기야 반동적인 힘으로 변해 버린다. 교차로의 교통 정체처럼 반동적인 힘이 고이는 것이다.

이때 발생하는 것이 바로 허무주의다. 그런데 기묘하게도 망각 역량에 의한 '즉각적 반작용 행위'는 외관상 '부정적인 행동(허무주의)'과 닮아 있다. 즉 과거의 상처를 잊고, 매번 도래하는 모든 사건들을 절대 긍정하고 감응하는 태도는, 자포자기하는 심정으로 '될 대로 되라'고 하는 허무주의적 태도와 외관상 같아 보인다. 노예들은 바로 이 기만을 이용해서 반란을 일으킨다.

도덕에서의 노예 반란은 원한 자체가 창조적이 되고 가치를 낳게 될 때 시작된다.: 이 원한은 실제적인 반응, 행위에 의한 반응[물리적인 반작용 행위─인용자]을 포기하고, 오로지 상상의 복수를 통해서만 스스로 해가 없는 존재라고 여기는 사람들의 원한이다. 고귀한 모든 도덕이 자기 자신을 의기양양하게 긍정하는 것에서 생겨나는 것이라면, 노예 도덕은 처음부터 '밖에 있는 것', '다른 것', '자기가 아닌 것'을 부정한다. : 그리고 이러한 부정이야말로 노예 도덕의 창조적인 행위인 것이다. 가치를 설정하는 시선을 이렇게 전도시키는 것——이렇게 시선을 자기 자신에게 되돌리는 대신 반드시 밖을 향하게 하는 것——은 실로 원한에 속한다.[니체, 「도덕의 계보」, 『선악의 저편/도덕의 계보』, 367쪽]

어떤 정신은 망각 역량 없이 상처투성이 기억에만 의존한다. 그 정신은 실제적인 싸움, 즉 직접 싸우기를 포기하고 내면에서 상상적으로만 복수한다. 이런 복수는 시선을 자기 자신에게서 등을 돌리고 밖으로 향하게 한다. 즉 모든 사건의 원인을 남 탓으로만 돌린다. 적극적인 힘을 반동적인 힘으로 전도시킨 결과다. 모든 사건에 허무주의적으로 반응하는 것이다. 그것은 적극적인 힘을 오염시킨다. 허무주의와 냉소주의가 마치 깨달은 자의 정신인 양 기만적으로 다가온다. 반동적인 힘이 능동적인 힘에게 승리하고, 마침내 반동적인 힘들이 '주인인 척하는 노예'로 올라선다.

이제 우리는 진정한 주인을 알아보는 눈을 잃고, 진짜 귀족은 자취를 감추어 버린다. 그래서 초등학교나 중학교에서 '거짓말하면 안 된다. 솔직해야 한다'라고 가르치지 말고 차라리 '거짓말하는 법'이라든가 '사람을 의심하는 기술' '사람 등치는 술책'을 가르치는 편이 이 세상을 위해서도, 그 사람을 위해서도 도움이 될 거라는 도련님의 조소가 현실적으로 크게 틀리지 않다.[나쓰메 소세키, 「도련님」, 77쪽] 이쯤 되면 반동이 강자가 되고, 능동이 약자가 되고 만다. 무슨 일이건 깊이 고민해 본 적 없는 도련님도 이곳 시골에 온 지 한 달도 채 못 되어 세상살이가 그렇게 만만치만은 않다고 자주 생각하게 된다. 5~6년이 휙 지난 것 같은 느낌이어서 빨리 일을 마치고 도쿄로 돌아가고만 싶다. 이제 도련님에게도 피로의 징후, 오염의 징후가 보인다.

그러나 도련님은 부정적인 것들 앞에서 놀라운 현명함을 보여 준다. 이런 곳에 있다가는 추잡한 꼴 못 보는 나도 꼭 저렇게 닮아갈지도 모르겠다. 반격이 필요하다. "거짓으로 사과하는 것이면 거짓으로 용서하면 된다. 정말로 끝까지 사죄를 받아내야 될 일이라면 말 대신에 두 눈에서 눈물이 쏙 빠지도록 흠씬 두들겨 패주어야 한다."[나쓰메 소세키, 앞의 책, 147쪽.] 물론 선생의 권위를 이용해 교묘한 복수를 할 수도 있지만, 이렇게 되면 다른 토박이들과 다를 바가 없다. 도저히 머리로는 당할 수가 없는 놈이다. 아무래도 힘으로 밀어붙이지 않고서는 해결할 수가 없을 것 같다.

그래서 도련님이 도달한 결론. 어차피 이 세상은 전쟁이 끊이지 않는 곳이 아닌가! 하지만 이곳에서는 도련님조차 반동적인 힘으로 변할 수 있다. 따라서 내가 반동적인 힘으로 퇴락하는 것에 저항하고, 매번 능동적인 힘을 만들어 싸우는 것은 무엇보다 중요하다. 이런 관점에서 메뚜기 사건 때문에 복도에서 학생들을 기다리는 장면은 의미심장하다.

대책이 안 선다고 진 수는 없다. 내가 솔직하기 때문에 어떡해야 좋을지 모르는 거다. 하지만 결국 이 세상에선 정의가 반드시 승리를 거두게 되어 있다. 오늘밤 안으로 못 이기면 내일 이긴다. 내일도 이기지 못하면 모레 이긴다. 모레도 이기지 못하면 하숙집에 도시락을 싸 달라고 부탁해서 승리할 때까지 이곳에 있을 것이다. 나는 이렇게 결심했기 때문에 복도 한가운데 양반다리를 하고 앉아 날이 샐 때를 기다렸다.[나쓰메 소세키, 『도련님』, 60쪽.]

반동적인 힘으로 둘러싸여 있는 곳이야말로 오히려 능동적인 힘이 발현되는 중대한 지대일지 모른다. "무력한 자들이 주입한 정신이 없다면 인간의 역사는 실로 우둔한 것이 되었을 것이다."[니체, 『도덕의 계보』, 『선악의 저편 / 도덕의 계보』, 363쪽.] 이런 반동적인 힘이 있었기에 이것들과 싸우면서 우리는 자신을 다른 감각으로 강제할 수 있었다. 오직 이런 의미에서 반동적인 힘은 양면적일 수 있다. 군사독재나 독점기업이 있었으니까, 우리는 그것들과 싸우며, 새로운 전략과 감각으로 무장할 수 있었던 것은 아닐까?

그러나 그럴 수 있으려면 부정적인 것의 끝까지 쫓아갈 수 있어야 한다. 반동적인 힘과 부정성이 극한에 이르러, 반동적인 것을 뒤집고 새로운 힘을 구성할 수 있을 때까지 가보아야 한다. 그 극한의 경계에서야 우리는 감각이 전환되는 경험을 할 수 있다. 그리고 그 경험을 한 자만이 '전환의 경험'을 기억으로 갖게 되는 것이다. 이것은 이해하기 어렵고, 또한 위험하기까지 한 시도일 수 있다. 부정적인 것 속에서 다른 전략, 다른 감각을 갖는다는 것은 결국 부정적인 것으로 뛰어들어 앞으로 돌파해야 가능한 사건이다. 즉 끝까지 가야 하는 것이다. 전쟁에 돌입한 도련님은 본능적으로 "끝까지 가는 것"을 택한다. 부정적인 것들이 질병과 같은 것이라면, 차라리 병든 자가 되라는 말과도 같다. 그것은 병자인 의사이고, 의사인 병자다.

병자의 광학으로부터 좀더 건강한 개념들과 가치들을 바라본다든지, 그 역으로 풍부한 삶의 충만과 자기 확신으로부터 데카당스 본능의 은밀한 작업을 내려다본다는 것 —— 이것은 가장 오랫동안 나의 연습이었고, 진정한 경험이었다. 어디선가 내가 대가가 되었다면, 바로 여기서다. 이제 나는 관점을 전환할 근거를 가지고 있고, 관점을 전환할 도구를 가지고 있다. : 왜 오로지 나에게만 '가치의 전환'이 도대체 가능할 수 있는지에 대한 첫번째 이유이다.[니체, 「이 사람을 보라」, 『바그너의 경우/우상의 황혼/안티크리스트/이 사람을 보라/디오니소스 송가/니체 대 바그너』, 333쪽.]

'가치의 전환', 그것은 결국 "끝까지 가볼 줄 아는 역량"으로부터 나온다. 놀랍게도 반동적인 힘조차 하나의 관점으로 긍정하는 역설이다. 반동적인 힘 덕분에 벼랑 끝에 몰리고 새로운 전투의 장으로 이동하게 된다. 그때서야 '나'는 깨닫는다. 이 벼랑 끝에서 '나'는 병든 자가 되고, 동시에 의사가 된다. 이 병자의 관점에서야 비로소 건강한 가치들을 깨닫고, 거꾸로 충만한 삶속에서 퇴락(데카당스 본능의 은밀한 작업)을 깨닫는 경계를 이해하게 되는 것이다.

결국 능동적인 인간이란, 부정적인 것들로 둘러싸여 있는 이 세계에서, 그 불구덩이로 뛰어들어 경계 끝까지 가볼 줄 아는 자이다. 오늘도, 내일도, 그리고 모레도 나는 계속 싸울 것이다. 도시락을 싸 날라고 부탁해서 승리할 때까지 이곳에 있을 것이다. 어쩌면 소세키는 바로 이 말 한마디를 하기 위해 『도련님』을 썼는지도 모르겠다. 새로운 인간은 경계에서 탄생하는 것이다.

아마도 도쿄로 돌아온 도련님은 다시는 순수했던 이전 시절로 돌아가지는 못할 것이다. 이것은 마치 『마음』에서 선생님의 편지를 읽으며 도쿄로 돌아오던 그 학생과도 같아 보인다. 그들은 이제 선생님도, 기요도 없는 쓸쓸한 도쿄를 거닐어야 할 것이다. 나는 그들에게서 이제 순수함이 사라졌을지 모른다는 생각이 든다. 또한 그들은 온갖 부정적인 것들로부터 피로를 물려받고, 다시는 싸우지 않는 사람이 될 수도 있다는 생각도 든다.

하지만 반면에 이런 생각도 들었다. 온갖 부정적인 것들로부터 오염되었기 때문에, 오히려 이제부터 병자의 감각으로, 그러니까 아주 다른 감각과 감성으로 자신과 싸울 수 있는 의사가 되었다고 말이다. 고귀한 자들은 바로 이 감각을 획득하기 위해 고통에게 자신을 바친다. 차라리 그들은 오염되어서 구원될 기회를 얻었다. 그때서야 그들은 유쾌해지는 것이다. 그들에게는 오염 속에서 펼쳐지는 망각과 기억의 능동적인 드라마, 끝까지 밀고 가는 드라마가 예고된다. 따라서 도련님은 표표히 떠난 것이 아니라, 이제야말로 삶의 본무대에 올라섰다는 생각이 든다. 우리가 지금 힘들게 통과하고 있는 곳은 어디인가? 도련님은 내 마음의 행로를 표시하는 눈금이다.

2-7장.
사이의 길,
평등과 차이의 드라마 : 연암 박지원

압록강에서 열하까지 왕복 6천여 리 길. 『열하일기』의 무대다. 연암은 압록강 책문 앞, 아득한 요동벌판, 성경의 조그만 가게, 만리장성이 시작되는 산해관 등등 어디서든 관찰하고, 기록하고, 기억한다. 그러면서도 그때마다 새로운 길을 내고, 어느 누구보다 즐겁게 다시 앞으로 나아간다. 이런 전진으로부터 『열하일기』는 온갖 길들로 범람하게 되었다. 압록강을 건너 국경을 넘어가는 도강길, 성경에서 장사치들과 사귀려고 나선 잠행길, 연경에서 열하로 느닷없이 떠나게 된 열하행길, 고북구 장성을 지나 하룻밤에 아홉 번 강을 건넜다는 일야구도하길. 그 길들은 연암과 만나 새로 탄생하고 끊임없이 변주된다. 연암이 걸어간 길은 분명 하나뿐이건만, 『열하일기』에는 수없이 많은 길들이 곳곳으로 뻗어 있다. 이런 의미에서 『열하일기』는 길의 이야기라고 해야 할 것이다. 그래서 『열하일기』에 대해 말을 한다는 것은 이 길들에 대해 말하는 것이다. 사실 우리 삶에 길 아닌 것이 무엇이 있으랴. 우리는 잘 안다. 삶 자체가 애초부터 길 위에서 새로운 길을 찾아나서는 여정이라는 것을. 따라서 길을 말한다는 것은 삶을 말하는 것이리라. 이런 의미에서 연암의 길을 보면 삶이 열릴지 모르겠다.

숱한 고생 끝에 당도한 열하에서 연암 일행이 머문 날은 고작 엿새다. 그 엿새 중 가장 인상적인 장면은 단연 장터의 요술일 것이다. 요술쟁이는 손을 비벼서 좁쌀만 한 물건을 만들고, 어느새 달걀, 수박으로 부풀리더니 급기야 큰 새로 변신시켜 버린다. 또 목에 걸린 계란을 귓구멍에서 후벼 빼내어 사람들을 기겁하게 만들기도 한다. 구경꾼들은 감탄하고, 놀라고, 섬뜩해하는 중에 어느덧 그게 요술이라는 사실을 잊어버리고 만다.

이제 구경꾼들은 요술에 취해 쉽게 조롱거리가 된다. 한번은 요술쟁이가 금호로병을 숨긴 채 구경꾼 노인을 느닷없이 도둑으로 몰아세웠다. 어처구니없는 누명에 벌컥 화를 내보지만, 노인 품속에서 병이 난데없이 떨어지자, 한마디 항변도 못하고 슬그머니 뒤로 숨기 바쁘다. 별안간 거짓이 참이 된다. 눈 뜨고 코 베인 꼴이다. 더 어이없는 것은 베어 가는 코를 보고도 조롱이 두려워서 한마디 못하고 뒤로 물러선다는 점이다. 연암 일행도 예외는 아니다. 요술쟁이들이 말똥으로 사람 희롱한다는 소리를 진작 듣고서도, 과일 앞에서 사람들이 우르르 앞다투어 몰려가자 그걸 따라 먹고 만다. 아뿔싸, 그 순간 입안에 가득한 말똥! 집어등 빛에 꾀여 앞다투어 줄줄이 갑판 위로 잡혀 올라온 오징어 꼴이다. 요술세계에서는 알고서도 당한다.

그래도 그것은 요술세계의 일이라며 웃어넘기면 그뿐일지 모른다. 하지만 우리의 일상에서도 이런 일들은 숱하게 일어난다. 아이들은 단 한 번의 입시 도박에 매달리고, 대학생들은 취직에 꽃다운 청춘을 걸며, 회사원들은 월급과 승진이라는 미끼에서 헤어 나오지 못한다. 하지만 더 기가 막힌 것은 이렇게 온통 매달리고 전부 다 걸어도 그 모든 것을 다시 빼앗긴다는 사실이다. 아이들의 끝이 안 보이는 경쟁은 극히 소수의 성공을 뒤로 한 채 산더미 같은 사교육비만 앗아 갈 뿐이고, 회사원들의 월급은 언제나 초과생활비와 유흥비로 사라져 버린다. 헬스며 골프로 건강을 챙기는 것 같지만, 밤마다 이어지는 야근과 술접대로 몸은 항상 망가져 있다. 뿐만 아니라 탐스런 음식을 먹어 치우듯 공연이며 책이며 문화상품을 경쟁적으로 소비하지만, 남는 것은 그릇된 욕망과 부스러기 지식들뿐이다. 이런 것들이 다 거짓인 줄 알면서도 기어이 쫓아간다. 다른 이들이 다투는 모습에 어이없이 속아 넘어간 연암 일행과 별반 다를 게 없어 보인다. 매일 말똥을 삼키며 속고 또 속는, 그러면서도 계속 그 허망한 것을 바라보며 쫓아가는 요술세계가 바로 다름 아닌 우리의 일상인 듯싶다.

연암이 보기에 요술쟁이들에게 속은 것은 망령된 눈 때문이다. 연암은 서화담의 그 유명한 이야기, 눈뜬 소경 이야기로 풀어 나간다. 평생 눈을 감은 채 살아온 소경이 갑자기 눈을 떴다. 이제 세상이 훤히 보여야 할 터. 그런데 오히려 그 눈 때문에 세상이 보이질 않게 된다. 집을 찾아가는 길을 눈을 뜨니까 잃고 만 것이다. 이 순간 연암이 말한다. 도로 눈을 감으라! 눈 밝아졌다고 자랑하지 말고, 차라리 눈을 감아 버려라!

이 얼마나 기이한 역설인가? 눈으로 세상 돌아가는 것을 잘 보라는 것도, 일단 손으로 잘 더듬어 가라는 것도, 하물며 지나가는 행인들에게 물어보며 가라는 것도 아니고, 오로지 도로 눈만 감으라니! 그러면 찾아갈 길이 보인다니 말이다.

사실 눈 뜨기 전 소경에게 눈 아닌 것은 없었다. 팔과 다리, 코와 귀 모두를 눈 삼아 길을 찾았다. 길을 찾는 눈이 신체 곳곳에 있었던 것이다. 그러나 갑자기 눈을 뜨자, 산천이 마구 뒤섞이면서 만물이 눈을 가리고 마음에는 온갖 의심이 일게 되었다. 생물학적인 눈이 뜨이자, 신체 곳곳에 원래 치켜뜨고 있던 진짜 눈들을 잃어버린 것이다. 눈을 뜨자 눈이 감겨 버린 꼴. 소경은 눈을 뜨자마자, 눈을 잃고 길을 잃어버렸다. 그렇다면 소경의 길은 어디로 나 있는가? 아마도 소경의 길은 눈도 아니고, 눈 아닌 것도 아닌 어떤 곳에 있는 듯하다. 길은 어디에 있는가? 눈을 감아야만 볼 수 있다는 그 기이한 길이란.

길이란 알기 어려운 게 아니야. 바로 저편 언덕에 있거든. (……) 이 강은 바로 저들과 우리 사이에 경계를 만드는 곳일세. 언덕이 아니면 곧 물이란 말이지. 사람의 윤리와 만물의 법칙 또한 저 물가 언덕과 같다네. 길이란 다른 데서 찾을 게 아니라 바로 이 사이에 있는 것이지. (……) 인심은 위태롭고 도심은 은미한 법. 서양 사람들은 기하학의 한 획을 변증하면서 선 하나를 가지고 가르쳤다네. 그런데도 그 미세한 부분을 다 변증하지 못해 '빛이 있기도 하고 없기도 한 경계'라고 했어. 이건 바로 부처가 말한 '닿지도 떨어져 있지도 않는다'는 그 경지일세. 그러므로 이것과 저것, 그 '사이'에서 존재하는 것은 오직 길을 아는 이라야만 볼 수 있는 법. 박지원, 「도강록」, 『세계 최고의 여행기, 열하일기(상)』, 고미숙 외 엮고 옮김, 북드라망, 2013, 48~49쪽.

연암은 지금 압록강 앞에 와 있다. 중국을 막 넘어가기 직전이다. 그는 여기서 저편 물가 언덕을 바라보며, 길은 저기와 여기 '사이'에 있다고 마치 출사표 던지듯 말한다. 이 말대로라면 저 눈 뜬 소경에게 진짜 눈은 눈과 눈 아닌 것 '사이' 어딘가에 있어야 한다. 그리고 소경이 가야 할 길은 눈을 감아야 볼 수 있는 것이다. 눈을 감아야만 눈과 눈 아닌 것 사이에서 진짜 눈이 뜨인다. 그 순간 뒤섞인 천지만물과 의심이 만들어 낸 '이것과 저것이라는 혼란'이 사라진다. 그때에야 비로소 요술의 망령에서 벗어나서 길을 찾아 나설 수 있는 것이다.

그런데, 연암은 그 '사이'가 "닿지도 떨어져 있지도 않은" 경지라며 "오직 길을 아는 이라야만 볼 수 있다"고 말한다. 길이란 사이에 있는데, 길을 아는 이라야만 그 사이를 볼 수 있다? 참 난감한 노릇이다. 길이 어디 있느냐 물으면 사이에 있다고 하고, 사이가 무엇이냐 물으면 길을 알아야만 볼 수 있다고 한다. 길로부터 사이를 물으면 다시 길로 대답하고, 사이로부터 길을 물으면 다시 사이로 대답하는 이 뫼비우스의 띠 같은 수수께끼를 우리는 어떻게 이해해야 할까? 사람의 윤리와 만물의 법칙이 있다는 그 사이의 길은 과연 무엇이고 어디에, 어떻게 있을까?

/

소경의 평등인 : 사이는 평등이다

/

1780년 6월 27일, 갑술일甲戌日은 연암이 평생 잊을 수 없는 날일 것이다. 생애 처음으로 국경을 넘어간 날이기 때문이다. 이곳은 사흘 전 '사이'를 말한 그 압록강으로부터 120리 떨어진 책문 앞. 여기서부터 '되놈'^{중국사람들을 낮잡아 부르던 말}들에 대한 연암의 심경은 복잡해진다. 이곳에 오다 만난 되놈들에게 마두^{역마를 돌보던 사람}들이 야료 부리는 걸 보고 한바탕 웃음거리로만 생각하던 연행단이다. 그러나 연암 일행이 책문 앞(조선)에서 문 안쪽(중국)을 바라보더니, 그 모양새가 단아하고 시골티라곤 조금도 없는 것을 보고 기가 팍 죽는다. 아, 중국 동쪽 끝 촌구석도 이 정도인데, 하물며 연경 같은 도회지는 대체 어느 정도일까? 이대로 그냥 돌아가 버릴까?

'청은 오랑캐'라는 뿌리 깊은 편견으로부터 한편 멸시하는 마음이, 다른 한편으로는 거대한 문물에 대한 시기심이 뒤엉키면서 연암의 심정도 복잡해진다. 두 개의 상반된 가치가 뒤엉키며 혼란스러워진 것이다. 아마 연암의 마음속에서 오랑캐와 한족, 청과 명이라는 위계적 가치가 슬그머니 치켜드는 동시에 그 위계적 시선을 깨는 새로운 가치들이 뒤따라 나온 것일 게다. 위계적인 가치들과 그 위계를 깨는 가치들이 혼란스럽게 뒤섞인 곳, 그곳이 바로 청으로 들어가는 책문이 주는 위력이다. 아직 이 나라의 만분의 일도 못 보았는데, 벌써 이렇게 겁을 먹다니, 선비의 정신이 허약하기 그지없다.

남들이 만들어 놓은 위계 때문에 청나라의 진면목을 보지도 않고, 이미 청나라를 폄하하는 요술에 빠졌다. 그러다 보니 예상을 훨씬 뛰어넘는 거대하고 세밀한 문물을 보고서도, 정당하게 평가하기보다, 시기와 부러움만 앞서고 있다. 이때 눈앞에 돌아다니던 수행하인 장복이. 연암은 장복에게 "네가 만일 중국에서 태어났다면 어떻겠느냐?"고 뜬금없는 질문을 던진다. 결정적인 순간, 연암은 주위 사람들에게 엉뚱한 질문을 던지는 걸 예사로 하던 터였다. 자신의 본래면목 자체가 그들과 다름없다고 생각하기 때문이었을까. 그런데 맙소사! 장복은 중국은 되놈 나라라는 말만 되뇌며 손사래를 칠 뿐이다. 연암 일행은 윗사람이나, 아랫사람이나 중국은 모두 되놈이라는 선입견 아래에서 모든 사유가 정지된 듯하다.

그러나 연암은 중국을 그 편견에서 떨어져 바라본다. 이 상반된 가치와 위계들이 뒤엉킨 경계 앞에서, 편견 속에 파묻힌 자신을 정면으로 대면하여 질문을 던짐으로써 정지된 사유를 스스로 돌파하려 한다. 그래서 장복에게 던진 이 질문, "네가 만일 중국에서 태어났다면 어떻겠느냐?"는 문제적이다. 이 질문에는 내가 상대가 되어 생각해 본다는 것, 그리고 상대와 나의 경계 속으로 스스로를 진입시켜 보는 것, 그래서 뒤엉켜 있는 온갖 가치들을 모두 드러내어 대등하게 바라보려는 의지가 들어 있다. 이처럼 사이의 길은 갖가지 가치들의 경계로 직접 뛰어들어 몸으로 부딪쳐야만 드러난다. 사실 경계에서의 부딪힘, 그 자체가 이쪽과 저쪽의 가치들을 위계없이 평등하게 하는 힘이다. 바로 책문은 이런 힘들로 들끓고 있는 용광로인 셈이다.

이때 월금 뜯는 소경이 책문 앞에 나타나자, 갑자기 연암은 크게 깨닫는다. 어쩌면 '눈 뜬 소경'이 도로 눈을 감고 이 절묘한 순간에 다시 나타난 것일지 모르겠다. 이제 연암은 위계라는 눈을 감고, 평등이라는 눈을 뜬다. 그래서인지 그 순간 책문이 활짝 열린다.

그렇다면 그 자리에 어떻게 갈 수 있을까? 사실 우리가 주목해야 하는 것은 연암이 평등안에 이르기 위해 기존 위계들을 허물어뜨리는 방식에 있다. 그는 주류적 가치를 무너뜨리기 위해, 주류 가치의 반대항을 만들어 대척점에서 대항하기보다, 주류적 가치 그 자체의 논리를 극한으로 밀고 들어가서, 그 극점에서 주류 가치 스스로가 파열되도록 만든다. 마치 극단적인 준법투쟁을 통해 자신을 규제하는 법 자체가 무용지물이 되도록 하려는 것과도 같다. 다음 연암이 북학론을 말하는 장면을 보자.

> 순임금과 공자가 성인이 된 것은 남에게 잘 물어서 잘 배운 것에 지나지 않는다. (……) 장차 배우고 묻기로 할진대 중국을 놓아두고 어디로 가겠는가. 그렇지만 그들[선비들—인용자]의 말을 들어보면 '지금의 중국을 차지하고 있는 주인은 오랑캐들이다'라며 배우기를 부끄러워하여, 중국의 옛 법마저도 함께 얕잡아 무시해 버린다. (……) 진실로 법이 훌륭하고 제도가 아름다울진대 장차 오랑캐에게라도 나아가 배워야 하는 법이거늘, 하물며 그 규모의 광대함과 심법의 정미함과 제작의 굉원함과 문장의 찬란함이 아직도 삼대 이래 한, 당, 송, 명의 고유한 옛 법을 보존하고 있음에랴.[박지원, 「북학의서」, 『연암집(하)』, 신호열·김명호 옮김, 돌베개, 2007, 66쪽]

연암이 당대의 선비들에게 말한다. 자, 당신들이 믿는 그 논리를 한번 끝까지 따라가 보자. 당신들이 말하는 성인이란 순임금이나 공자 같은 사람들일 것이다. 그런데 순임금이나 공자 같은 성인은 무엇이든 남에게 잘 물어서 잘 배운 이들이다. 그렇다면 당신들 말대로 우리가 성인이 되기 위해서는 공자가 했던 그대로 누구에게든 나가서 배워야 하는 것은 당연하다. 청나라가 되었든, 오랑캐가 되었든 구별할 이유가 없다. 잘 배우는 것만이 핵심인 것이다. 그런데 만일 당신들이 청나라를 오랑캐라고 해서, 배우지 않으려 한다면, 당신들은 스스로 성인이 되지 않겠다고 말하는 것과 다를 바 없지 않나? 당신들이 믿고 따르는 바로 그 기준이나 똑바로 지켜라!

우리는 여기서 아주 기이한 체험을 하게 된다. 주류 가치를 끝까지 지키지만, 오히려 지키기 때문에 허물어지는 그런 체험 말이다. 이처럼 주류 가치의 기원을 끝까지 거슬러 올라가서, 그 가치의 왜곡된 입각점을 허물어 버리고, 평등의 자리에 올라서는 이 장면은 가히 압권이라 할 만하다. 마치 어떤 가치가 본뜻대로 발휘되려면, 그리고 그 아름다움이 빛나려면 역설적으로 그 가치가 허물어져야만 한다는 걸 증명이라도 하는 것처럼, 가치들은 스스로 무너진다.

이것은 '삼류 선비론'에 와서 눈부신 빛을 발한다. 황제에서부터 서민들까지 머리를 깎으니 의리가 없다며, 개돼지나 다름없는 오랑캐에게서 뭐 볼 게 있겠느냐는 일류 선비들. 그리고 명나라를 위하여 만주족 오랑캐들을 소탕한 뒤라야 비로소 중국의 장관을 이야기할 수 있다며 비분강개하는 이류 선비들. 연암이 보기에 이들은 모두 자신들이 보물단지처럼 기대고 있는 『춘추』春秋의 본뜻을 스스로 어기고 있거나, 왜곡하고 있다. 성인이 『춘추』를 지을 때, 중화를 높이고 오랑캐를 물리치라고는 했을지언정, 중화의 훌륭한 문물까지 물리치라는 말은 아니었다. 그렇다면, 지금 중국에 오랑캐가 있든, 한족이 있든 상관없이, 중화의 훌륭한 문물이 그곳에 있다면 그것을 모조리 배워서 우리의 유치한 것을 고치는 게 하등 문제될 것이 없다. 따라서 『춘추』의 뜻에 비추어 봐도, 연암에게는 중화는 중화일 뿐이고 오랑캐는 오랑캐일 뿐이다. 그런데도 일류 선비와 이류 선비는 문제의 초점을 오랑캐냐 오랑캐가 아니냐에 초점을 맞추어 편견을 강요하며 상대를 불편하게 만들고 있었다.

따라서 중화를 높이라는 『춘추』의 보다 근원적인 뜻에 비추어 볼 때, 중국의 모든 것은 오랑캐가 점유하고 있다는 사실에 불문하고 우리가 끝까지 배워야 할 대상이 된다. 그러자 다음과 같은 빛나는 장관이 우리 앞에 드러난다.

> 그러므로 나는 비록 삼류 선비지만 감히 말하리라. "중국의 제일 장관은 저 기와 조각에 있고, 저 똥덩어리에 있다." (……) 그러므로 나는 말하리라. "저 기와 조각이나 똥덩어리야말로 진정 장관이다. 어찌 성지, 궁실, 누대, 점포, 사찰, 목축, 광막한 벌판, 아스라한 안개 숲만 장관이라고 할 것인가.(『박지원, 「일신수필」, 『세계 최고의 여행기, 열하일기』(상), 241~242쪽.)

비록 깨진 기와 조각이거나 똥오줌이더라도 알뜰하게 써먹기 위해 무늬를 아로새기거나 네모반듯하게 쌓아 올린다면 그것이 바로 중국의 제일 장관이라는 말이다. 조선 선비라는 자들이 개돼지로 폄하하는 오랑캐를 넘어서, 아예 중국 아무데나 널브러진 똥덩어리가 중국의 제일 장관이라고 말하는 이 장면에선 그저 말문이 막혀 버린다.

결국 당대 주류 가치의 가파른 고개를 넘어 정상에 다다랐을 때, 혹은 연어처럼 거슬러 그 기원에 다가갔을 때, 눈앞에 펼쳐지는 광경은 한미한 기와 조각과 똥덩어리의 세계, 바로 평등의 세계이다. 그것들은 주류 가치들이 그 극점에서 스스로 무너지자 그 무너진 곳에서 새롭게 펼쳐진 세계이다. 이처럼 평등의 세계는 '이것'을 낮추고, '저것'을 높여서 적절한 평균을 만들어 내면 도달하는 세계가 아니다. 이 세계는 오히려 '이것'과 '저것', 각각의 본뜻을 철저히 추적하여 입각점에 거슬러 갔을 때에야 비로소 다다를 수 있는 너무나도 철두철미한 세계이다. 그곳에서는 온갖 고수들이 맨손으로 만나는 그런 자리이다. 그래서 평등은 근원적인, 너무나 근원적인, 기원의 자리인 것이다. 아니, 차라리 위계의 기원이 기원 없음으로 드러난 자리이다. 바로 그 자리가 '사이'다. 위계의 눈을 감는 자리, 이것과 저것이 뒤섞인 경계의 자리, 그리고 모든 것이 철두철미하게 대결하는 자리, 그래서 모든 것이 대등해지는 자리, 바로 사이는 평등이다.

/

법고창신 : 사이는 차이다

/

사실, 평등의 자리에는 온갖 것들이 갖가지 색깔을 띠며 흘러들어온다. 아니, 온갖 것들이 본래면목대로 자기 색깔을 온전히 드러낸다고 해야 옳을 듯하다. 그래서 그 자리에서는 모든 것들이 서로 다르다. 그런데 연암은 이것과 저것이 다르다고만 말하고서 멈추지 않는다. 이 지점에서 나온 이야기가 '법고창신'이다. 이것도 문면으로만 보면 평범한 듯 여겨지나, 연암의 문장을 직접 읽어보면 예사롭지 않은 이야기이다.

세상의 논자들은 문장을 짓는 방법으로 '법고'法古 : 옛것을 본받음을해야 한다거나 '창신'創新: 새것을 창조함해야 한다고들 한다. 그러나 법고는 옛 자취에만 얽매일 수 있고, 창신은 상도常度: 정상적인 법도에서 벗어날 수 있다. 과거 사례나 기준에 무조건 얽매이거나, 반대로 과거를 무턱대고 거부만 하는 것은 진정한 의미에서의 법고도, 창신도 아니다. 옛것을 적용할 때에도 그때그때 형세에 맞추어 미세한 변화들을 따라야 함에도 불구하고, 그 형식만을 그대로 답습하게 되면 동일성의 요술에 빠져 버릴 것이다. 그래서 연암은 다음과 같이 말한다.

> 진실로 '법고'하면서도 변통할 줄 알고 '창신'하면서도 능히 전아하다면, 요즈음의 글이 바로 옛글인 것이다.[박지원, 「초정집서」, 『연암집(상)』, 신호열·김명호 옮김, 돌베개, 2007, 24쪽.]

그러면서, 연암은 제대로 법고를 하려면 본받을 그 옛것이라는 것에 대해 근본적인 이해가 뒷받침되어야 함을 주문한다. 이어서 연암은 우승경의 예를 든다. 손빈은 아궁이를 점점 줄여 군사들이 겁먹고 도망간 것으로 보이게 하여 싸움에서 이긴다. 반면 이를 본받은 우승경은 병력이 열세에 몰린 상황을 돌파하기 위해 거꾸로 아궁이 수를 매일 늘려 구원병이 계속 늘어나는 것처럼 보이게 하여 이긴다. 이 순간 우승경은 손빈이 처한 상황과 배치를 정확히 이해하고 그 안으로 들어간 것이다. 우승경은 손빈의 배치에 들어가 '손빈-되기'를 한 것이지, 손빈을 모방한 것이 아니다. 그러자 옛날의 손빈과 현재의 자신 '사이'의 상황 변화가 보이고, 손빈이 적용한 그대로의 아궁이가 아니라, 우승경이 처한 상황에 맞는 아궁이로 재창조될 수 있었다. 다시 말하면 '적의 오판에 의한 승리'라는 전략적 공통성 위에서, 형세의 변화를 파악하고 아궁이의 수를 반대로 움직임으로써 창발적으로 전술적 차이를 구성해 낸 것이라 할 수 있겠다.

그래서 중요한 것은 칠자나 공안파와 같이 법고나 창신이라는 것의 이데아를 이러쿵저러쿵 논하는 것이 아니라, 그 글의 뜻을 근본적으로 알아차리는 데 있다. 고문의 권위와 새로운 것의 기이함이라는 요술에서 벗어나려면 옛것과 나, 새로운 것과 나, 옛것과 새로운 것 '사이'를 근본적으로 알아야 한다. 그것은 이것과 저것 사이에 공통성을 찾아내고, 그 기반 위에서 차이를 구성해 내는 것이다. 바로 그때에야 본받아야 할 옛것과 지금과의 변화가 보이고, 비로소 진정으로 새로운 것을 창조해 낼 수 있게 된다. 그래야 읽지 않고도 잘 읽은 사람(공명선)이 되고, 글을 쓰지 않고도 잘 짓는 사람(한신)이 되며, 배우지 않고도 배운 사람(노나라 남자)이 된다. 아마도 그들은 '공통의 배'를 타고 수많은 '차이의 바다'를 잘 헤쳐 나간 훌륭한 뱃사람들이었으리라. 이를 연암은 하늘과 땅과 해와 달, 썩은 흙과 버섯, 썩은 풀과 반디에 비유해 멋지게 표현한다.

> 하늘과 땅이 아무리 장구해도 끊임없이 생명을 낳고, 해와 달이 아무리 유구해도 그 빛은 날마다 새롭듯이, 서적이 비록 많다지만 거기에 담긴 뜻은 제각기 다르다. 그러므로 날고 헤엄치고 달리고 뛰는 동물들 중에는 아직 이름이 알려지지 않은 것도 있고, 산천초목 중에는 반드시 신비스러운 영물이 있으니, 썩은 흙에서 버섯이 무럭무럭 자라고 썩은 풀이 반디로 변하기도 한다.[박지원, 「초정집서」, 『연암집(상)』, 26쪽]

하늘과 땅, 해와 달은 시작도 끝도 없이 존재해 왔던 것들이다. 그러나 이렇게 장구한 세월동안 변함없이 있어 왔던 공통의 것들로부터 오히려 끊임없이 생명이 새롭게 탄생하고, 날마다 새롭게 빛이 나온다. 유구한 것들이 끊임없이 생명을 낳듯, 옛것으로부터 새것을 만들어 내고, 썩은 흙과 썩은 풀에서 버섯과 반디가 나오듯, 썩은 곳에서 새로운 가치가 창출된다. 이런 의미에서 보면 법고는 옛것을 그대로 따르는 것이 아니라, 옛것과 지금 '사이'를 제대로 알고 따르는 것이다. 그리고 창신은 그냥 새로운 것을 만드는 것이 아니라 옛것의 뜻을 차이의 바다로부터 길어 올리는 것이다. 법고는 지변知變: 변화를 알다을 통해 창신이 되고, 창신은 능전能典: 옛것에 능하다을 통해 법고가 된다法古而知變 創新而能典. 바로 이 지변의 정신, 능전의 정신이 '사이'인 것이다.

이처럼 사이는 공통성의 기반 위에서 구성된 차이다. 이 차이는 해와 달과 같이 장구한 것에 터 잡고 있으면서도 끊임없이 새로운 것을 만들어 내는 힘이다. 따라서 연암에게는 "같다"와 "다르다"가 서로 대립하지 않는다. 오히려 이것과 저것의 공통성을 적극적으로 긍정함으로써만, 차이가 생성될 수 있다. 사실 동일성의 요술도 이 차이의 결과를 정지된 이미지로만 포착하려고 할 때 전도되어 나타난다. 끊임없이 공통의 기반으로 되돌아가서, 그 위에서 이질적인 것들을 찾아내고 미세한 변화에 적용하는 것, 그리고 다시 그것들이 공통의 기반으로 돌아가서 공통 자체를 다시 풍부하게 만드는 것, 이것이 바로 지변의 정신일 것이고, 능전의 정신일 터이다. 어쩌면 문장은 법고에도 창신에도 없을지 모르겠다. 사이의 자리에 가면 법고와 창신이 온통 뒤엉켜 있어서, 옛글이 지금 글이 되고 지금 글이 옛글이 되어 있을 것이니까^{今之文 猶古之文也}. 자, 이제 사이는 평등의 가파른 고개를 넘어, 차이를 만드는 힘으로 우리 앞에 선다. 사이는 차이다.

/

백이론 : 사이는 드라마다

/

연암은 이제묘^{夷齊廟 : 백이와 숙제의 사당} 앞에서 고사리나물 닭찜을 먹다가 백이·숙제 이야기를 떠올린다.^[박지원,「관내정사」,『세계 최고의 여행기, 열하일기(하)』, 고미숙·길진숙·김풍기 엮고 옮김, 북드라망, 2013, 42~46쪽] 그런데 떠올린 기억이 좀 불온하다. 시골 훈장이 고사리나물을 먹으며 소년들에게 "춘추대의를 잊지 않기 위해" 시를 짓도록 한다. 그런데 이를 듣고 지은 소년의 시가 걸작이다. 만일 무왕이 졌다면 역적이 되었을 것이니, 역적을 비호한 꼴인 강태공도 오랑캐이고 역적이지 않겠냐는 것이다. 춘추대의에 비추면 틀린 말도 아니겠지만, 그러자니 무왕과 강태공이 졸지에 오랑캐 되놈이 되고 만다. 이 딜레마 앞에서 훈장은 할 말을 잊는다.

고사리를 미처 챙기지 못하여 서장관에게 매를 맞고 "백이·숙제야, 나하고 무슨 원수를 졌느냐"며 통곡했다는 건량관, 덜 익은 대추를 먹고 배앓이를 하고서 난데없이 백이·'숙채'가 사람 잡는다며 뒹구는 마두 태휘, 소년이 비꼬는 시 앞에서 춘추대의 딜레마에 빠진 시골훈장, 이들 모두 백이·숙제의 망상에 사로잡혀 있다는 점에서 서로 다를 바 없어 보인다. 그게 농담의 형태가 되었든, 정치적 표명이 되었든, 청나라 헤게모니하에서 저마다의 가슴에 아로새겨 있는 조선의 딜레마가 드러나고 있는 것이다. 고정된 가치, 동일한 이미지로 계속 덧씌워지며 백이·숙제의 이야기는 사람들을 난처하게 하고, 소화불량에 빠트린다.

주나라의 은나라 정벌은 당대의 반역이었다. 이 반역 행위에 대한 명분은 세 가지다. 첫째, 은나라 백성들이 제자리를 얻지 못했으니 은나라 백성들을 구제해야 했다는 점, 둘째 은나라가 노성한 사람의 말을 저버렸으니 통치능력이 없어졌다는 점, 마지막으로 은나라가 죄 없는 이를 죽였으니 나라의 윤리가 땅에 떨어졌다는 점이 그것이다. 그렇다면 무왕의 말고삐를 끌어당겨 못 가도록 충고한 백이와 숙제는 은나라 백성들을 저버린 민중의 적인가? 사람들은 백이가 선택의 갈림길에서 무왕과 야합하는 길을 버리고 무왕의 대척점에서 항거하다가 산으로 들어가 버렸던 것으로 설정해 버린다. 한편으로 태공이나 무왕은 이런 백이의 말을 뿌리치고 왕조를 뒤집는 반역의 길에 들어선 것으로 몰아세운다. 사실 길이 두 개가 있어서 딱히 어떤 하나를 선택했어야만 했던 것도 아닌데 말이다. 백이에게는 백이가 가고 있는 그 길이, 무왕에게는 무왕의 길만이 있었을 뿐이다. 그런데도 그렇게 양쪽에 대해 어떤 것을 선택했어야 하는 것으로 설정하는 것은 중화사상의 위계 짓기가 "백이의 정치적 순결성"이라는 망상을 만들어 내고 스스로 그것에 편향되어 있어서이다. 자신들이 만들어 놓은 올가미를 자신들에게 들이민 격이라고나 할까.

연암의 백이론은 정치적으로도 매우 문제적이다. 비록 폭군(주왕)이더라도 효와 인이라는 당대의 윤리적 패러다임을 따라서, 절차적 정당성을 지키며 폭군을 견제하고 올바른 방향으로 유도해 나갈 것인지, 윤리적이고 정당한 절차를 넘어서서 폭군을 끌어내리고 새로운 체제(무왕)를 구성해 낼 것인지는 현대에도 여전히 계속되는 정치적 물음이기 때문이다. 아마도 이 물음을 현대화한다면, 절차적 민주주의와 혁명적 민주주의, 쿠데타냐 혁명이냐와 같은 문제로 바꾸어 바라볼 수도 있을 것이다. 그러나 이런 대립구도에서는 적과 동지, 혹은 취하고 버리는 선택의 문제만 남게 된다. 이에 따라서 적만 없애면 모든 문제가 사라질 것처럼 사태를 바라봄으로써, 싸움의 전략적 지평을 협소하게 만들어 버린다. 또 협소한 전략적 지평은 모든 저항을 단일한 적에게만 매달리게 하는 협소한 전술만을 낳는다. 다시 말하면 딜레마가 딜레마를 낳는 구도일 뿐이다. 당대의 유학자들도 이 구도에서만 사태를 바라보고 있었다.

사실 우리의 일상에서도 항상 상호배타적인 선택에 직면한 것인양 착각한다는 점에서 조선 시대와 다를 바 없어 보인다. 우리는 우리들에게 제시된 선택지 외에는 다른 길은 없는 것인 양 생각하는 데 길들여 있다. 하지만 대개 그 선택지들을 뒤집어 보면, 이 선택지들이 항상 '이익'이라는 망상에서 비롯된 것들임을 발견한다. 선택지를 받아들고 선택을 하려는 순간, 그는 "이익의 관점에서 누군가 이미 만들어 놓은 길"만을 고려하는 셈이다. 더욱 문제는 "이미 만들어 놓은 길" 그 자체가 당대의 지배적인 가치나 도덕들에 의해 허구적으로 구성된 길들이라는 점이나.

공평무사함조차 공평무사함을 가장한 특정 사람들의 가치라는 점에서 허구적이거나 계산적이다. 항상 주체적으로, 자신의 가치관대로 자신의 길을 선택한다고 생각하지만, 거꾸로 남들의 가치에 의해 자신도 모르는 사이에 선택당하는 모순을 반복한다. 실행한 사람조차 이를 모르고 실행한다. 그래서 항상 맹렬히 달려간 이 길들의 끝에서 허망한 공백에 상실감을 느끼고 괴로워하는 일이 발생한다. 아마도 목표라든가, 계획이라든가 하는 것들을 고집하고, 강요하는 것이 어쩌면 이 망상들을 합리화하는 헛된 노력의 일부분일지 모르겠다.

하지만 연암은 이 딜레마, 선택의 문제를 과감하게 버린다. 연암에게 이 딜레마는 단지 '인심'의 문제이다. 이것과 저것 중 어떤 하나를 선택해야만 할 것 같은 강박은 사태만 더욱 악화시킬 뿐이다. 그래서 인심은 위태롭다人心惟危. 백이와 무왕은 이런 인심의 지평을 훌쩍 넘어서 있는 것이다. 이 의미에서 연암은 백이나 무왕에게는 그들이 가고 있는 그 길만이 유일한 길임을 보여 준다. 하지만 결국 각자의 길들은 서로 만난다는 것을, 그래서 서로가 함께 새로운 드라마를 만들어 낸다는 것을 보여 주고자 한다.

> 그러므로 백이가 무왕을 비난한 것은 그의 거사를 비난한 것이 아니라 자신의 의리를 밝혔을 따름이며, 무왕이 백이의 봉분을 만들어 주지 않은 것은 그를 잊은 것이 아니라 그의 의리를 밝게 드러냈을 따름이니, 천하와 후세를 염려한 점은 똑같았다.[박지원, 「백이론 상」, 『연암집(중)』, 신호열·김명호 옮김, 돌베개, 2007, 88쪽.]

미자는 비간이 왕에게 충고할 것을 기다려 자신의 길을 갔고, 비간은 기자가 도를 전해 줄 것을 기다려 자신의 길을 갔으며, 기자는 태공이 백성을 구해 줄 것을 기다려 자신의 길을 갔다. 그리하여 태공은 백이가 의리를 밝혀 줄 것을 기다려 자신의 길을 간다. 마침내 백이는 후세사람을 염려하여 의리를 밝히려 자신의 길을 간다.[박지원, 「백이론 하」, 앞의 책, 90쪽] 각자의 길은 선택의 길이 아니라, 그렇게 갈 수밖에 없었던 단 하나의 길이었다. 이 길 앞에서 어찌 이익을 물으랴何必曰利?

연암이 보기에 중요했던 것은 백이 편이냐, 무왕 편이냐가 아니라, 백이와 무왕 '사이'에 흐르고 있는 "의리의 장"이다. 의리라는 관점에서 보면 백이와 무왕이 감당하는 이야기의 시간은 매우 장구하다. 백이는 무왕의 말고삐에 매달리고, 산에 들어가 버리는 것으로 자신의 의리를 후세에 알렸지만, 상대인 무왕을 책망하지 않았을 것이다. 또한 무왕은 어쩔 수 없이 은나라 주왕을 정벌하였으나, 후세에 자신을 본받지 않도록 백이의 봉분을 만들지 않음으로써 후세에 자신보다 백이를 더 기리도록 하였다. "천하와 후세를 염려"하며 펼치는 고도의 정치적 전투인 셈이다. 이 전투의 적은 백이도 무왕도 아니라, 역사 사이에 흐르는 아주 긴 시간이다. 따라서 그들의 눈망울에 맺힌 시간 속의 이야기가 어찌 은미하지道心惟微 않겠는가? 오직 서로가 만든 드라마가 있을 뿐이다. 평등과 차이를 거쳐 다다른 '사이'에서는 단 하나뿐인 길이 천 개 만 개 길들로 마구 뻗어 나간다. 사이는 드라마다.

/

변신과 명심, 자신의 길을 가다

/

사이의 세계는 평등하지만 차이로 범람하며 수많은 드라마가 펼

처지는 세계다. 하지만 이 사이의 세계는 사전에 정의되거나 지도로 그릴 수 없는 세계다. 이 세계는 길이 끝난 곳에만 존재하기 때문이다. 그래서 내가 매순간 만들어 가야만 하는 길이기도 하다. 어쩌면 길 위에 서 있다는 것은 항상 끝에 서 있는 것일지 모르겠다. 그래서 그곳에 서는 길을 만들고 다시 그 끝에 서 있고, 다시 만들고, 다시 그 끝에 서 있게 된다. 우리는 매 순간 그 드라마의 각본을 만들고 스스로 공연하고 있는 것이다. 따라서 사이의 길은 내가 만들고 내가 가는 길이다.

하지만 이 세계는 "소용돌이치면서 세차게 흘러가는 강물"이며, "금방이라도 물에 빠질 것처럼 현기증"이 일어나는 곳[박지원, 「일야구도하기」, 『세계 최고의 여행기, 열하일기(하)』, 184쪽]이다. "1만 대의 전차, 1만 명의 기병, 1만 문의 대포, 1만 개의 전고로도" 형용하기 부족한 그런 곳이다. 두렵고 무서운 마음이 온몸을 덮는다. 그곳을 통과하려면 내 모든 것이 녹아 버릴 것만 같다. 청을 앞에 두고 압록강을 건너려는 연암, 책문 앞에 선 연암, 아궁이로 적을 치려는 우승경, 배수진을 친 한신, 판첸라마를 알현하려는 연암 일행, 무왕 앞에서 말고삐를 잡는 백이, 주왕을 뒤엎으려는 강태공과 무왕. 이 모두는 길이 끝난 곳에 서 있다. 이제 돌아갈 길도 없는, 꼼짝없이 천애 고아들이 되어 버린 상황. 어찌해야 할까?

때로 바보나 미치광이처럼 다른 사람이 되어 자신을 돌아볼 때야 비로소 자신이 다른 존재와 다를 바 없음을 알게 된다. 그리고 그런 경지에 이르러야 비로소 얽매임이 없이 자유로워진다. 성인은 이 도를 운용하셨기에 세상을 버리고도 번민이 없었고, 홀로 서 있어도 두려움이 없었다. (……) 여기서 나는 성인도 되고 부처도 되고 현자도 되고 호걸도 되려니, 이러한 미치광이 짓은 기자나 접여와 같으나 장차 어느 지기와 이 지극한 즐거움을 논할 수 있으리오.[박지원, 「관내정사」, 앞의 책, 106~107쪽]

유리창 앞에 선 연암은 홀로 서 있어도 두려움이 없으려면 바보나 미치광이처럼 다른 사람이 되라고 한다. 평등과 차이가 범람하며 소용돌이치는 사이의 세계를 건너려면 차라리 바보나 미치광이가 되어야 한다는 것이다. 모든 가치를 버리고 미치광이의 경계에 서는 것, 그래서 범람하는 평등과 차이의 바다를 건너가는 것, 이것이 연암이 말하는 사이의 길이다. 그럼 다른 사람이 되려면 또 어찌해야 할까?

위험은 오로지 듣는 것에만 쏠리고, 그 바람에 귀는 두려워 떨며 근심을 이기지 못한다. (……) 한번 떨어지면 강물이다. 그땐 물을 땅이라 생각하고, 물을 옷이라 생각하고, 물을 내 몸이라 생각하고, 물을 내 마음이라 생각했다. 그렇게 한 번 떨어질 각오를 하자 마침내 내 귀에는 강물 소리가 들리지 않았다.[박지원, 「일야구도하기」, 같은 책, 185쪽]

떨어질 각오로 자신을 던졌을 때에야 펼쳐지는 세계, 그것이 사이이고, 그 극점에서의 마음이 바로 명심冥心이다. 따라서 현장 밖에서 머리로 생각하는 사이는 애초에 존재하지 않는다. 사전에 만들어진 계획이란 그저 '그려진 길'에 불과할 뿐이다. 더군다나 그 길이 타인의 이익에 따라 구성된 길이라면 더 무슨 말을 하랴. 이를 답습하지 않고, 나를 버릴 생각으로 그 물에 뛰어들 각오를 하는 것, 그래서 자신의 운명의 길을 기꺼이 대면하는 것, 이것이 바로 사이의 길이다. 우승경은 죽을 각오로 손빈이 되어 아궁이로 적을 쳤고, 한신은 죽을 각오로 배수진을 쳐서 적을 맞이했으며, 백이는 죽을 각오로 후세 사람의 마음이 되어 말고삐를 부여잡았고, 강태공은 죽을 각오로 백성의 마음이 되어 주왕을 쳤다. 그것이 그들의 유일한 길이었다. 이들에게는 어떤 타협도, 어떤 절충도 없다. 오직 자신의 길을 갈 뿐.

*　*　*

마지막으로 영화 「매트릭스」 한 장면. 점프 프로그램을 로드하고 모피어스가 미스터 앤더슨에게 말한다. "모든 것을 버리게. 두려움, 의심, 불신까지도. 마음을 열어!" 그리곤 빌딩을 훌쩍 넘어서 가버린다. 자신이 들어선 세계가 리얼한 세계가 아니란 걸 알면서도, 빌딩 아래를 보면 겁이 난다. 여기서 떨어졌을 때의 고통이 내 의식을 지배한다. 실패에 대한 생각으로 숨이 가빠진다. 빨간약을 선택했던 것이 후회된다. 이때 모피어스의 뒷모습을 보고 미스터 앤더슨이 자신을 다잡으며 하는 말, "좋아, 좋아 마음을 열자, 마음을 열자. 좋아. 문제없어!" 미스터 앤더슨이 '네오'가 되려면 앞으로도 넘어야 할 빌딩이 아주 많아 보인다. 앞으로 우리들이 만들어 가야 하는 수많은 길들처럼. 이제 요술의 세계로 다시 거슬러 올라가 보자. 두렵지만 어쩌겠는가? 기왕에 들어온 세상, 어찌되었든 한 번 뛰어봐야지 않겠는가? 자, 이제 드라마를 만들 시간이다.

3부

글쓰기 창구

나의 모든 글은

글쓰기 국가의 유일한 시민인 '나'에게

전투 소식을 전하는 전시호외이며,

'이성'이라는 국가기구를 끊임없이 괴롭히는

나의 혁명결사대가 뿌린 팸플릿이며,

나의 사파티스타가 '나'의 기만과 거짓을 폭로하며 쏘아 대는

저항의 이메일이며,

글쓰기 국가의 시민인 '수많은 나'가 알아들을 때까지

끊임없이 담벼락에 써 대는 불굴의 대자보이다.

나는 나를 쓴다.

이를 통해 잃을 것은 정신의 족쇄뿐이요, 얻을 것은

자유의 세계이다

3-1장.
나는 왜
글을 쓰는가?

누구나 살아가지만, 누구나 다 잘 산다고 말하진 않는다. 바닷가 모래 알만큼이나 많은 사람들이 지금까지 살아왔고 앞으로도 여하간 살아 갈 것이라서, 세상사에 '산다는 것'만큼 자명한 일이 또 있을까 싶다. 그런데도 세상에 잘 산다고 단언할 자가 드문 걸 보면, 저마다 말 못 할 곡절이 숨어 있는 듯하다. 하시만 사람들은 그 곡절들을 풀지 않은 채 그냥저냥 뭉개고 살거나, 심지어 잊고 지낸다. 그러다가 뒤늦게 찾 아온 실패나 배신 같은 곤경을 만나고서야, 숨어 있던 그 곡절들을 다 시 대면한다. 마치 입구만 있고 출구는 없는 쥐덫 같은 곳에, 탁, 걸려 버린 느낌일 때에야 그 곡절을 바라보고 비로소 자신에게 묻는 것이 다. "어떻게 살 것인가?"

나도 회사, 가정, 건강 모든 면이 삐거덕거릴 때 남산에 있는 연구 실을 찾아갔다. 내 주변의 동년배 남자들은 그런 상황에서 오로지 글 을 읽기 위해 어딘가를 기지는 않는다. 그늘은 스스로 충분히 글을 읽 어 왔고, 앞으로도 읽을 수 있다고 여기기 때문이다. 사실 곤경 속에 서 뭘 해야 한다면, 대개 운동과 종교에 몰입하거나, 새로운 어학과 자격증을 준비하기 마련이다. 살아가는 데 철학이 위력을 발휘하는 걸 본 적이 없으니 그리 이상한 일도 아니다.

사실 나 또한 남산에 있는 연구실을 찾아갈 때까지 소설 한 권 제대로 읽어 본 기억이 없었다. 변두리 지방대학에도 들어가기 힘겨웠던 내 지력을 생각해 보면, 그것은 당연한 일이다. 대학 시절에도 자본 어쩌고저쩌고 하는 얘기에, 억지로 사회과학 책 몇 권을 집었던 것 말고는, 인문서적이란 걸 제대로 구경한 적도 없었다. 더군다나 사회에 들어서자, 그런 것들이 나에겐 허영으로 생각되었다. 자기 밥벌이도 제대로 못하면서 인문학 공부를 하는 건 정신 나간 일로만 여겨졌다. 당시의 내 감각으로 본다면, 나는 가장 쓸모없고, 정신 나간 사람들이나 가는 곳을 찾아간 셈이었다.

/

글읽기, 새로운 대륙으로 이끌다

/

칸트는 『순수이성비판』에서 "철학의 의무는 오해에 의해 생긴 환상을 제거하는 데 있다"고 말했다. 그렇다면 철학의 길을 걸으면 환상을 제거하고, 오해를 바로잡게 될 터였다. 나에게 그 시절은 살아남아야 한다는 강박관념, 혹시 뒤떨어질지 모른다는 불안이 삶을 온통 추동하던 시절이었다. 나는 출신이나 역량, 모든 면에서 다른 사람들을 능가할 아무것도 갖지 않았기에, 더 심하게 내 자신을 몰아세웠다. 지금 돌이켜보면 나는 몰아세워 일한 딱 그만큼만 가치가 있었던 듯하다. 그 속에서 나는 한편으로는 몸에 안 맞는 옷을 입고 불편해하면서, 다른 한편으로는 여느 회사원들과 다름없이 폭음과 협잡으로 나날이 망가져 갔다. 하지만 그런 것들은 사회생활에 불가피한 일들이라고만 생각했다. 갈수록 그런 생활에 깊이 몰입했다. 몰입이 깊을수록 불가피한 일들이 많아졌다.

그렇다면 철학은 이것들을 어떻게 제거하는가? 철학은 읽을수록 매우 난해하고 엄밀한 물건임을 알게 된다. 가장 쓸모없고, 정신 나간 사람들이나 있을 법한 곳에 이런 엄밀한 물건이 존재한다는 사실은 무척 흥미로운 일이다. 이 물건 자체를 다루기 위해서는 내 스스로도 엄밀하게 사고할 필요가 있었다. 닥치는 대로 책들을 읽어 내는 것은 당연하고, 중요한 어떤 단어, 어떤 문장, 어떤 단락이 나오면 철저히 스스로 이해해서 넘어가도록 훈련해야 했다.

이를테면 "나는 생각한다"라는 단순한 문장을 생각할 때도 그랬다. 아마도 데카르트는 "나는 생각한다"를 발화하는 순간, '생각하는 나'가 전제되어야 하므로, 당연히 그 출발로서 '나는 존재한다'고 말했을 것이다. 그러나 '나는 생각한다'고 했을 때, 나는 그 뒤에서 그것을 '생각하는 나'가 또 있을 수 있음을 생각하고 다시 물고 늘어져야 한다고 생각했다. '나는 생각한다'고 발화(생각)할 때의 그 문장 속의 '나'와 '나는 생각한다'고 생각하는 '나'는 다른 '나'인가? 그럼 후자의 '나'가 전자의 '나'를 보면서 그런 말을 하고 있을 텐데, 도대체 내 안에 두 개, 세 개, 네 개의 '나'가 있을 수 있단 말인가. 철학의 방에 들어가면 '나'는 '나'를 생각하고, 그런 '나'를 또 다른 '내'가 생각하고……이 수많은 '나'가 내 속에서 출몰했다가 사라져 가는 것을 놓치지 말고, 생각하고 또 생각해야 한다. 아니, 그런 '나'가 정말 있는지조차 의

문을 가져야 하는 것이다. 늦은 나이에 공부를 시작한 자로서, 더군다나 지력이 모자란 자로서 당연한 노력이라고 생각했다.

사실 처음에는 이것이 나이 들어 시작한 철학 공부가 나에게 준 부정적인 효과인가 싶었다. 철학 공부가 이런 생각들과의 힘겨운 싸움이라는 것을 알고선 절망하기도 했다. 하지만 지금 생각해 보면 철학은 그 절망과의 싸움 자체를 생산하는 데 의미가 있는 듯하다. 이런 싸움과 함께 나는 나를 거듭 훈련시킬 수 있었다. 아침에 일어나서 저녁에 잠이 들 때까지, 회사 업무 이외의 모든 틈을 이런 생각으로 채웠다. 훈련이 거듭될수록, 책을 읽는 속도도 빨라지기 시작했다. 그만큼 생각할 수 있는 시간도 많아졌다. 아침에 달리기를 할 때, 지하철을 타기 위해서 걸어갈 때, 지하철을 타고 출퇴근할 때, 점심 먹고 앉아 있을 때, 잠시 외근 나가는 버스 안에서. 찾아보면 시간은 많았다. 나는 그 시간을 철학이라는 기묘한 물건을 다루는 데 사용하였다.

하지만 그렇게 시간을 투여해도 책들을 이해하는 것은 쉽지 않았다. 한 단락이 채 안 되는 니체의 아포리즘 중 어떤 글은 도저히 이해되지 않아, 몇 페이지를 공책에 몽땅 써서 주어, 동사, 목적어로 분해하고, 난립하고 있는 지시대명사들이 각각 어떤 것들을 지시하고 있는지를 따지고, 또 따지고 했던 기억이 난다. 마치 수학문제를 풀듯이 풀고 또 풀었다.

그런데 이런 훈련이 거듭될수록, 어떤 기묘한 전회가 발생했다. 세상은 내가 바라보는 현실 하나로만 이루어지지 않았다. 우리의 삶에는 내가 바라보는 현실과는 다른 층위가 숨겨져 있음을 어렴풋이 믿게 된 것이다. 현실의 사건들을 더 풍부하게 이해하려면 숨겨져 있는 다른 층위를 함께 보아야만 한다. 이런 시선을 갖게 되자 현실적인 층위 위에서 위력을 떨치고 있는 '쓸모있음'과 '쓸모없음'이라는 기준 자체에 의문을 제기하게 되었다. 아니, '쓸모 있다, 없다'가 쓸모없다는 생각이 들기 시작했다. 다양한 개념들이 움직이면서, 엄밀한 구조가 만들어지는 '철학의 현장'은 현실적인 층위와 또 다른 층위들을 넘나들면서 생성되고 있었다.

그래서 경험이라는 말도 다르게 이해되었다. 경험은 현실적인 행위나 관계로만 구성되지 않고, 보이지 않는 잠재적 현장과 더불어 이루어진다. 예컨대 현실에서 사과를 사과라고 인식하고 경험하기 위해서는 그것이 사과임을 알게 해주는 경험 이외의 영역이 필요하다. 철학자들은 이를 이데아, 이성, 선험, 힘, 담론, 기억, 차이, 무의식 등등으로 변주하여 나눈다. 물론 어떤 개념은 경험과 중첩되기도 하지만, 만일 그 영역이 기존 통념과 다르게 작동하면 사과도 사과가 아닌게 될 수 있었다. 심지어 다른 현실을 만들어 내기까지 한다. 놀라운 일이다. 오히려 잠재적인 층위는 현실적인 층위를 압도하고도 남을 하나의 거대한 대륙이다. 현실적인 층위조차 이 거대한 대륙이 있고서야 존재할 수 있다. 사유는 오로지 이 대륙과 함께 했을 때만 솟아올랐다. 이것은 나이 들어 시작한 철학 공부가 나에게 준 긍정적인 효과였다.

철학은 이 거대한 대륙을 보여 줌으로써, 오해로부터 발생한 환상을 제거한다. 그것은 현실적인 층위에서 일어난 선택의 결과를 부끄러워하거나 두려워해야 할 이유가 없음을 뜻했다. 더불어 현실적인 성취에 집착하여 아쉬워하거나, 조급해하지 않게 되었다. 사유가 일어나고 있는 그 거대한 대륙에서 보자면, 현실적인 층위에서의 성취란 한 부분에 지나지 않는다. 삶은 어마어마하게 크고 긴 이야기임을 알게 된 것이다.

/

글쓰기, 사유의 집을 만들다

/

그러나 글읽기는 철학을 보여 주고 생각하게 하지만, 그곳에 거주하게 하지는 않았다. 글을 읽으면 그곳에 거주하는 철학들이 낸 길을 걸어갈 수는 있어도, 그곳에 거주할 집을 지어 살 수는 없다. 글읽기는 단지 사유의 집에 쓸 재료를 제공한다. 그리고 우리는 기존의 철학들이 마당에 쌓아 둔 개념들을 가져와 사용할 수 있을 뿐이다. 결국 자신의 집은 스스로 지어야만 한다.

그런데 사유의 집을 짓는 것은 글읽기와 다르게 여겨졌다. 글읽기가 주어진 문제를 푸는 일이라면 글쓰기는 내가 스스로 문제를 내고, 그 문제에 답을 제출해야 하는 일이다. 사유는 문제 제시에서부터 개입하기 시작한다. 질문이 없다면, 여전히 사유의 대륙에 착륙하지 않은 채 고공에서 관람하고만 있을 뿐인 거였다. 수차례 에세이를 쓰고 발표를 해도, 내 생각을 만들어 내고 구축한다는 것이 거의 불가능했다. 많이 곤혹스러웠다.

그런데 불현듯 이런 의문이 들었다. 혹시 우리는 다른 사람의 생각을 그저 되풀이할 뿐인 게 아닌가. 나는 '내 생각', '독창성', 이런 말들이 이상화되지 않았는지 묻기 시작했다. 그리고 어떤 생각이든 다른 사람의 생각을 '변형'시키면서 되풀이될 뿐이라는 생각도 들었다. 이런 점에서 보면 생각 자체가 형태 변환을 거쳐야만 가능한, 아주 기묘한 되풀이인 셈이다. 나는 '언어'가 바로 이 형태변환을 가능하게 해주는 각별한 사물임을 깨닫게 되었다. 이 순간 놀라운 전환이 발생했다. 바로 언어가 생각하게 한다는 것이다. 생각하니까 글을 쓰는 게 아니고, 글을 쓰니까 생각하게 된다는 전도가 일어났다. 그러자 글쓰기가 글읽기와 다르지 않았다. 글을 읽으며 했던 방법과 마찬가지로, 다른 사람이 지은 튼튼한 집을 따라 지어 보는 일이 사유의 작업이었다. 이것은 중대한 돌파구였다.

그래서 나는 글을 베끼기 시작했다. 아주 단순했다. 책을 읽을 때마다 필요한 부분은 통째로 베꼈다. 그리고 몇 개의 베낀 문장을 여러 방식으로 고쳐 보았다. 그 일은 놀랍게도 재미있었다. 내 문체로 쓰는 것과는 또 다른 예기치 않은 즐거움을 주었던 것이다. 나는 그 사실을 발견하고 이 작업에 깊이 빠져들었다. '내가 생각한다'고 생각하지 않고, '글이 생각한다'고 생각하면서 오로지 베낀 문장이 주는 리듬을 따라갔다. 그러면서 문장들을 이리 바꾸고, 저리 고치면서 수많은 조립품들을 만들어 냈다.

그러자 그러는 과정 자체가 생각을 만들어 낸다는 것을 깨달았다. 글이 글을 썼디. 마치 마술 같았나. 이 놀이를 하면서 내가 '세련되고 멋진 생각을 가져야 글을 쓸 수 있다'는 허상에 사로잡혀 있었음을 알게 되었다. 생각해 보면 세련됨이야말로 오히려 사유의 전진을 해치는 것 같다. 수사, 제스처, 치장, 명성에 휘둘리지 말고, 오로지 글로 하여금 사유를 추동시켜야 한다는 것을 깨닫는다. 사유는 그것들과는 무관하게, 글 속에 홀로 서 있었다.

그런 중에 나는 아주 특별한 체험을 하게 되었다. 그것은 4년 전 연구실에서 에세이 발표를 할 때의 일이다. 그때 주제는 소설 『임꺽정』 중 한 인물에 대해 집중적으로 분석하는 것이었는데, 나에게 주어진 인물은 임꺽정의 처남인 '황천왕동이'였다. 나는 그전에 써왔던 에세이 방식과는 완전히 다르게, 소설을 실험해 보기로 하고, 루쉰의 「죽음을 슬퍼하며」를 기본 삼아 전체 바꿔 쓰기를 시도하였다. 일단 줄거리를 쓰고, 목차를 세밀하게 정리하고, 등장인물들과 사건들의 선후관계들을 따져 보았다. 동시에 루쉰의 글을 한 문장씩 똑같이 베껴 썼다. 그리고 그 문장 하나하나를 내 줄거리에 맞게 고쳐 썼다. 한 문장에 최소 두세 개씩의 다른 문장이 나왔다. 그중에 가장 적합하다고 느끼는 문장을 선택했다. 그러고 나서 다음 문장으로 넘어갔다. 루쉰의 문장 하나에 여러 개의 조립품이 나왔다. 그러면서 루쉰의 문장 스타일을 하나씩 정밀하게 익혔다. 또 옥련이(황천왕동이의 아내)의 편지를 쓰기 위해 벽초의 문장들을 발췌해서 베끼고, 다시 그 문장들을 고쳐 썼다. 여기서도 여러 개의 조립 문장들이 나왔다. 그러면서 벽초의 스타일을 익혔다. 여기에다, 도서관에서 얻은 옛 서간문을 읽고 따라 썼다. 이 단순한 작업에 완전히 몰입하면서 나는 무한한 행복감을 느꼈다.

이후 나에겐 이 방식이 글쓰기를 훈련하는 전형적인 방식이 되었다. 그런데 이런 훈련이 거듭될수록 에세이라는 결과를 산출하기보다, 그 훈련 자체가 일상이 되기 시작했다. 이것은 놀라운 변화였다.

책을 읽으면서 틈만 나면 읽은 부분을 생각하고 따지는 것과, 글을 쓰면서 틈만 나면 문장을 바꿔 보는 것은 한몸이 되었다. 마치 그것은 내 정신이 철학의 피부 사이로 비집고 들어가는 느낌이었다. 누가 알 수 있을까? 글쓰기가 잘 쓰고 못 쓰고의 문제가 아니라, 이 즐거움을 느낄 수 있느냐 아니냐의 문제라는 것을. 나에게 글쓰기는 되풀이인 셈이고, 그 되풀이가 내 사유의 집을 만들어 주고 있는 것이다.

/

또 다른 생, 글은 홀로 살아간다

/

그런데 예기치 않은 사건은 그 에세이를 발표하면서 발생했다. 그렇게 즐겁게 글을 썼음에도, 발표시간이 가까워지자 굉장히 긴장되었다. 발표시간은 새벽 12시부터 1시까지 1시간. 20장이 넘는 에세이는 읽기에도 버거웠다. 다 읽고 나자 읽은 사람이나 들어준 학인들이나 모두 탈진상태가 되었다. 그런데 단 한 사람도 빠지지 않고 돌아가며 한 마디씩 지적했다. 또한 모든 사람들이 공격적이었다. "왜 이런 글을 썼느냐", "소설의 기본도 모르는 글이다"라는 지적까지, 온갖 악평들이 셀 수 없이 쏟아져 나왔다. 차츰 정신적으로 감내하기 힘들어졌다. 그 자리에서 일어나 문 밖으로 나가고 싶었다.

하지만 그 와중에도 나는 그것을 하나도 빠지지 않고 받아 적고, 일일이 대답하고 있었다. 그런데 그 순간 믿기 힘든 일이 일어났다. 대답하고 있는 사람이 내가 아니라는 기묘한 생각이 드는 것이다. 동시에 그 뒤에서 또 다른 내가 갑자기 소설이란 무엇인지, 평론이란 또 무엇인지, 사람들이 왜 소설을 쓰고, 영화를 만들고, 또 평론을 해왔는지를 확 느꼈던 것이다. 아주 기묘한 순간이었다. 나는 그 순간 내가 내 몸에서 이탈한 느낌마저 들었다.

분명히 글을 쓴다는 일은 세계를 구성하는 일이다. 이전에는 머리로만 그러려니 하고 말았었다. 그러나 사람들 앞에서 글을 읽자, 글로 쓰인 세계가 보이고, 그 세계의 여러 가지가 하나로 엮였다. 그것은 현실적인 층위와 다른 층위에 있는 또 다른 세계라고 할 수 있었다. 내가 고심하여 질문했던 세계가 글로 솟아났다. 글이 이 세계를 만들고, 그곳에 발생한 균열을 매번 메우면서 끊임없이 새로워져 간다는 느낌이 총체적으로 나를 덮쳤다. 결국 글쓰기는 "내가 무엇을 말하려고 했는지를 근원적으로 다시 묻는 작업"이고, 동시에 "그 질문에 대해서 세계를 끊임없이 재구성함으로써 대답하는 작업"임을 깨달았다. 이런 규정이 결코 추상적이지 않다고 느꼈다. 그 이후 이 규정은 여러 번 바뀌었지만 당시의 이런 느낌은 아주 단단하고 견고하게 남아 있다.

마치 언어들이 모여서 단단한 기계가 된 듯하였다. 작업방식까지 생각해 보면 언어는 다른 사람들의 생각과 내 몸을 거쳐서 글이 되고, 다시 다른 사람들에게로 되돌아 나간 기계와 같았다. 사람들은 발표시간 동안 이 기계와 상대하고 있었던 것이다. 그 기계는 나와 무관하게 홀로 서서 사람들과 상대하고 있었다. 그들에게 대답하고 있는 것은 내가 아니라 그 기계였다. 그 순간 수사, 제스처, 치장, 명성 같은 것, 그리고 어떤 인정욕망 같은 것이 싹 사라졌다. 이는 언어를 사용하는 일이 얼마나 막대한 힘을 갖는지를 알게 해준 일종의 신체적 각성이다. 글은 그것 자체로 현실적인 층위의 '나'라는 개체와는 별개로 존재하는 아주 단단한 존재들이었다. 내 글은 기계로 우뚝 선 아주 낯선 타자였던 것이다.

사실 글을 쓰기 시작하면서 나(우리)는 줄곧 이상한 경험을 해왔다. 나 혼자 보려고 컴퓨터에 보관해 뒀던 글을 꺼내 보기만 하면, 기존 생각이 바뀌고, 그 생각에 맞추어 문장을 수정해야 하는 상황이 발생한다. 이런 점에서 보면 글이란 참으로 흥미로운 놈이다. 더 당혹스러운 것은 베껴 쓴 다른 사람의 글에서조차 그 저자의 뜻밖의 생각이나 오류(라고 추정되는 것)들이 발견된다는 사실이다. 그런데 이런 상황은 에세이를 다른 사람들에게 소리 내어 읽어 줄 때도 발생했다. 앞에 나가서 소리 내어 읽다 보면, 쓸 때와는 다른 생각들이 예기치 않게 구성(생산)되면서 수정해야 할 문장들이 눈에 확 띄게 된다. 그러니까 글은 생각을 구성하지만, 공적으로(인터넷이든, 심포지엄이든, 책이든) 제출되면서 그 생각을 다시 구성(생산)하는, 참으로 기묘한 물건인 셈이다.

이런 점에서 글은 혼자 움직이는 기계이다. 그리고 그 자체가 세계이면서, 또 다른 세계를 구성하고 있는 기계이다. 그런데 이 기계는 그 기능을 매번 다르게 반복할 가능성을 품고 있는, 그래서 당초 생산한 의도(내장된 기능 혹은 용도)를 항상 초과하거나 그 의도에 매번 모자라는 기묘한 기계이다. 그것은 저자로서의 '나'의 의도와는 매번 다르게, 스스로 작동하는 기계인 셈이다. 그래서 이 기계는 어떤 콘텍스트를 만날 때마다, 스스로 자유롭기라도 한 듯이, 다른 이야기를 만들

어 낼 것이다. 매번 단 한 번뿐이라는 유일성을 띠기까지 하면서 말이
다. '나'는 글이라는 기계를 생산하고, 그 글은 매번 다른 콘텍스트 속
에서 작동(반복)하며, 그때마다 유일무이한 텍스트로 재생산되는 것
이다.

　마치 '나는 생각한다'고 생각하는 바로 그 '나'들(내 안의 '나'들)
이 이제는 현실적인 '나'의 몸을 떠나서 '글'로 살아가는 것 같았다. 현
실적인 층위에서 글은 유일무이한 것으로 작성되었지만, 기계로서의
글은 끊임없이 다양한 방식으로 작동하면서 사람들과 접속한다. 그
글들은 다양한 '나'로 작동하고 있는 것이다. 추측건대 그 글들은 현
실적인 나와는 무관하게 홀로 스스로 생각하고 있을 것이다. 그것은
그것 자체로 살아 있다. 아마도 읽는 이마다 내 글에서 내 생각의 변
화를, 내 생각의 오류(라고 추정되는 것들)를 읽어 낼 것이다. 따라서
글은 쓰고 나면, 나로부터 떠나서, 홀로 살아간다. 그것은 내 밖으로
걸어 나간 '내 안의 나들', 하나의 또 다른 '생'生이다.

　이 글의 시작점으로 돌아가 보자. 입구만 있고 출구가 없는 쥐덫
같은 곳에 갇혔다고 느꼈을 때, 나는 남산의 연구실에 찾아갔다. 삶을
뭔가 돌파해야 할 벽으로만 여기고 있었고, 그때마다 "어떻게 살 것
인가?"라는 물음은 삶의 굽이굽이에서 끊임없이 솟아났지만, 도대체
해결할 방도를 얻지 못하였다. 그러나 나는 아주 뜻밖에도, 이 쓸모없
고, 정신 나간 곳에서 방도 아닌 방도, 쓸모없는 쓸모를 익히게 되었
다. 글이라는 존재들을, 다시 말하면 '내 안의 나들'을 현실적인 층위
로 불러내는 유일한 힘으로서 '언어'를 만난 것이다. 그리고 그 글들
은 나를 만나자마자 떠나고 마는 존재들이란 것도 알게 되었다. 결국

나는 그 글들을 만나는 훈련, 내 안의 나들을 만나는 훈련, 현재의 나를 해체하는 작업으로서의 훈련, 글 쓰는 과정 그 자체로서만 온전히 글을 쓰고 있을 뿐이다. 따라서 "어떻게 살 것인가?"라는 이 질문은 바뀌어야 할 것이다. "무엇이 되어 살 것인가?" 나는 글이 될 것이다. 나는 기계가 될 것이다. 아마 나는 사라지고, 글이 살 것이다.

3-2장.
글쓰기,
자유를 넘어선 자유

나를 비롯해 많은 사람들은 글을 통해 세상에 영향을 끼치고, 널리 이름을 알릴 수 있기를 소망한다. 그러나 시간이 갈수록 그런 기대가 허망하다는 걸 곧 알게 된다. 무엇보다 나에겐 그럴 능력이 전무하다는 것이 첫번째 이유겠지만, 글쓰기의 세계가 그런 희망에는 도무지 관심을 갖고 있지 않다는 걸 뒤늦게 깨닫기 때문이다. 더군다나 글을 쓰면 쓸수록 세상에 영향을 끼치거나, 이름을 알리는 것은 고사하고, 글쓰기만으로는 자기 몸 하나 건사하기도 어렵다는 걸 알게 되면서 마음은 더욱 후회막급이 된다. 글도 세상도 그리 호락호락하지 않은 것이다. 사정이 이럴진대 대체 글은 왜 쓸까?

/

글쓰기의 효용적 가치들

/

우리는 아침부터 저녁까지 수많은 글을 읽고 쓴다. 글이 없는 세상을 상상할 수 있을까? 새벽이면 어김없이 배달되는 현관문 앞 조간

신문, 지루한 출근길에 벗 삼을 옆구리의 소설책 한 권, 사무실에 앉자마자 줄줄이 이어지는 회의록과 보고서들, 밤새 매복해 있다가 때맞춰 쏟아지는 업무 이메일들, 때때로 들여다보는 일상의 속살 같은 블로그와 트윗들, 그리고 잠자기 전 마음을 쓸어내리려 찾는 불경 한 구절. 세상이 온통 글들로 이루어진 듯하다.

이런 글의 세상에서 글을 쓰는 이유를 대는 건 참으로 쉬워 보인다. 아마도 기자는 돌아가는 세상살이를 알리려고, 소설가는 자기 생각을 감동적인 이야기로 전달하기 위해서, 회사원들은 원활하게 커뮤니케이션하기 위해서, 일기를 쓰는 이들은 하루 일을 성찰해서 상처 입은 마음을 치유하려고, 블로거는 친구들과 소소한 재미를 나누려고, 기타 등등의 이유로 글을 쓸 것이다. 요컨대 사람들은 감동과 지식, 성찰과 재미 같은 실용적인 목적들을 마음에 품고 글을 쓴다.

이런 점에서 "왜 글을 쓰는가?"라는 질문은 참으로 어리석은 질문처럼 보인다. 왜냐하면 그 질문의 답변으로 앞서 말한 실용적인 이유들을 들이대고 나열하면 될 일이기 때문이다. 그래서 어떤 이는 이렇게 답이 명확한데 뭘 그런 질문을 하냐며, 차라리 그런 무의미한 질문에 매달리지 말고, 각자의 실용적인 목적에 맞추어 "어떻게 쓸 것인지"만 고민하면 되지 않느냐고 핀잔을 놓는다.

그러나 참으로 이상하지 않은가? 글을 쓰는 이유가 이런 실용적인 목적 때문만이라면 굳이 글을 쓰지 않아도 될 것 같기 때문이다. 사실 영화나 TV드라마를 통해 감동을 전달하는 것이 소설보다 훨씬 효과적이지 않은가? 이런 의문과 지적은 앞서 나열한 모든 실용적인 목적에 적용된다. 신문기사보다는 TV뉴스가 더 사실적이며, 소설책

한 권보다 미국드라마가 더 감동적이고, 역사책 한 권보다 다큐멘터리가 지식을 더욱 선명하게 전달해 주며, 불경 한 구절보다 음악 한 곡이 성찰과 치유에 더 효과적인 이 시대에 글쓰기의 역할은 더욱 초라해 보인다.

설사 각각 매체들에게 글이 필요하더라도 그것은 부분적으로만 그렇다. 예컨대 '대본'이라는 형식의 글도 어디까지나 최종 매체인 영상을 만들기 위해 하나의 작업단계로서 필요할 뿐이다. '감동'이라는 정서를 위해 영상효과가 극대화되도록 가능한 한 글쓰기는 경제적으로 조절해야 할 것이 된다. 그것은 대체 가능한, 그리고 조절되어야 할 수단일 뿐이다.

결국 글은 지식과 감동, 기록과 성찰이라는 효용을 창출하기 위해 대체 가능한 수단들 중 하나이거나, 보다 효과적인 수단들, 즉 영상과 음악 같은 매체들의 부분적인 작업요소로 전락해 버렸다. 영리한 자라면 글쓰기 같은 번거로운 과정들은 가능한 최소화하고 보다 효과적이고 결정적인 수단들에 에너지를 더 많이 배분하려 든다. 따라서 오히려 우리는 지식과 감동, 기록과 성찰이라는 실용적인 목적만을 위해서라면 가능한 글을 쓰지 않는 게 현명하다는 결론에 도달한다. "왜 글을 쓰는가?"란 질문 앞에서 참으로 아이러니한 결론이다.

그럼에도 불구하고 영상이나 인터넷이 글을 외면하지는 않는다. 그것은 인터넷이나 영상에서도 최소한의 의사전달 도구가 필요하고, 더 나아가서 언어로 구성된 기존 문화들의 핵심들을 쉽게 빨아들이려면 불가피한 측면이 있기 때문일 것이다. 그래서 겉으로는 여전히 글을 중요한 위치에 있는 양 다룬다. 그러나 사회나 기업은 '효용'이라는 보이지 않는 한계를 설정해 놓고 그 안에서만 기술적으로 쓰기를 강요한다.

이 틀 안에서 글쓰기를 둘러싸고 온갖 기만들이 횡행한다. 창조적으로 글을 생산하는 역량에는 도통 관심을 갖지 않고, 단지 기존 문화의 성과들을 매끄럽게 잘 요약하고, 보다 효과적인 매체들로 탈바꿈해서 전달하는 능력에만 관심을 기울인다. 이 과정에서 글쓰기의 역량들을 전유한 여러 수단들(영화나 인터넷 등)이 감동과 지식, 성찰과 기록들을 대량으로 찍어 낸다.

이제 모든 글쓰기 역량이 이런 효용에 따라 위계지어진다. 아이들은 이 효용성의 가치에 맞추어 기존 글들의 기교를 빨리 습득하기만을 바란다. 또 육체노동자나 주부들은 그런 불필요한 글쓰기로부터 점점 멀어져 간다. 사무노동자들도 회의록이나 보고서, 이메일을 주고받을 정도의 문장만 효과적으로 구사한다. 더군다나 블로그나 트윗을 이용해서 비효용적인 글을 쓴다고 생각할 때도 주어진 형태에 생각을 맞추어 문장을 만든다. 긴 생각과 문장은 소통 목적을 해칠 뿐이다. 어떤 이들은 치유와 성찰을 위해 글을 쓸 때에도 감상적인 잠언들로만 그것을 해결하려 한다. 결국 '수사적인 기교'와 그 기교를 구사하기 위해 필요한 '지식'들만 익히고 유통된다.

이렇게 되자 우리 시대의 글쓰기는 부지불식간에 특수한 목적을 위한 맞춤형 글쓰기가 되어 버렸다. 어느 누구도 자신의 글을 쓰지 않는다. 실용적인 목표에 대한 이런 강박은 사람들을 글쓰기 불구로 만들어 버린다. 나아가서 글쓰기를 직업으로 하는 특수한 사람들조차, 효용성 목표에 부합하는 수사적인 기교만을 요구받으며 감동, 지식,

성찰을 산출하느냐 아니냐에만 매달린다. 그들은 글을 수단으로 유용한 감동을 잘 찍어 내는 품질생산자가 되어 버린 듯하다.

/

글쓰기의 재현적 기능들

/

따라서 '글을 쓴다'는 행위에 대해 효용성이라는 우산을 걷어치우고 다시 정의해야 할 필요가 있어 보인다. 감동도, 지식도, 성찰도, 기록의 효과도 모두 사라진 자리에서 글을 쓴다는 것은 무엇을 의미하는 것일까?

사람들은 이 질문에 대개 보고 들은 느낌이나 생각을 문장으로 표현하는 행위가 글쓰기일 거라고 자연스럽게 대답한다. 자연현상에 대해 묘사할 때조차 단순한 서술이기보다, 그것에 대한 느낌과 생각을 표현한다는 점에서 이 정의는 당연한 것으로 여겨진다. 그렇다면 아름다운 풍경과 이야기들의 감동을 글로 써서 보다 오래 남기고, 공부한 지식을 글로 써서 보다 선명하게 하고, 정신의 내용을 글로 써서 보다 잘 치유하는 것들이 글쓰기의 자연스러운 이유들이 될 것 같기도 하다.

그러나 이 지점에서 우리는 다시 이상한 길로 접어든다. 만일 그 정의가 맞다면, 아마도 표현되어야 할 그 느낌과 생각은 글을 쓰기 이전에 이미 완결된 구성물로 존재하고 있어야 할는지 모른다. 꽃이 없는데 꽃을 꺾을 수는 없지 않나. 먼저 찍고자 하는 피사체가 있어야 사진을 찍을 수 있는 이치와 같다. 그런데 이로부터 유추할 때 결국 '글쓰기'는 '느낌과 생각이라는 피사체를 문장으로 똑같이 베껴 내는 작업'이 되어 버린다. 이건 참으로 기이한 결론이다. 글쓰기가 기껏해야 '느낌과 생각이라는 의식을 스캔하는 행위'일 뿐이라니! 그렇다면 의식의 갖가지 작용을 잘 기억하고 메모해서 그것들을 정확하게 정리할 수 있는 수사학적 기술만 필요한 게 아닌가? 맙소사! 우리는 벗어나려 했던 그 길로 다시 들어서게 되었다.

이 기이한 결론은 곤혹스럽게도 우리를 또다시 실용주의의 프레임으로 몰아넣는다. 기성의 느낌과 생각을 정확히 재현하기 위해서 글을 쓴다? 하지만 기성의 느낌과 생각을 정확히 베끼기 위해서라면 반드시 글쓰기만을 고집해서는 안 된다. 소리는 음향이, 시각 형상은 사진과 영상들이 더 효과적이지 않나 싶다. 도를 넘어서서 생각과 느낌을 서술하면 오히려 효과적인 재현을 방해할 뿐 아니라 타인들의 접근도 어렵게 만든다. 수천 페이지에 달하는 프루스트Marcel Proust의 소설이 느낌과 생각의 단순한 재현일 수 없는 이유가 바로 이것이다. 그의 글은 오히려 재현을 위반하여 존재한다.

내 경험으로 보자면 글은 거꾸로 작용한다. 글은 느낌과 생각을 똑같이 재현하려는 것을 방해하고 자꾸 옆길로 벗어나려고 한다. 그래서 글쓰기의 세계에 들어서면 온통 균열뿐이다. 글로 표현된 느낌과 생각은 원래의 느낌과 생각에서 자꾸 미끄러지고, 그래서 자꾸 꼬여만 간다. 요컨대 글쓰기는 재현의 유일한 수단도 아니고, 오히려 한계를 넘어선 글쓰기는 재현적 효과를 약화시키며, 기성의 느낌과 생각을 불편하게 한다. 결국 글은 쓰면 쓸수록 기성의 생각과 느낌을 허물어 버릴 뿐, 기성의 생각과 느낌을 온전하게 재현하질 못한다. 따라서 어쩌면 이 첨단기술의 세계에서 재현주의자들은 글쓰기의 세계를 하루빨리 떠나야 할지도 모른다.

/

글쓰기를 위한 나의 반격

/

이 지점에 와서 그렇게 자명해 보이던 글쓰기의 온갖 이유들은 순식간에 허물어져 버린다. 통념으로 알고 있던 이러저러한 목적들이 대개 기만적인 효용들이거나, 기껏해야 베끼는 작업들이라니! 이런 관점에 서면 반드시 글쓰기를 해야만 하는 이유는 모조리 사라지고 없다. 오히려 글만 쓰면 이 험한 세상에서 몰락해 버리지 않을까 고민해야 할 정도다. 또한 자신을 성찰하고 치유할 때조차 글쓰기가 기만적일 수 있다는 걸 알게 되면 정말 허황할 따름이다. 이제 여러모로 글은 쓰더라도 되도록 잘 조절하여 써야 하거나, 차라리 쓸 필요 없고, 더 나아가 써서는 안 되는 일이 되고 만다. 난처하기 그지없다. 글쓰기의 이유를 찾기는커녕, 글을 쓰지 말아야 하는 이유만 잔뜩 나오니 말이다.

그러나 바로 효용적 가치들과 재현적 기능들이 사라진 이 자리에 와서야 비로소 왜 글을 써야 하는지에 대한 진지한 사유가 시작된다. 그것은 니체의 방식대로 참과 거짓에 대한 통념이 사라진 곳에서만 진리를 탐색할 수 있기 때문이다. 이곳이야말로 '글쓰기'를 왜곡으로부터 구출하여 그 본연의 모습과 생생하게 대면할 수 있는 지점이지 않을까? 우리가 흔히 알고 있던 효용성 가치의 허구와 재현적 기능의 무능함이 드러난 바로 이 지점에 와서야 우리에게 글쓰기를 위한 반격이 마련된다. 마치 전혀 예상치 못한 곳에서 미지의 대륙이 수평선 위로 떠오르는 것처럼 말이다.

그래서 나는 이런 돌발적인 질문을 던진다——오히려 온갖 유용성을 무너뜨리고, 생각과 느낌의 재현을 허물기 위해서 글을 쓰는 것은 아닐까? 하나의 생각이 구성되고, 그 구성된 생각을 글로 표현하지만, 그 글은 나의 생각과 느낌을 배반하고, 다시 그 배반 때문에 글을 고쳐야 하는 이 과정, 글이 생각에 어깃장을 놓는 이 끊임없는 원환 속에서 생각이 계속 해체되기를 반복하는 바로 그 과정, 그곳에 '글을 쓴다는 것'의 의미가 숨겨져 있는 게 아닐까?

이런 원환 속에서 글쓰기는 끊임없이 기성의 생각과 느낌을 동요시키고 공격하는 가차 없는 저항이 된다. 글쓰기는 기성의 생각과 느낌을 항상 적으로 삼아서 막장까지 몰아세운다. 그래서 글쓰기는 위험하고 불편하다. 글로 표현되는 순간, 내가 의도했든 의도하지 않았든 내가 숨기고자 했던 것들이 만천하에 폭로되어, 내 이름을 명예롭게 하긴커녕 그것에 먹칠을 하고 구렁텅이로 빠뜨린다. 초보자가 써 내려간 서투른 문장에서조차 쓰는 자의 숨기고 싶은 내면이 적나라하게 드러난다는 점에서 글쓰기의 저항에는 그 대상을 가리지 않는다. 오히려 숨기려고 하면 할수록 숨기려는 그 미세한 마음까지 남김없이 드러나서, 갈수록 사태를 꼬이게 할 뿐이다.

따라서 글은 흔히들 생각해 왔던 모든 실용적인 배치들을 하나하나 깨트린다. 오히려 쓰면 쓸수록 실용적인 목적과는 정반대의 방향으로 전진한다. 만일 기성의 생각과 느낌들에 저항하지 않는다면 그 글은 베긴 글일 가능성이 크다. 남들의 생각을 그대로 기억해서 자신의 생각인 듯 기만적으로 소유하고, 그것을 수사적인 기술로 그럴듯하게 베긴 것이다. 자기 고유의 경험을 쓸 때조차 그렇게 하곤 한다는 점에서 이 기만은 지독히 노예적인 것이다.

/

자유를 넘어선 자유

/

따라서 글을 쓴다는 것은 기존의 것을 베끼지 않는 것, 그래서 재현된 생각과 느낌, 효용에 매인 족쇄를 해체하는 전투여야만 한다. 글들은 기만적인 망상들을 하나씩 소환하여 무자비하게 심문하고 몰아세운다. 글을 쓰는 순간은 기존의 생각과 느낌에 균열을 만들고, 그 균열을 새로운 거점으로 확보하는 순간이다. 그 균열을 딛고 구성된 새로운 생각과 느낌을 공격하기 위해 글을 고치며, 또 다시 쓴다. 이 무한한 반복을 거듭하던 중에, 글은 마침내 그 글이 대면할 생애 첫 독자인 바로 '나'에게 제출된다. 나만의 유일한 독자 '나', '나'만을 위해 글을 쓰는 나. 나로부터 시작된 글은 다시 '나'에게로 향하여 회귀하는 것이다. 이 '저항으로서의 글쓰기'를 가장 탁월하게 묘사할 수 있는 용어가 있다면 그것은 바로 '프롤레타리아트'라는 말일 것이다.

—

프롤레타리아트는 자기 것으로 보호하고 강화할 만한 게 아무것도 없으며, 그들의 사명은 지금까지 사적 소유를 보호하고 보장해 온 일체의 장치를 파괴하는 데 있다. …… 오늘날의 사회에서 최하층을 이루는 프롤레타리아트는 공적 사회를 구성하고 있는 상층의 구조 전체를 허공으로 날려 버리지 않고서는 일어설 수도, 허리를 펼 수도 없다.[칼 마르크스·프리드리히 엥겔스 「공산당 선언」, 데이비드 보일, 『세계를 뒤흔든 공산당 선언』, 유강은 옮김, 그린비, 2005, 60쪽.]

이 말을 빌려 말한다면 글은 '나'라는 국가에서 기존의 것에 끊임없이 저항하는 나만의 프롤레타리아트이다. 망상이라는 계급에 지배당한 '나'라는 국가에 저항하여, 이 망상의 정부를 무너뜨리고 혁명을 일으키는 끊임없는 시도이다. 그것은 온갖 위험을 무릅쓰고 현재의 기만적인 자유를 넘어서 가기 위한, 그러니까 나만의 필사적인 삶의 투쟁인 것이다. 만일 자유라는 것이 있다면, 오로지 이 무너짐의 자유, 자유를 넘어선 자유만 있을 것이다. 이 투쟁을 하지 않고서는, 다시 말하면 이 망상 전체를 허공으로 날려 버리지 않고서는 일어설 수도, 허리를 펼 수도 없다. 이 인식에 도달하면 우리는 다음과 같이 말할 수밖에 없게 된다. 최소한 일어서고, 허리를 펴기 위해, 그러니까 지금의 기만적인 자유를 넘어서 진정한 자유를 얻기 위해 글을 쓴다고. 따라서 살기 위해 글을 쓴다고.

글이 사람들을 치유하느냐 마느냐는 문제는 나의 관심 밖에 있다. 다만, "글이 사람들에게 감동과 성찰을 주고, 이 감동과 성찰이 사람들을 행복하게 할 것이다"라는 따위의 실용주의적 접근에 부합하는 생각과 행위, 그리고 그 관점에서의 위계와 효용만 요구하는 작태에 우리가 더 이상 휘둘려서는 안 된다는 것만은 분명하게 얘기하고 싶다. 다시 되풀이하지만 글을 통해 사람들이 치유되고, 이런저런 효용들을 얻을 것이란 사실을 부정하거나 반대할 의도는 전혀 없다. 그거야 개인에 따라 그 글을 통해 그럴 수도 있고 안 그럴 수도 있으며, 그리고 자기가 목적한 효용을 얻을 수도, 얻지 못할 수도 있을 것이다. 그러나 감동이나 행복과 같은 갖가지 효용을 설정하고, 그런 효과를 낳아야만 한다는 목적 아래 모든 것을 '기술화'하면서, 그런 기술을 습득하기를 강변하는 처사만은 용납할 수 없다는 말이다. 우리는 글을 둘러싼 이런 은폐들에 기만당해선 안 된다.

내가 보기에 글은 무엇보다도 우리의 역량을 착취하는 것들에 대한 사유의 빛나는 저항이며, 지금의 자유를 넘어서서 새로운 자유를 요구하기 위해, 무엇보다 먼저 내 신체에 도사리고 있는 망상이라는 적들과 투쟁하는 '자유의 피투성이 전투'이다. 감상에 취해서 감동적으로 읊는 시 구절, 술 마시고 노래하며 사람들을 감동시키려고 쏟아내는 철학적 미문들, 자의식으로 넘치는 감상적인 문장들, 살기 위해 그런 것들이 무슨 필요가 있단 말인가. 오로지 글은 나를 다시 살게 할 뿐이다.

*　　*　　*

이제 이 글의 처음으로 돌아가 세상의 온갖 글들을 다시 보자. 나의 모든 글은 글쓰기 국가의 유일한 시민인 '나'에게 전투 소식을 전하는 전시호외戰時號外이며, '이성'이라는 국가기구를 끊임없이 괴롭히는 나의 혁명결사대가 뿌린 팸플릿이며, 나의 사파티스타가 '나'의 기만과 거짓을 폭로하며 쏘아 대는 저항의 이메일이며, 글쓰기 국가의 시민인 '수많은 나'가 알아들을 때까지 끊임없이 담벼락에 써 대는 불굴의 대자보이다. 나는 나를 쓴다. 이를 통해 잃을 것은 정신의 족쇄뿐이요, 얻을 것은 자유의 세계이다.

3-3장.
글이 만든 삶,
삶을 불러온 운명 : 마조흐, 들뢰즈, 에픽테토스

우리는 대개 책을 읽을 때 습관처럼 글쓴이를 떠올린다. 문장 사이로 저자 얼굴이 기어올라 글을 밀어내는 장면은 독서가들의 의식에 흔히 일어난다. 나도 책을 대부분 그렇게 읽었지 싶다. 책 내용에 동감하다가도 뭔가 저자의 석연찮은 삶이 알려지면 이내 글의 진정성마저 의심하게 된다. 아마도 글이 곧 저자의 삶이라는 생각에 사로잡혀 있기 때문일 것이다. 그만큼 '글과 삶의 일치'는 당연한 일로 여겨진다. 어느새 이 간명한 표어는 나에게 하나의 정언명령이 되어 버렸다.

그러나 과연 나의 삶과 내가 쓴 글은 얼마나 가까이 있을까? 글과 삶이 일치해야 한다면 이 질문이 자연스럽게 떠오른다. 더 나가서 저 도도한 표어에 부합하지 않은 글은 글이 아니라고까지 생각하게 된다. 표면적으로는 글처럼 보여도, 삶과의 일치성을 담보하지 않으면 그저 위선이고 기만이 되고 만다. 글이 아닌 것이다. 그런 글은 '글이 아닌 글', '비-문'非-文이라고 불러야 마땅한 처지일 것 같다.

하지만 여기에 약간 복잡한 고민이 발생한다. 나는 진정 삶대로 글을 쓰고 있나? 타인은 둘째 치고 나 자신에게 나의 글과 나의 삶이 일치하고 있다는 것을 무엇으로 확신시킬 수 있는가?

이 문제가 일치성을 추적할 뿐이라면 의외로 이야기는 쉬워진다. 일치성을 계산해 내는 방법론만 있으면 될 듯 싶다. 우선 글의 내용을 분석하고 분류한다. 그런 다음 그 결과를, 마찬가지 방법으로 분석하고 분류한 글쓴이의 삶과 비교해 보고, 일치·불일치를 명석판명하게 계산하면 될 것이다. 물론 쉬운 기술은 아니다. 그러나 아주 불가능한 일도 아닐 듯하다. 요즘은 대용량 뉴스 데이터도 통계화하는 빅데이터 시대 아니던가. 그 기능이 극대화된다면 내가 쓴 글에 표현된 삶의 방식과 의미가 통계화될 날도 올 것이다. 앞으로 열심히 살다 보면 '50% 삶과 일치', '90% 삶과 일치' 같은 점수를 볼 날도 멀지 않아 보인다. 글과 삶이 글과 삶이기를 그만두고 기어코 수치로 뛰어드는 순간이다. 물론 방법론을 기술적으로만 상상할 필요는 없다. 제3자가 판결을 해주는 방법도 있을 수 있다. 내 글과 내 삶을 동시에 볼 수 있는 권위 있는 제3자나 다수가 일치와 불일치를 판결해 줄 수도 있다. 글을 읽는 독자는 그런 제3자의 판결을 보기만 해도 글의 진가를 판단할 수 있을 게 아닌가.

/

글이 삶을 만든다

/

그러나 이상하다. 글과 삶의 일치에 지나치게 사로잡힌 나머지 글을 내 삶의 모습이나 생각과 똑같이 써야 한다고 착각하곤 한다. 그렇게 해야 위선을 피할 수 있다고 느끼는 것이다. 이렇게 되면 이 문제는 글이 내 삶과 생각을 얼마나 잘 모방하느냐로 귀결되고 만다. 글이란 모름지기 실증적이고 경험적으로 써야 하지 않을까라는 생각 앞에서 자기도 모르게 서성거리게 된다. 더 위험한 것은 그런 생각이 통념대로 글을 쓰게끔 우리를 굴절시킬 수 있다는 점이다. 우리가 도망가려 했던 것으로 끊임없이 되떨어지고 만다. 그 순간 글은 재현이 되고, 모방이 되고, 통념이 된다.

그래서 좀 다르게 접근해 볼 필요가 있다. 이런 생각에는 삶이 먼저 진행되고, 글은 후행적으로 뒤따라간다는 의식이 숨겨져 있다. 이것은 전형적인 모방 프레임이다. 따라서 이 생각에서 벗어나려면 삶을 모방하지 않으면서도 글을 쓸 수 있어야 한다. 그러나 이 다른 관점을 취하자마자 난점에 봉착한다. 혹시 그렇게 되면 삶이 슬그머니 빠져나가 버리지는 않을까? 기존의 통념은커녕 삶의 생생함에서도 멀어지는 글이 되지나 않을까? 사실 나 자신도 이런 난점에서 한 치도 벗어나지 못하는 사람이니, 이 문제를 헐렁하게 통과해선 안 될 것이다. 결국 모방 프레임에서도 벗어나면서, 삶의 생생함도 획득하려면 다소 복잡한 길을 좇아야 할 것 같다.

이 문제를 좀 엉뚱한 곳으로부터 풀어가 보자.

그렇다면 현실과 공격적인 아버지의 복귀라는 환각에 대한 마조히스트의 방어책은 무엇인가? 마조히스트는 자신의 환상과 상징의 세계를 보호하고 환각을 통한 현실의 침입(또는 달리 표현하자면 실제적인 환각의 공격)을 막기 위한 복잡한 전략을 필요로 한다. 앞으로 살펴보겠지만 마조히즘에서 사용되고 있는 절차는 바로 계약이다. 계약은 주인공과 여성 사이에서 이루어지며, 이에 따라 정확한 시점과 한정된 기간 동안 여성에게 남성에 대한 모든 권리가 주어진다. 이러한 방법을 통해 마조히스트는 아버지의 위험성을 몰아내며 현실과 경험의 일시적인 질서와 아버지가 영원히 추방된 상징적 질서의 일치를 꾀하는 것이다. …… 우리는 여기에서 매를 맞고 굴욕과 조롱을 당하는 것이 마조히스트의 내부에 숨어 있는 아버지의 이미지, 아버지와 닮은 어떤 것, 아버지의 공격적인 복귀 가능성이라는 것을 보았다. **맞고 있는 사람은 어린이가 아니라 바로 아버지인 것이다.** 이와 같이 해서 마조히스트는 아버지의 역할을 필요로 하지 않는 재생을 위한 준비로서 자신을 해방시킨다.[질 들뢰즈, 『매저키즘』, 이강훈 옮김, 인간사랑, 1996, 79쪽. 강조는 인용자.]

이 엉뚱한 인용문은 들뢰즈가 마조히스트에 대해 쓴 글이다. 마조히즘은 대체로 이성 상대로부터 폭행이나 학대를 받으면서 성적으로 만족하는 변태성욕으로 알려져 있다. 피해자는 박해자의 매질을 받으며 쾌감을 느낀다. 대체 이런 것이 '글과 삶의 일치'란 테제와 무슨 상관일까?

여기서 주목해야 할 것은 이 행위 전에 피해자가 계약서를 작성해서 박해자가 서명하도록 설득하고 교육한다는 점이다. 자허 마조흐Leopold von Sacher-Masoch의 『모피를 입은 비너스』에서 제베린은 반다에게 계약서 내용을 교육한다. 반나에게 계약서의 내용대로 똑같이 행동하기를 요구하는 것이다. 이런 구도라면 '계약'이 차지하는 위치와 의미는 매우 중요해진다. 여기서 '계약'의 역할은 행동의 판본이 행동에 앞서 존재하도록 하는 데 있다.

마조히즘의 프로세스는 크게 네 단계로 생각해 볼 수 있다. 우선 첫번째 단계는 주체가 현실을 부인存認하는 과정이다. 우리 생각 속에 어떤 타당성이 자리 잡기 위해서는 그 타당성을 해치는 사실들이 발견되어선 안 된다. 설령 그런 사실들이 발견되더라도 타당성을 유지하기 위해서 발견된 사실들을 사실로서 인정하지 말아야 한다. 이것을 '부인'이라고 부른다. 프로이트는 이 부인의 예로 물신숭배를 든다. 어린아이는 커가면서 엄마에게 페니스가 없다는 사실을 인지한다. 그러나 그런 사실을 '부인'하고, 계속 엄마에게 페니스가 있다는 감각을 유지하려 하는데, 그때 대체물로 삼는 것이 바로 '물신'이다.

그런 의미에서 물신은 여성 남근fermale phalus의 이미지 또는 대체물이라고 할 수 있다. 이 경우, 대개 페니스가 없다는 사실을 인지하기 직전에 보았던 사물을 대체물로 삼기 마련이라고 한다. 예컨대, 밑에서 올려다 본 신발이 바로 그런 것이다. 결국 물신이란 자신이 믿고 있던 어떤 타당성을 해치는, 그래서 해로운 어떤 발견(페니스의 부재)으로부터 생긴 두려움을 줄이기 위하여 끊임없이 회귀하는, 정지되고 얼어붙은 이차원적인 이미지이다. '신발-물신'을 상상하며 현실에 없는 여성 페니스의 타당성을 믿고 강화하게 되는 것이다.

이제 두번째 단계로 물신 이미지('신발')가 정지된 사진처럼 다가온다. 엄마에게 페니스가 없다고 하는 현실이 일시적으로 정지된다. 현실을 지배하던 기존의 상징 질서가 멈추게 되는 것이다. 이런 의미에서 물신의 부인 행위는 역설적으로 현실에의 저항이 된다. 현실의 여성은 페니스가 없는데도, 주체는 자신의 환상을 강화하며 여전히 페니스가 있다고 주장한다.

이때 사진처럼 되돌아오는 정지화면(여기서는 '신발')은 '페니스가 없다'는 현실의 괴로움을 중화시키는 역할을 하게 된다. 지금까지 지배하던 상징 질서를 멈추면서 생기는 균열을 부드럽게 하는 것이다. 어떤 의미에서 '저항하는 자들'은 세상을 정지시키는 자신들만의 환상을 함께 공유하는 자들이라고 할 수 있다. 그들은 기존의 상징 질서와 다른 상징을 꿈꾸는 자들이다. 즉, 기존의 꿈을 부인하고 자신들이 꿈꾸는 삶을 선택한 것이다. 이렇게 보면 부인은 새로운 세상을 펼치는 데 필수 과정인 셈이다.

바로 뒤이어 세번째 단계로 그들만의 '환상'이 현실의 괴로운 사태('페니스가 없다')를 포섭한다. 『모피를 입은 비너스』에서 제베린과 반다에게 환상역할을 하는 장치는 바로 '계약'이다. 사전에 작성해 둔 계약에 의해서 현실의 부인이 수행된다. 즉 계약서에 명시된 대로 행위를 실행하게 함으로써 환상이 현실을 포섭한다. 사실 계약서를 쓰는 데에 주도적 역할을 하는 사람도 매질하는 반다가 아니라 피지배 위치에 있기를 바라는 제베린이었다. 오히려 계약으로 곤혹스러워지는 쪽은 박해자인 여자다. 이제 반다의 행위는 계약에 의해 지시된다. 매질하는 반다는 계약에 의해서 행동해야 하는 상황에 구속된다. 제베린이 노예가 되면서 반다도 그만큼 구속되는 것이다. 이 문서계약을 통해 여주인-노예 계약을 공식화한다. 그럼으로써 환상을 방해할 수도 있는 외부 세계의 어떤 것에 대해서도 방어할 수 있게 된다. 완전한 단절이다.

이제 마지막 네번째 단계. 드디어 계약에 의해 현실이 움직여진다. 박해자 여성은 이 계약서에 따라 매질을 해야 한다. 다시 말하면 여성(현실) 자신의 의지가 아니라 피해자 남성(주체)의 환상에 따라 매질을 한다. 박해자는 자신의 의지를 빼앗기고 만다. 놀랍게도 환상이 현실을 움직이는 것이다. 즉 계약이 행위를 장악한다. 뒤집어 말하면 주체가 계약에 의해서 현실의 법에 저항하게 된다. 이 단계에 이르러 계약은 현실을 거부하는 조건이다. 더 나아가 새로운 현실을 만든다고도 할 수 있다. 결국 마조히즘은 환상에 의해 현실을 뒤집고 저항하는 방법을 분명히 보여 준다. 이런 의미에서 마조히스트의 계약서는 저항의 구도 안에 위치한다고 볼 수 있다.

이제 아주 묘한 쾌감이 발생한다. 박해자 여성이 계약에 따라 움직이는 반복이 우스꽝스럽게 보인다. 이 순간 마조히스트는 연극 연출자의 태도가 된다. 계약서는 마조히스트에게 일종의 대본이다. 연기자는 둘이다. 박해자 여성이 때리고 있는 '나'는 통상적인 '나'가 아니다. 그것은 자아 속에 숨겨진 '아버지'로서의 '나'이다. 또한 그 반대편에 서 있는 박해자 여성은 그냥 박해자가 아니라 내 속에 있었던 '초자아'라고 할 수 있다. 내 안의 자아와 초자아가 밖으로 나와 피해자 남성과 박해자 여성이라는 연기자로 분리된 것이다.

여기서 초자아란 양심이나 법처럼 나(자아)를 규제하고 통제하던 것이다. 이제 초자아(박해자 여성)로 하여금 계약에 무조건 복종하게 함으로써 피해자 남성은 법을 전복한다. 따라서 초월적인 법이 내가 만든 계약에 의해 조종당하는 상황이 발생한다. 이로써 법은 원래부터 만들어진, 그리고 허약한 존재란 사실이 밝혀진다. 법이란 원래 연극적인 상황에서 하나의 요소로서만 존재했던 것이다. 그래서 우스꽝스럽다. 이런 허약한 법이 이 세상을 지배하고 있었다니.

세상의 통념과 법칙들이란 그런 것이다. 그저 상징적인 질서일 뿐인 거다. 박해자 여성(초자아, 법)은 피해자 남성(자아, 계약)에 의해 조롱당한다. 초자아를 끄집어 내서 웃음거리로 만들어 태워 버리는 방식이다. 마조히스트는 이 연극의 상연을 통해서 내 속에 있는 초자아를 만천하에 웃음거리로 만들어 없애 버린다. 그렇게 되면서 나는 내 속에 숨겨져 있던 초월적인 법 혹은 통념들이 우스꽝스러운 모습으로 무너지는 경험을 한다.

이게 극한에 가면 그런 쾌감조차 없어지는 극적인 '정지 상태'가 될 것이다. 들뢰즈는 이것을 '새로운 무성無性의 인간'이라고 명명했다. 그는 쾌락조차 부인하는 인간이다. 니체라면 '영원회귀'라고 불렀을 것이다. 프로이트라면 '죽음충동'이라고 지칭했을 것이다. 결국 들뢰즈의 마조히즘은 내 자신의 통념, 기존의 나를 무너뜨리는 전투적 프로그램이다. 이것은 근본적으로 무너지는 전략이자, 새로운 인간을 성립시키는 전략이다.

이 마조히즘에 비추어 볼 때, 글은 완전히 새롭게 이해된다. 글은 삶에 앞선다. 마조히즘에서 마치 행위에 앞서 계약이라는 판본이 있듯이 말이다. 따라서 거꾸로 삶은 글에 의해 만들어진다. 글은 삶을 모방하여 서술하지 않는다. 거꾸로 글이 삶을 만든다. 계약에 의해 행위가 만들어지듯이 글이 삶을 구성한다. 글은 삶에 앞서 이루어진 운명의 계약이다. 삶이 글로 모방되는 것이 아니라, 글이 삶으로 상연된다. 그 상연 속에서 나는 운명의 매질을 당한다. 매질은 삶의 수많은 사건들이다. 그러나 그것은 앞서 이루어진 계약에 의해 타당한 매질이며, 따라서 그것에 의해 구성된 것이고, 아울러 해석되어진다. 다시 말하면 글에 의해서 현실을 포섭하고, 삶을 만들어 나간다. 이것이 글의 진짜 모습이다.

그런데 더 중요한 것은 글이라는 계약을 통해 삶이 연극적인 상황으로 전환된다는 점이다. 이를 통해 삶의 모든 것들이 상징 질서에 의해 지배된다는 점이 분명해진다. 이제 기존의 모든 가치들이 무너질 수 있는 대상으로 바뀐다. 매번 글을 통해 삶을 재상연할 수 있게 되는 것이다. 그 순간 삶은 연극이 된다. 그것도 내가 연출할 수 있는 그런 연극이다. 더군다나 매번 바꾸어 상연할 수 있는 연극이다. 또한 그 글을 읽는 모든 이들이 그 글이 만들어 낸 연극에 참여할 수도 있다. 어쩌면 글을 쓴다는 것은 그런 연극들을, 다시 말하면 앞으로 펼쳐질 삶을 앞서서 뜯어 보는 신탁神託과 같은 일일지 모른다.

/

운명, 일어나는 대로 일어나기를

/

이런 차원에서 나는 우리 삶에 마조히스트적인 전략들이 은밀하게 숨어 있다고 말하고 싶다. 예컨대 흔히 부정적인 맥락에서 내뱉곤 하는 "믿고 싶은 것만 믿는다"란 말도 어떻게 작동시키느냐에 따라 현실전복적인 전략이 된다. 특히 '사주팔자'四柱八字 같은 것이 이 전략을 일상 속에 현실화한 독특한 기술이라고 생각해 볼 수 있다.

사주팔자는 태어난 '연, 월, 일, 시'[四柱]에 해당하는 천간지지天干地支 '여덟 글자'[八字]를 말한다. 이 여덟 글자의 속성과 배치에 따라 운명이 구성된다. 여덟 글자는 나에게 마치 마조히스트의 계약처럼 던져진다. 말하자면 그것은 내 삶의 대본과도 같다. 이 대본을 받아 든 우리는 비로소 우리의 생각대로 지금의 현실(어차피 이 현실도 다른 환상에 의해 구성된 현실이었을 뿐이다)을 포섭할 수 있게 된다. 이 단순한 도구로 다른 현실을 상상할 수 있게 되는 것이다. 일종의 '삶의 기술'인 셈이다.

결정적으로 중요한 것은 사주를 풀어가는 과정에서 '나'는 매번 새로운 인간으로 다시 태어난다는 점이다. 예컨대 사주에 관운官運: 회사, 관직 등 공동체에서의 운이 많으면, 자신도 모르게 공동체에 대한 호기심과 의지가 절로 생긴다. 사주팔자라는 언어가 내 안에 새로운 욕망을 생성시킨다. 이 점에서 사주팔자는 욕망을 생산하는 기계이기도 하다. 이로부터 내 주변의 많은 사건들이 공동체의 관점에서 읽힌다. 심지어 과거 사건들도 그런 관점에서 새롭게 계열화된다. 이를테면 재테크나 잡기에 대한 무능력이 공동체 구성원들에게 신뢰를 얻으려고 운명이 소외시킨 사태로 재배치된다. 마침내 미래도 이 관점에서 예견되고 만들어진다.

여기에 이르면 이제 삶은 이 대본에 따라 연출하는 연극으로 변한다. 즉 현실이 바뀔 수 있는 게 된다. 그리고 그 무대에 오르는 배우는 공동체 생활에 새로운 욕망을 갖게 된 새로운 '나'다. 매순간 현실은 이 연출에 의해서 해석되고 움직이고 정지한다. 새로운 삶이 무대 위에 상연되는 것이다.

더 재미있는 것은 똑같은 사주라도 매번 다른 사주풀이가 나온다는 점이다. 똑같은 관운이더라도 해당 글자의 위치를 어떤 시선으로 보느냐에 따라 전혀 다르게 풀린다. 관운은 나를 힘들게 하는 것이기도 하고, 나의 공부운을 자극하는 것이기도 하다. 심지어 대운大運: 10년 주기로 달라지는 운과의 관계나 물상物象: 사주팔자를 사물과 자연으로 바꾸어 해석하는 것의 배치에 따라서도 내용은 시시각각 변한다. 이렇게 꼬리에 꼬리를 물고 들어가면 하나의 사주팔자가 거의 모든 운명을 품고 있다. 그 안에는 어떤 운명도 가능하지만, 그 어떤 운명과도 다른 운명들이 들끓고 있다. 심지어 같은 날, 같은 시간에 태어나도 사주풀이는 다르게 나온다. 따라서 사주팔자는 삶의 매트릭스 다발이라고 할 수 있다. 들뢰즈의 용어를 빌린다면, 그것은 일종의 다양체multiplicité다. 여덟 글자가 그리는 삶의 매트릭스는 매번 달라진다. 그것은 모든 운명에 활짝 열려 있다.

그런 의미에서 사주팔자는 기존의 '나'를 계속 무너뜨리는 기계다. 새로운 연극(삶)을 펼칠 연기자(주체)를 매번 재탄생시키는 연출-기계인 것이다. 사주는 고정 불변한 숙명성과는 하등 상관이 없다. 오히려 매번 새로운 주체로 무장시켜 고정된 현실에 대항하도록 만든다. 다른 삶의 매트릭스로 이행하도록 나를 자극하는 것이다. 이 의미에서 사주풀이는 삶을 만들어 낸다. 팔자八字의 운명이 우리들의 삶을 불러온다.

그런데 이런 태도는 그리스의 노예 철학자 에픽테토스에게서 극적인 모습으로 드러난다.

그러니 사소한 일부터 시작하자. 올리브기름이 엎질러지고, 포도주를 도둑맞았다. 다음과 같이 말하라. "이것은 무감동을 사기 위해서 치러야 할 그만 한 값이고, 이것은 마음의 평정을 사기 위해서 치러야 할 그만 한 값이다. 값을 치르지 않고서는 아무것도 얻을 수 없다."(에픽테토스, 『엥케이리디온』, 27쪽.)

[세상에서] 일어나는 일들이 네가 바라는 대로 일어나기를 추구하지 [요구하지] 말고, 오히려 일어나는 일들이 실제로 일어나는 대로 일어나기를 바라라. 그러면 모든 것이 잘되어 갈 것이다.(에픽테토스, 앞의 책, 23쪽.)

에픽테토스에 따르면 마음의 평정조차 어떤 값을 치르지 않고서는 얻을 수 없다. 올리브기름이 엎질러지고, 포도주를 도둑맞는 따위의 사건들을 겪지 않고서 마음의 평정을 얻기란 불가능하다. 예컨대 한적한 산속에서는 마음의 평정을 사기 위해 지불해야 할 '사건'이라는 화폐가 없기에, 마음의 평정을 사려야 살 수 없다. 그곳은 마음의 평정이라는 시장이 존재하지 않는다. 사건이 있는 곳에만 마음의 평정이 있다.

그런 의미에서 기묘하지만 내가 바라지 않는 일들을 회피하려 하지 말고, 오히려 '일어나는 대로 일어나기'를 원해야 한다. 왜냐하면 그 일들이 일어나야만, 그래서 그 일을 내가 감내해야만, 비로소 제 값에 합당한 마음의 평정을 얻을 수 있기 때문이다. 따라서 이 지점에 오면, 내가 바라는 대로 일이 일어나는 걸 원하지 말아야 하고, 내가 바라지 않는 대로 일이 일어나기를 원해야 한다는 기묘한 전회가 발생한다.

결국 나에게 일어나는 일들은 일어나는 대로 일어나기를 바랄 수밖에 없다. 에픽테토스는 만일 그것들을 회피하면 불행해질 거라고 단언한다. 일어나는 대로 사건이 일어나지 않으면 마음의 평정을 얻지 못하게 되므로 거꾸로 불행이 찾아오는 것은 당연하다. 그렇다면 일어나는 것은 일어나야 하며, 중요한 것은 일어난 사건들을 치러내는 능력을 갖는 것이다. 그래야 마음의 평정을 살 수 있는 화폐를 획득할 수 있을 테니까.

그럼 그런 능력은 어떤 것인가? 그 비밀은 '표상'에 있다. 그 능력은 사건이 일어난 후에 떠오르는 표상을 자유자재로 다룰 수 있는 힘이다. 결국 사건이 일어나지 않기를 욕망하지 말고, 불가피하게 일어난 사건의 표상으로부터 자유로워지고자 욕망해야 한다.

바로 이 지점에서 마조히스트의 전략이 펼쳐진다. 삶의 모든 사건들을 하나의 연극으로 바라보는 전략이다. 이 연극은 사건들과 거리를 만든다. 이때 우리는 '나'에게 수없이 덮치는 현실의 사건들로부터 홀연히 뒤돌아서서, 그 사건들로부터 떠오르는 고통, 상심, 기쁨 등등의 표상들을 자유자재로 다루어야 한다. 그럴 때 사건은 다른 사건이 된다. 즉 다른 현실이 되는 것이다. 이를 위해서 우리는 이 표상들을 자유자재로 다룰 수 있도록 끊임없이 자신을 단련시켜 나가야 한다. 그것은 일종의 전투와도 같다.

여기에 이르면 우리는 묘한 생각에 이른다. 원래 표상은 현실의 사건을 수동적으로 재현하는 그림판이었다. 그러나 에픽테토스는 이를 뒤집는다. 표상은 내가 자유자재로 다룰 수 있는 그림판이자 원고지다. 이 구도에서 표상은 내 마음의 글이라고도 할 수 있다. 내가 어떻게 쓰느냐에 따라 내 마음은 달라진다. 그리고 그때마다 수동적으로 받아들이기만 했던 현실의 사건들이 다르게 변한다. 바뀔 수 있는 현실이 되는 것이다. 이렇게 되면 에픽테토스는 글과 삶의 극한적인 형태를 마음과 사건으로 치환해서 설명한 셈이 된다. 즉 글쓰기의 극한이 매순간의 마음으로 나타난다. 여기서 마음은 매순간의 글쓰기이다. 그리고 사건은 펼쳐진 삶의 연극적 순간이다. 그야말로 세상이 마음먹기에 달린 것이 된다.

결국 모든 사건이 운명이 된다. 매순간 마음에 쓴 글로 구성된 삶이라서 그렇다. 따라서 마조히즘에서 계약-매질, 사주명리에서 사주-삶, 에픽테토스에서 마음-사건은 모두 같은 구도다. 모두 글과 삶의 구도인 것이다. 글은 매번 삶에 앞선다. 또 동시에 삶을 구성하고 이끄는 계약이자 대본으로서 우리에게 다가온다. 결국 '글과 삶의 일치'는 우리들의 연출에 따라 삶이라는 밭 위에 자라난 것이다. 그것은 만들어지는 것이지 증명하는 것이 아니다. 매순간의 글이 끝내 우리들 생의 모습을 이루는 것이다. 그것은 글이 현실을 정지시키고, 기존 삶을 무너뜨리는 때에 일어나는 것이지, 삶을 모방하여 후행적으로 기술하여 이루어 내는 것이 아니다. 그리고 그것은 모든 운명을 향유할 줄 아는 자가 될 때에만 가능한 것이지, 어떤 실체론적 숙명에 따를 때 가능한 것이 아니다.

그래서 글쓰기의 순간은 마조히스트의 순간이다. 글쓰는 자는 그 순간을 위해 항상 끈질기세 쉽지 않은 길을 택하는 자다. 그런 의미에서 또한 글쓰는 자는 언제든지 무너지기로 마음먹은 자이기도 하다. 왜냐하면 자기가 무너지지 않고서는 모든 사건을 운명으로 받아들일 수 없을 것이니까. 매번 어려운 길 위에서 스스로 무너지는 자, 그래

서 매번 새로운 주체로 사건들을 마주하는 자, 그런 자라야 글과 삶은
일치하게 된다.

부록

인물이야기
책이야기

수많은 푸코들로 가는 기이한 출발

미셸 푸코의 『말과 사물』

1966년 『말과 사물』 출간 후 어떤 인터뷰. 푸코는 사르트르를 "20세기를 사유하려는 19세기 인간"이라고 공격한다. 사르트르는 이에 발끈해서 "부르주아지가 마르크스에 대항해 마지막 댐을 건설한다"고 맞받아쳤다. 푸코를 부르주아지의 옹호자로 몰아세운 것이다. 푸코가 마르크스주의를 19세기 어항의 물고기로 과소평가하는 장면에서 보자면 그리 놀랄 일도 아니다. 그러나 이 소리를 들은 푸코는 혀를 차며 한 번 더 빈정거린다. "부르주아지는 불쌍하기도 하지. 자신들을 지킬 성채가 고작 내 책밖에 없다니!"[디디에 에리봉, 『미셸 푸코, 1926~1984』, 박정자 옮김, 그린비, 2012, 295쪽.]

그렇게 『말과 사물』은 낯설고 당혹스러운 책이다. 간혹 이 책은 '우익'서적으로 읽히기도 한다. 스승 이폴리트가 비극적인 책이라고 안타까워하자, 푸코는 "선생님밖에 그 책을 읽은 사람이 없어!"라며 푸념한 일도 있다. 그러나 기묘하게 이 책은 대중적으로 가장 성공한 책이기도 했다. 프랑스의 한 시사 주간지는 "모닝빵 같은 푸코"라는 표현을 썼다. 아침식사용 빵처럼 팔려 나간 걸 이른 말이다. 푸코는 대중매체인 TV프로그램에 출연하기도 한다. 그러나 뜻밖에도 훗날 푸코는 이 문제의 책을 자신의 "진정한" 책이 아니라고 말한다.[미셸 푸코(둣치오 뜨롬바도리와의 대담), 『푸코의 맑스』, 이승철 옮김, 갈무리, 2005, 99쪽.] 심지어 이 책은 그저 연습이고, 자신이 진짜 흥미로워하는 주제도 아니라고 덧붙였다. 이처럼 엄청나게 잘 팔렸지만, 도무지 읽히지 않아 오해로 중첩된 책, 그러나 정작 푸코는 주변적이고 그저 연습이라고 했던 책, 『말과 사물』은 그렇게 불가해한 책이었다.

• 인간의 죽음 : '인간'은 사라질 것이다 •

한여름 해수욕장 모래사장, 찬란한 태양빛이 바다 위로 눈부시게 날아다닌다. 아버지가 만들어 준 모래 웅덩이 속은 우리들의 왕국인 듯했다. 한번 만들어지면 바다보다 더 재미있다. 우리들이 웅덩이에서 좀체 나가질 않아서 바다에 놀러 온 가족들을 무색케 했다. 웅덩이가 낙원이고, 세계이고, 안락이다. 친구들은 웅덩이를 더 안락하게 만들기 위해서 더 깊게 파는데, 당연히 둘레에 모래성들은 더욱 높아지고 많아진다. 그런데 바로 그때 반드시 이 웅덩이를 없애버리는 훼방꾼이 나타나는데…….

푸코는 그렇게 나타났다. 유럽은 '구조주의' 논쟁이 그 절정에 이르고 있었다. 사르트르의 실존주의는 개인의 자유로운 의지가 주체를 구성한다고 본 반면, 구조주의는 주체란 사회나 문화 체계의 특수한 효과에 불과하다고 생각한다. 다시 말하면 사회·문화 체계에 따라 다른 사람이 된다는 뜻이다. 구조주의 인류학자 레비스트로스는 사르트르의 철학을 '현대의 신화'라고 규정하며 격렬하게 공격했다.

푸코는 이를 좀 다른 각도에서 타격했다. 『말과 사물』은 이 질문을 '실증성의 영역'에서 탐색한다. '실증성'positivité이란 어떤 명제를 참이나 거짓으로 여기게 하고 대상을 구성하는 힘이다. 어떤 사람이 광장에 나와 "이 세상의 최소 단위 물질은 'K'이다"라고 소리 높여 외친들 그것은 인정되지 않는다. 미친놈으로 취급받기 십상이다. 물질 'K'가 대상이 되려면 누구나 볼 수 있는 실험 결과가 있고, 과학자들이 이를 검증해야만 한다. 그래야 K가 실감나는 대상이 된다. '실증성'이란 이런 과정(실험과 검증)을 거쳐야만 앎의 대상일 수 있다고 생각하는 우리들의 감각이다. 그런데 오해하지 말아야 할 것은 받아들이지 않으려고 하는데도 강압적으로 믿게 하는 힘은 아니라는 점이다. 우리가 당연시하는 전제이거나 자연스럽게 받아들이는 그런 힘이다. 그것은 우리도 모르게 작동한다.

푸코는 이런 관점에서 우리 시대에는 '인간'이라는 아주 이상한 전제가 숨어 있다고 폭로한다. 푸코는 육체를 지니고, 노동하고, 말하는 그런 인간상이 19세기 전에는 없었다고 일갈한다. 물론 이전에도 사람은 있었다. 그러나 우리는 그때 당시 사람들이 자신들을 어떻게 생각했는지 전혀 알지 못한다. 그런데도 우리는 '인간'이 아주 오래전부터 그렇게 생각되어 온 듯 여긴다. '인간'이 실증성의 조건이 된 것이다. 그러다 보니 사람들은 어떤 생각을 하여도 이미 생명(육체)이자 생산(노동)하며 말(언어)을 하는 '인간'을 전제하고서 그렇게 한다.[미셸 푸코, 『말과 사물』, 이규현 옮김, 민음사, 2012, 430쪽.] 자기가 의식하지 않아도 이 전제는 당연한 듯 작동한다. 우리는 이제 인간을 제쳐놓고는 도저히 사유할 수 없는 '실증성의 공간'에 있게 되었다. 모든 생각이 '인간'을 통해서만, '인간'에 대해서만, '인간'에 의해서만 이루어진다.

푸코는 바로 이 '인간'이 죽었다고 선언한다. 다가와서 우리들이 놀고 있던 웅덩이를 덮어 버린다. '인간'이란 모래성에 새겨 넣은 한낱 이름에 불과하다. 그 옆에 기껏해야 조개껍데기 정도 갖다 놓고 역사라고 말한다. 급기야 "'나'는 폭발하여 공중분해되었습니다"라고까지 선언한다.[디디에 에리봉, 『미셸 푸코, 1926~1984』, 289쪽] 푸코는 이 사실을 구체적으로 보여 주고 싶었다. 그것은 지식의 역사 전체를 밟아 내려와야 하는 지독히도 난해한 작업이지만 스스로 그것을 하고 싶었다. 그는 인간의 죽음을 선언하기 위해, 거꾸로 말하면 인간의 탄생이 아주 최근의 일임을 확인하기 위해, 먼지 가득한 창고 속 문서들을 찾아 나선다.

• 인간의 탄생 : '인간'은 만들어졌다 •

『말과 사물』은 부제인 '인간과학에 대한 고고학'이 알려 주듯 르네상스, 고전시대, 근대 그리고 현대에 이르기까지의 인간에 대한 지식들 즉 생명, 노동, 언어에 관한 지식들이 어떤 에피스테메 위에 있는지를 추적한다. '에피스테메'épistémè란 특정한 시대를 지배하는 인식의 무의식적 체계이다. 하나의 에피스테메 위에서는 그 에피스테메가 용인하는 사유만 가능하다. 푸코는 '인간의 죽음'을 분명히 해두기 위해서 '인간'을 떠받들고 있는 그 심층부 세계를 선명하게 보여 주어야 했다.

탐구는 하나의 그림에서 시작한다. 벨라스케스의 「시녀들」. 푸코는 이 그림의 감상을 18페이지에 걸쳐 풀어내는데, 그것이 『말과 사물』의 1장이다. 이 그림은 고전주의 시대의 인식구조를 분명히 보여준다. 그림을 그리는 화가가 화가로서 드러나는 것은 그리기를 그만두었을 때뿐이다. 만일 그가 그림을 다시 그리기 시작하면 왼쪽 캔버스 안으로 들어가 버린다. 다시 말하면 화가는 자신을 없애야만, 즉 화가라는 주체를 지워야만 자신의 그림에 드러난다. 그림 자체를 일종의 도표라고 생각한다면, 주체는 표 속에 하나의 요소로 편입되면서(=그림에 그려지면서) 그 자신은 소멸된다(=화가라는 주체는 지워진다).

그림을 그리는 위치는 그림의 대상인 모델의 위치이며 그림의 관람객인 우리들의 위치이다. 따라서 실제 이 그림을 그리는 화가 벨라스케스와 그림 속의 화가는 서로 마주 바라보고 있다. 이런 구도로 본다면 그림은 세 종류의 사람들을 재현해 놓은 일종의 도표이다. 그림을 그리는 그림 밖의 화가(왼쪽), 그림 밖의 모델인 왕과 왕비(가운데 거울), 그림 밖의 관찰자들(그림 하단 공주와 시녀들). 결국 화가는 '왕의 자리'에 있는 모든 것들, 즉 재현의 주체, 재현의 대상, 재현의 관찰자들을 그대로 그림에 재현하고자 했다. 그 과정에서 주체는 사라진다. 아니, 사라져야만 이 재현이 가능하다. 아울러 거울 옆 현관에 이제 막 발을 들여놓고 있는 사람처럼 세계의 모든 것은 끊임없이 재현될 것이다. 현관을 통해 어떤 것이 들어오더라도 말이다. 그래서 재현의 도표는 무한하다. 마치 신의 세계가 무한하듯이.

고전주의 시대의 인식은 바로 이런 구조로 이루어진다. 주체와

벨라스케스, 「시녀들」(Las meninas)

대상을 한 평면 위에 연결시켜서('자연의 빛'), 한 점을 중심('왕의 자리'=신의 자리)으로 구조화(도표)시킨다. 그런 의미에서 그림 「시녀들」은 '고전주의적 재현의 재현'[미셸 푸코, 『말과 사물』, 43쪽]이다. 즉 벨라스케스는 고전주의적 재현 그 자체를 그림으로 다시 재현하여 보여준 셈이다. 고전주의 시대의 존재들은 모조리 하나의 평면(도표) 위로 환원된다. 그리고 그 과정에서 주체는 소멸한다.

그러나 19세기에 이르자 재현의 구조가 갑자기 무너진다. 이 갑작스러움을 푸코는 '불연속'이라 불렀다. 사람들은 흔히 역사가 발전했다고 생각하면서, 고전주의 시대의 인식이 근대의 인식으로 진화했다고 논한다. 즉 일반문법이 언어학으로, 생물분류학이 생물학으로, 부의 분석이 정치경제학으로 발전했다고 말이다. 그러나 푸코는 고전주의 인식과 19세기의 인식 사이에는 근본적인 단절이 있으며, 결코 연속되지 않는다고 설명한다. 바로 이 단절의 심연에 떠오른 것이 '인간'이다. 이제 모든 인식은 이 '인간'과 동행함으로써만 이루어진다. '인간'이 단절을 메꾼 것이다.

마치 드넓은 모래사장에서 한움큼 모래를 떠 모래성을 쌓으면 웅덩이(인간)와 모래성(노동, 생명, 언어)의 구분이 생기듯, 이제 인간과 인간 아닌 것이 구분된다. 모든 인식은 모래성을 배경으로 이 웅덩이 속에서만 이루어진다. 웅덩이와 모래성은 서로의 조건이 되면서, 서로에게 불가피해진다. 정치경제학(노동), 생물학(생명), 문헌학(언어)이라는 모래성들은 웅덩이의 테두리, 다시 말하면 인간의 유한성을 명확하게 하고, 지속시킨다. 인간학은 이렇게 인간을 만들면서 탄생하였다. 하지만 시작이 곧 끝인 탄생이다. 무한('신')을 거부하면서도 끝이 없는 유한성('끊임없는 진보')이기에 그렇다. 끊임없이 인식하여도 궁극에 도달하지 못한다. 푸코의 말대로 '인간이란 무엇인가'라는 질문은 니체의 방식대로 그 질문을 거부하고 무력하게 만드는 '초인'이라는 대답을 통해서만 완성된다. 웅덩이 안에서는 그 자리를 끊임없이 맴돌 뿐 그 질문에 대답할 도리가 없기 때문이다. 푸코의 생각대로 웅덩이는 뒤집혀야 했다. 웅덩이를 뒤집는 사람은 바로 '초인'이다.

• 새로운 인간 : '인간', 자신을 넘어서다 •

푸코의 국가박사학위 주논문은 「광기의 역사」이지만, 부논문은 칸트였다. 푸코는 칸트의 「실용적 관점에서 본 인간학」을 프랑스어로 번역하고 128페이지의 긴 「서설」을 쓴다. 1950년대에 푸코는 니체를 통해 칸트를 다시 읽었고, 이후 하이데거를 통해 칸트와 니체를 다시 읽는다. 사실 1950년대 이래 푸코는 자신의 모든 집중력을 쏟아 '철학의 인간화'와 대결하였다. 그 핵심에 칸트가 있었고, 어떤 의미에서 칸트 독해와 비판의 결실 중 하나가 『말과 사물』이었다.

아마 칸트의 비판철학이야말로 재현의 구조가 무너지고 새로운 실증 영역('인간')이 솟아올랐다고 승인했던 최초의 철학일 것이다. 내 안에 선험적인 것이 있기 때문에 인식할 수 있다. 『말과 사물』은 사르트르를 포함한 모든 주체의 철학들이 이 구조를 못 벗어났다고 말한다. 그 의미에서 마르크스도 사르트르도 19세기 인간일 뿐이다.

우리가 앞서 살펴봤던 '인간'은 바로 이 구조 위에서 탄생했다. 칸트는 명쾌하다. 오로지 '나'에게 의미가 있을 때 사유는 가능하다. 인간만이 매개항으로서 세계와 신을 사유할 수 있고 아울러 통일성을 부여할 수 있다. 다시 말하면 경험적 주체가 받아들인 경험재료를 선험적 주체가 배열해서 인식한다. 이제 세계는 인간의 좁은 틈, 즉 인간의 사유인 경험적 주체와 선험적 주체 사이의 좁은 공간에 현전한다. 주체는 이 각인 위에서 내부와 외부 경계선을 설정하고 그 안쪽에 스스로를 가둬 버린다. 바로 '인간학의 잠'[미셸 푸코, 『말과 사물』, 467쪽.]이다. 이것이 바로 푸코가 '경험적-선험적 이중화'(=경험적-초월론적 이중체)

라고 말한 바이다. 이 주제는 훗날 『감시와 처벌』에 가서 '내(선험적 주체)가 나(경험적 주체)를 감시한다'는 매우 정치적이고, 전투적인 주제로 발전할 것이다.[이 책 1부 철학 창구의 1-6장 「자기배려, 저항하는 주체의 생성」 참조.]

『말과 사물』은 여기까지 말한다. 푸코는 칸트의 선험철학으로부터 인간과 인간학의 출발을 발견한다. 그리고 그 탄생 근저에 있는 에피스테메를 르네상스, 고전주의의 그것과 대비하며 아주 엄밀한 언어로 서술한다. 여기서 칸트는 모든 주체 철학의 근원으로 지목된다.

그러나 훗날 생애 막바지에 다다른 푸코는 지금까지와는 전혀 다른, 그러나 지금까지의 것을 모두 품는 놀라운 전회를 이룬다. 그리고 바로 이 전회의 한가운데에 칸트가 다시 복귀한다. 이를 이끈 것은 「계몽이란 무엇인가?」(칸트, 1784)란 아주 짧은 텍스트이다.

푸코는 칸트가 계몽을 '현재의 미성숙한 상태에서 벗어남'으로 정의한 점에 주목한다. 그리고 칸트가 미래의 성취나 과거-현재를 총체화하는 방식이 아니라 오로지 어제와의 관계에서 현재에 어떤 차이를 도입하는가를 중심으로 계몽을 논한다는 점을 놀라워한다. "오늘은 어제에 비추어 볼 때 도대체 어떻게 다른 것일까?"[미셸 푸코, 「계몽이란 무엇인가?」, 『자유를 향한 참을 수 없는 열망』, 정일준 편역, 새물결, 1999, 180쪽.] 그런 의미에서 칸트는 현재, 즉 '특수한 순간'moment sigulier을 다룬 최초의 철학자라고 할 수 있다.

이렇게 되면 계몽은 완전히 다른 의미를 지니게 된다. 칸트는 미성숙 상태를 "생각하지 않고 명령에 복종만 하는 상태"로 특징짓는다. 이 경우 사람들은 기계 속의 한 부품으로 있는 것과 다름없다. 이성도 전체 기계의 목적에 맞추어서만 사용된다. 이런 미성숙 상태를 벗어나기 위해서는 사람들이 그 자체 외에는 다른 어떠한 목적도 없이 이성을 사용할 수 있어야 한다. 다시 말하면 국가, 회사를 위해서라든지, 미래의 풍요를 위해서라든지 하는 목적 아래 자신을 부분처럼 다루며 이성을 사용해서는 안 된다. 그래야 부속품 같은 삶이 아닐 수 있다. 아울러 그런 사용이 나중에 이루어지는 것이 아니라, '이 순간 즉시' 이루어져야 한다. 즉 "비판이 필요한 것은 바로 이 순간이다."[미셸 푸코, 「계몽이란 무엇인가?」, 앞의 책, 185쪽] 그렇게 이성이 자유롭게 사용되는 순간, 우리는 비판을 통해 복종을 넘어설 수 있게 된다. 바로 그 순간 순간이 성숙이자 계몽이다.

이 지점에 이르러 푸코는 『말과 사물』의 칸트를 뒤집는다. 이성의 정당하지 못한 사용은 독단주의와 타율을 낳는다. 계몽의 시대는 이를 넘어서려는 비판의 시대이다. 결국 우리는 끊임없이 자신의 시대를 넘어서려는 비판의 시대에 살고 있다. 푸코는 항상 한계에 서려는 태도, 즉 '한계 태도'attitude limite를 자신이 비판해 왔던 칸트의 계몽에서 발견해 낸다. 어쩌면 푸코는 적으로부터 자신의 무기를 탈취한 탈출병과도 같다. 탈출병 푸코는 "우리는 경계선에 위치해야 한다"[미셸 푸코, 「계몽이란 무엇인가?」, 같은 책, 194쪽]고 말한다. 매번 한계를 넘어서려는 태도, 그것은 우리가 딛고 선 에피스테메의 한계를 매번 위반하려는 태도이다. 우리를 감시하는 것으로 나타났던, 그래서 항상 자의식의 원흉으로 드러났던 칸트의 선험적 주체가 극적으로 전환되는 순간이다. 이 새로운 발견으로 『말과 사물』은 다른 길 위에 세워지고 다른 방향으로 향하게 된다. 그것은 새로운 '인간'을 구성하는 새로운 길의 출발점이다.

이것은 놀라운 전환이다. 푸코는 자신을 넘어서서 또 다른 푸코를 생산한 셈이다.『말과 사물』이후 푸코가 만들어 낸 수많은 푸코들은 매번 이런 식으로 구성된다. 푸코가 만들어 낸 수많은 푸코들, 그래서 그런 푸코들로 범람하는 푸코의 지적 대륙은 끝없이 갈라지는 보르헤스의 길들처럼 수많은 돌파들로 겹겹이 싸인 하나의 기이한 공간이다. 따라서『말과 사물』은 자신의 진정한 책이 아니라고 했던 푸코의 말은 진실이다. 그는 글을 쓰면서 자신을 끊임없이 변화시켰고[미셸 푸코(둣치오 뜨롬바도리와의 대담),『푸코의 맑스』, 31쪽], 그런 의미에서 그에게 '자신'의 진정한 책이란 없는 셈이니까. 푸코와『말과 사물』은 그 자체로 푸코가 서문에서 말했던바, 헤테로토피아hétérotopie적인 사건이다. 그것은 수많은 푸코들로 가는 아주 기이한 출발, 매번 새로워지는 출발이다.

혁명을 '혁명'한 아웃사이더,
20세기 정치 지형을 바꾸다

꿈꾸는 혁명가, 레닌

1917년 7월 9일 레닌Vladimir Ilyich Lenin, 1870~1924과 지노비예프Grigory Zinoviev는 서둘러 페트로그라드를 빠져나갔다. 3개월 전 발표된 「4월 테제」에서 레닌은 '임시정부 타도'와 '모든 권력은 소비에트로!'라는 기치를 내걸었었다. 임시정부는 곧 무너질 것 같았다. 하지만 지금은 독일 스파이로 몰려 도피하는 처지가 되고 말았다. 턱수염을 깎고 가발을 쓴 레닌은 호숫가 마을 라즐리프의 헛간 고미다락에 몸을 숨겼다. 간혹 인근에서 총소리가 나면 그는 "이제 어떻게 죽어야 할지 택해야겠군"이라고 내뱉기도 한다.[알렉산더 라비노비치, 『혁명의 시간: 러시아 혁명 120일 결단의 순간들』, 류한수 옮김, 교양인, 2008, 102쪽] 그만큼 한 치 앞이 안 보이는 벼랑 끝.

하지만 그런 긴박한 와중에도 레닌은 은신처의 거센 비바람 그리고 수도 없이 날아드는 모기떼와 싸우며, 『국가와 혁명』이라는 원고와 씨름한다. 놀라운 집중력이고, 엄청난 에너지였다. 그리고 벗들에게는 낡은 계급들, 낡은 당들, 낡은 소비에트를 넘어서야 한다고 외쳐댔다.[레닌, 「슬로건에 관하여」, 『레닌저작집 7-2』, 레닌출판위원회 옮김, 전진, 1992, 299쪽] 지칠 줄 모르고 끊임없이 새로운 길을 냈던 레닌을 두고 정적이었던 한 당원은

"하루 24시간을 혁명에 몰두하는 사람은 그 사람뿐이오. 그는 심지어 꿈속에서조차 혁명에 관한 꿈을 꾼다오"라며 혀를 내둘렀다.[로버트 서비스, 『레닌』, 정승현 옮김, 시학사, 2001, 4쪽.] 오직 혁명만을 꿈꾸었던 사람 그리고 그 꿈을 쉼없이 실천하려 했던 사람, 블라디미르 일리치 레닌은 바로 그런 사람이었다.

• 스타리크, 창조적인 아웃사이더가 되다 •

레닌은 둥근 대머리의 사나이다. 그리고 몽골인의 작고 검은 눈에다 수염은 성기고 뾰족했다. 옷은 언제나 구김살투성이였고, 바지는 헐렁한 데다 너무 짧았다. 언뜻 보면 러시아의 여느 농민과 다를 바 없었다. 간혹 체스에서 승기를 잡으면 눈이 작아지고, 눈가에 잔주름이 잡히며 크게 웃었다. 훗날 레닌의 연인으로 알려진 이네사 아르망Inessa Armand의 장례식에선 눈물을 펑펑 흘려 구설수에 오르기도 한다. 그만큼 시골 농부같이 털털한 사람이었다. 하지만 얼굴에는 사려 깊음, 조롱, 접근할 수 없는 차가움이 함께 서려 있었다. 구사하는 언어는 언제나 논리적이고 창의적이면서 전투적이었다. 이런 레닌을 동료들은 '스타리크'starik: '노인' 혹은 '현인'이라는 의미의 러시아어라고 불렀다.

레닌은 1870년 볼가 강변 심비르스크에서 장학사의 아들로 태어났다. 본명은 블라디미르 일리치 울리야노프Vladimir Ilyich Ulyanov. 독일계이자 유대계인 어머니의 뛰어난 외국어 능력은 어린 레닌에게 그대로 이어졌다. 레닌의 가족은 교육자 집안답게 항상 독서와 토론을 즐겼다. 특히 레닌은 라틴문학과 러시아문학을 열성적으로 읽었다. 어느 순간 그것들은 학교 교육을 넘어서서 농민, 노동자 등 가난한 자들의 '또 다른 러시아'에 눈뜨게 한다. 푸시킨, 레르몬토프, 고골, 투르게네프 등은 그에게 일종의 반체제 교육을 한 셈이었다. 특히 니콜라이 체르니셰프스키Nikolay Chernyshevsky의 소설 『무엇을 할 것인가?』 (1863)는 청년 레닌의 의식을 새롭게 단련시켰다. 훗날 레닌은 이 소설이 자신을 완전히 바꿔 놓았다고 회상한다. 소설 속 인물들의 혁명 공동체와 '특별한 인간' 라흐메토프의 모습은 레닌에게 혁명과 혁명가에 대한 특별한 인상을 심어 주었다.

1887년 레닌에게 일생일대 중대한 사건이 발생한다. 황제 알렉산드르 3세 암살 공모에 가담한 형 알렉산드르가 처형당한 것이다. 형의 죽음은 열일곱 살 레닌의 사고를 혁명가의 그것으로 바꿔 놓기에 충분했다. 체르니셰프스키에게 편지를 쓰고, 비밀 서클에 가담하고, 맹렬하게 책을 읽었다. 특히 마르크스의 『자본론』을 만난 것은 운명적이다. 그것은 레닌에게 앞으로 무엇을 해야 할지 확실하게 말해 준다. 이 무렵 그는 혁명적 테러리스트의 뜨거운 마음에 공감하기도 한다. 그러나 모든 것을 사려 깊게 분별할 줄 알아야 하며, 어떤 궁지에 몰리더라도 스스로 헤쳐 나가야 한다는 것 또한 분명히 깨닫는다. 그렇지 않으면 형처럼 헛된 죽음을 맞이할 뿐이었다. 그는 뜨거운 열정을 가슴에 묻어 둔 채 대담하면서도 누리적인 혁명 전략가로 변해 갔다.

하지만 레닌은 언제나 주류 밖을 떠돈 아웃사이더였다. 카잔대학 시절, 그는 불법집회 문제로 대학에서 쫓겨나 '고졸' 아웃사이더가 되어야 했다. 심지어 변호사 자격증도 청강생으로 취득했다. 1895년 스물다섯 살의 레닌은 스스로 서유럽을 돌아다니며 플레하노프, 악셀로트 등 러시아 망명객들을 찾아간다. 그는 아직 애송이였지만, 거물들과 대담하게 토론하고 돌아왔다. 하지만 훗날 정적政敵이 될 친구 마르토프Julius Martov와 '노동계급해방투쟁동맹'을 만든 일로 급기야 시베리아 유형을 떠나게 된다. 우여곡절 끝에 3년간의 유형 생활을 마치고도 또 다시 15년간의 길고 파란만장한 해외망명 생활에 들어가야 했다. 아웃사이더 레닌은 쉴 새 없이 돌아다녔지만, 그런 중에도 수백 편의 논문, 기고, 팸플릿을 써 냈다. 그만큼 시간을 엄격하게 사용하고 관리했다. 자전거 타기를 좋아했던 그의 취미도 이런 방랑 생활과 무관하지 않을 것이다. 훗날 아내 크루프스카야Nadezhda Krupskaya는 "우리는 항상 여행 가방 위에 있었다"고 푸념하기도 했다.

또 레닌은 늘 궁지에 몰렸지만, 매번 새로운 길을 낸 창조적인 소수자였다. 1903년 당원 자격에 대한 표결에서 계속 연패 중이던 레닌은, 잠시 두 표를 더 확보하자 그 짧은 순간을 놓치고 않고 자신들은 '볼셰비키'Bolsheviki: 다수파, 정적 마르토프의 세력은 '멘셰비키' Mensheviki: 소수파라고 부른다. 이후 상대편인 마르토프조차 자신들을 멘셰비키라고 불러야 했다. 하지만 볼셰비키는 단 한 번도 이름에 걸맞은 '다수'가 되지 못한 이상한 '다수파'였다. 차라리 레닌은 이 명칭을 깃발 삼아 비로소 혁명 대중을 만들어 간 '소수자'라고 해야 옳을 듯하다. 훗날 돌이켜 보면 '볼셰비키'는 혁명을 향한 의지와 운명을 극적으로 보여 준 창조적인 명명이었다. 실로 시작은 미약하였으나, 그 끝은 창대하였다.

레닌은 혁명 과정 자체에 창조적으로 접근했는데, 이런 그의 창의성을 유감없이 드러낸 저서가 바로 『무엇을 할 것인가?』(1902)이다. 임금인상이라는 경제주의에만 매몰된 당시 주류적 노동운동은 대중이 자발적이기만 하면 만사 오케이라는 무기력한 믿음에 의지하고 있었다. 레닌은 이를 간파하고, 이른바 '전위당'을 통해 지식인 등 '외부의 의식성'을 새로이 끌어들여 정치투쟁을 해야 한다고 주장한다. 레닌은 다른 이들과 달리 혁명 방식 자체를 문제 삼고 있었다. 레닌에게 혁명은 자생성에 의해 자동적으로 '재현'되는 것이 아니라, 새로운 의식성과 함께 '창안'해야 할 것이었다. 혁명은 창조적으로 구성해 가는 것이지, 스스로 무르익는 열매가 아니었다. 혁명이 혁명일 수 있으려면 혁명의 대상(사회)뿐 아니라 혁명의 과정(운동) 그 자체도 끊임없이 바꾸어야 한다!

이런 창조적 사유는 그후에도 계속된다. 1차 세계대전이 발발하자 유럽 사회주의는 각국의 이해관계에 따라 분열된다. 당시 레닌은 스위스에서 완전히 고립되어 있었다. 또 다시 찾아온 궁지였다. 하지만 묘하게도 전쟁은 '스타리크', 레닌에게 새로운 통찰, 새로운 돌파를 선사한다. 레닌에게 제국주의는 자본주의가 생산한 새로운 단계의 자본주의였다. 카우츠키류 정통파들의 자동붕괴론과 달리, 제국주의와의 전쟁은 파국이 아니라, 새로운 단계, 새로운 과정이었다. 또한 역설적으로 대중은 이 전쟁에 연루되면서, 통제할 수 없는 힘으로 변할 수 있었다. 그것은 제국주의와 제국주의에 대항하는 식민지 대중 사이의 투쟁으로 나타날 것이다. 이것은 놀라운 전회였다. 사회주의는 전쟁을 막을 수 없었지만, 전쟁은 대중들의 '세계혁명'을 생산할 수 있을 것이다. 레닌은 전쟁 속에서도 혁명 자체를 '혁명'한 혁명의 발명가였다.

1917년 가을, 핀란드에 피신해 있던 레닌은 마침내 포문을 연다. 코르닐로프 장군의 쿠데타 실패로 부르주아 진영은 엉망진창이었고, 전쟁과 경제 파탄으로 대중들은 더 이상 잃을 게 없었다. 레닌은 확신에 차서 "지금이라면 승리할 수 있다. 아니 내일이면 모든 것을 잃고 말 것이다"라고 선동한다. 10월 24일, 넉 달 만에 귀국한 레닌은 면도를 깨끗이 한 모습으로, 페트로그라드 소비에트 긴급회의 단상에 올라선다. 임시정부가 아직 제거되지도 않았고, 페트로그라드 시내는 여전히 아수라장인데도 레닌은 "노동자와 농민의 혁명이 성취되었습니다. 억압받았던 대중들 스스로가 자신들의 권력을 만들어 나갈 것입니다. 낡은 국가기구들은 뿌리까지 철저히 파괴될 것입니다"[로버트 서비스, 『레닌』, 558쪽]라고 선언하였다. 헛간과 오두막을 전전하며 집필한 원고 『국가와 혁명』(1917)은 바로 이런 내용이었다.

마침내 20세기 정치 지형을 완전히 바꾸어 버린 세계 최초의 프롤레타리아 혁명정부, '소브나르콤'Sovnarkom: 인민위원평의회이 탄생하였다. 의장은 레닌이었고, 외무 인민위원은 트로츠키였으며, 스탈린은 민족 인민위원이었다.

프랑스의 마르크스주의자 루이 알튀세르는, 마르크스의 「포이어바흐에 관한 테제」 중 11번째 테제 ——"철학자들은 세계를 해석해 왔다. 하지만 문제는 세계를 변혁하는 것이다"—— 가 오직 레닌에 의해 비로소 실체와 의미를 얻게 되었다고 말한다.[루이 알뛰세르, 「레닌과 철학」, 『레닌과 미래의 혁명』, 진태원 옮김, 그린비, 2008, 325~326쪽] 늘 "꿈꾸어야 한다!"[레닌, 『무엇을 할 것인가?』, 최호정 옮김, 박종철출판사, 1999, 221쪽]고 외쳤던 꿈꾸는 혁명가 레닌, 그리고 항상 새로운 실천을 창조했던 아웃사이더 레닌. 그는 러시아혁명과 함께 20세기 저항하는 모든 사람들의 영원한 전위투사가 되었다.

• 21세기, 우리는 무엇을 할 것인가? •

레닌은 1924년 1월 21일 고리키 시市에서 뇌동맥경화증으로 사망했다. 숨을 거두기 직전 레닌은 스탈린을 후계에서 배제하라는 유언을 남겼지만 이루어지지 않았다. 이후 오랫동안 레닌은 스탈린 진영이 만들어 낸 '맑스-레닌주의'라는 가면을 통해서만 유통되었다. 1991년 소비에트연방(소련)이 공식적으로 해산되고, 이어서 레닌 동상마저 크렘린궁 중앙광장에서 철거되었을 때, 사람들은 이제 레닌의 혁명도 함께 사라졌다고 여겼다.

그럼에도 불구하고 우리는 왜 레닌을 다시 읽을 필요가 있을까? 어떤 책들은 한 여름 수풀로 뒤덮인 산길을 걷는 것과도 같다. 그런 책에 다가가면 부딪혀 살갗이 긁히고, 피가 난다. 읽기 시작하자마자 곧 피투성이가 된다. 레닌의 책들이 그렇다. 레닌은 시베리아 유형, 1905년 혁명의 실패, 오랜 망명과 당내 분란, 제2인터내셔널의 붕괴 등 늘 파국적인 상황 속에서 매번 다시 시작해야만 했다. 그러나 그런 상황 속에서도 그는 '무엇을 할 것인가?'라고 끊임없이 묻고 항상 새로운 혁명을 창안한다. 또한 그것을 늘 책임 있게 실천한 사람도 다름 아닌 그였다. 레닌 자신의 길이 애당초 피투성이였다는 것을 그의 책들이 웅변한다.

레닌은 자기가 다른 사람들과 다른 언어로 말하고 있다는 점을 분명히 했다. 마르크스가 『자본론』 서문에 인용했던 단테의 그 문구 "제 갈 길을 가라, 남이야 뭐라든!"[칼 마르크스, 『자본론』 I (상), 김수행 옮김, 비봉출판사, 1989, 8쪽.]을 제대로 실천한 사람이었다. 우리가 레닌을 다시 읽어야 할 것이 있다면 바로 그 정신, 그 실천일 것이다. 아마 레닌을 읽는 일이 피투성이 출혈이라면, 그것은 자기 길을 가기 위해 감수해야 할 빛나는 수련이지 않을까 싶다.

이른바 현실 사회주의 국가들이 무너진 자리에 또 다시 금융자본주의가 위기를 맞고 휘청거리고 있는 지금, 우리는 이제 무엇을 꿈꾸고, 무엇을 할 것인가? 레닌이라면 이렇게 말했을 것 같다. "이거 보라구, 친구들. 이제 새로운 걸 꿈꾸어 보게. 낡은 계급, 낡은 당들을 넘어 좀 새롭게 시작해 봐! 혁명은 그리 호락호락한 게 아닐세. 하하하."

길이 끝난 곳에서 운명은 시작되고

프란츠 카프카의 「학술원에의 보고」

우리는 대개 자신들이 자유롭지 않다고 느낀다. 물론 어느 누군들 자기 마음대로 살겠는가. 우선 나부터도 회사 의자에 앉아 보고서들을 읽노라면, 불현듯 알 수 없는 서글픔에 빠지곤 한다. 내가 왜 이러고 앉아 있나? 이 푸념에 내 마음이 돌려주는 말이라곤 기껏 가족이나 명예 때문이라는 그저 그런 대답뿐이다. 글쎄, 이런 소리를 들으면 그게 딱히 불분명해진다. 가족만 동의하면 당장 회사를 그만둘 수 있는 처지에 있지도 않고, 명예로우면 얼마나 명예롭겠냐며 지금의 알량한 직함 따위 당장 내던지고 싶어도 딱히 달리 할 일이 있는 것도 아니어서, 사표 앞에 서면 항상 망설여지는 것이다.

　그러니까 가족이나 명예가 문제되지 않아도, 박차고 나와 다른 선택을 선뜻 감행하지 못한다. 결국 자유로워도 아이들 교육이나 노후 문제 같은 두려움에 사표를 제출하는 건 쉽지가 않다. 사표 앞에 서면 그동안 없던 백만 가지 이유가 다가와 나를 말린다. 이미도 내 안에 감춰진 어떤 공포심이 자주 그런 자유들을 그르쳤을지 모르겠다. 결국 우리는 가족이나 회사 때문에 자유롭지 못하고, 그게 문제없어도 그 문제가 발생할까 두려워서 자유롭지 못하다. 이렇게 보면 우리들은 자유롭지 않으려고 사는 사람들임이 틀림없어 보인다.

• 우리에게 자유는 없다 •

카프카의 「학술원에의 보고」(이하 「학술원」)는 바로 이 문제에 민감하다. 한 원숭이가 물을 마시러 갔다가 총알 두 방을 맞고 정신을 잃는다. 원숭이 페터가 깨난 곳은 어느 증기선 갑판 위 우리. 도무지 알 수 없는 이 상황은 느닷없이 벌어졌다. 생명체라면 그 무엇이든 떨 수밖에 없는 상황인 것. 페터도 "일어서기에는 너무 낮고, 주저앉기에는 너무 좁은" 쇠창살 안에서, 처음에는 떨기만 할 뿐 아무도 보고 싶지 않고, 어둠속에만 있고 싶다. 페터는 쇠창살을 마주보지 못하고 궤짝 쪽으로 돌아앉았다. 카프카는 이 장면에서 "그러노라면 등에서는 쇠창살들이 살로 파고들어 왔다"(프란츠 카프카, 「학술원에의 보고」, 『변신/시골의사』, 전영애 옮김, 민음사, 1998, 108~109쪽)는 한 문장을 잔인하게 집어넣고 있다. 자신이 잡혀 있다는 사실을 모르거나, 아니면 의도적으로 사실을 안 보려고 궤짝 쪽으로 돌아앉았지만, 보다시피 그것은 극도로 관념적인 행위일 뿐이다. 원숭이 페터는 잡혔다! 그러나 페터는 아직 그 사실을 모르는 것 같다.

물론 '도망갈 구멍'이 보이지 않는 것은 아니다. 우리도 궁지에 몰렸을 때, 달콤한 행운을 얼마나 간절히 기대하던가. 이 원숭이도 예외는 아니어서, 널빤지 사이 틈바구니를 보고는 기쁨에 넘쳐 울부짖는다. 하지만 이내 그 틈바구니가 꼬리를 들이밀기에도 너무 좁고, 있는 힘을 다해도 넓혀질 수 없다는 것을 알게 된다. 그런 행운은 애초에 허락되지 않았다. 결국 쇠창살을 외면하고 뒤돌아서지도 않고, 행여 행운이라도 있을까 틈바구니에 기대를 거는 것도 멈춘 이 지점에서 원숭이는 원숭이로서 할 수 있는 '온갖 짓들'을 하기 시작한다. 소리 죽여 흐느끼기, 고통스러운 벼룩 수색, 야자 하나를 지치도록 핥기, 머리로 궤짝벽을 짓찧기, 누가 가까이 오면 혀 내밀기…… 그러나 원숭이는 비로소 생각한다. "온갖 짓을 다 해봐도 출구는 없다는 그 한 가지 느낌뿐이었습니다."[프란츠 카프카, 「학술원에의 보고」, 앞의 책, 109쪽]

원숭이는 바로 이 지점에 와서야 자신이 막다른 골목에 왔다는 것을 인정한다. 똑바로 알아들어, 너는 막다른 골목에 다다른 거야. 너는 죽느냐 사느냐, 아니, 이렇게 죽느냐 저렇게 죽느냐는 상황에 처한 거란 말이야! 알기나 해? 이런 상황은 「작은 우화」라는 카프카의 또 다른 단편소설을 연상시킨다.

"아!" 쥐가 말했다. "세상이 날마다 좁아지는구나. 처음에는 하도 넓어서 겁이 났는데, 자꾸 달리다 보니 드디어 좌우로 멀리에서 벽이 보여 행복했다. 그러나 이 긴 벽들이 어찌나 빨리 양쪽에서 좁혀드는지 나는 어느새 마지막 방에 와 있고, 저기 저 구석에는 덫이 있어, 내가 그리로 달려 들어가고 있다."──"너는 달리는 방향만 바꾸면 돼" 하며 고양이가 쥐를 잡아먹었다.[프란츠 카프카, 「작은 우화」, 같은 책, 173쪽]

나는 쥐의 처지, 원숭이의 처지가 바로 우리들이 아닌가 싶다. 우리들은 잡혔다. 그게 너에게는 느닷없는지 어쩐지는 모르겠지만, 아무튼 잡혔어. 이리 가고, 저리 가 봐야 소용없어! 아마 잘해야 덫에 걸리거나, 고양이에게 먹히겠지. 꼼짝 말아! 사실 우리는 우리가 선 자리가 '언제나 이미' 막다른 골목이었다는 것을 평소에는 '항상' 모른다. 그 사실에 대해서 우리는 언제나 무지했던 것이다. 아니면 망각했거나. 어쩌면 이게 카프카의 핵심일지 모른다. '언제나 이미' 막다른 골목에 있는데도 어떤 통념들 때문에 다른 선택들과 자유들이 있는 양 착각하는 무지 말이다.

그럼 카프카는 우리가 자유롭지 못하다는 말을 하자는 것일까? 여기서 우리는 우리와 페터의 차이에 아주 민감하지 않으면 안 된다. 이 냉철한 동물은 자신을 못질해 박아 놓았다 하더라도 지금의 자기가 더 자유롭다고 말할 수 없다고 생각한다. 이게 무슨 말인가? 못질해 놓든, 쇠창살에 가둬 두든 자유의 정도는 달라지지 않는다는 말이다. 자유에는 농도가 없는 것이다. 자유가 자유이려면 그건 절대적이어야 한다. 이런 시선에서라면 우리가 말하는 '자유'라는 것이 그만큼 기만적일 수밖에 없다. 우리가 말하는 그런 구속에서 조금 벗어난다고 크게 나아질 것도 없는 것을 자유라고 기만하고 있는 것이다.

사실 여기에 이르면 원숭이는 도망쳐서 얻을 것이 전혀 없다는 것도 알게 된다. 원숭이는 문 자물쇠를 이빨로 깨물어서 부술 수 있다는 것을 알고 있다. 그렇지만 동시에 깨물어 부순들 머리를 내밀자마자 사람들에게 다시 사로잡혀서 더 고약한 우리에 갇히게 되거나, 행여 운 좋게 갑판 위까지 올라가더라도 결국 물에 빠져 죽을 거라는 것도 알고 있다. 원숭이는 겹겹이 갇혀 있다는 것을 완벽히 깨닫는다. 도망쳐 봐야 쥐처럼 덫에 걸리거나, 고양이에게 먹히거나 한다는 것을.

원숭이 페터도 우리들의 딜레마를 충분히 알고 있다. 우리는 대개 쇠창살에서 벗어나는 게 자유라고 착각한다. 그래서 우리 같으면 대개 이 구속의 원인을 추적하려고 한다. 왜 '나에게' '이런 구속'이 떨어졌을까? 그러나 이 냉철한 동물 페터는 이 질문에 분명히 답한다. "왜 그럴까? 발가락 사이의 살을 긁어 보아라, 그 이유를 찾지는 못할 거다. 등을 쇠창살에 대고, 그게 너를 두 쪽 낼 지경까지 눌러 보아라, 너는 그 이유를 찾지 못할 것이다." 아무리 찾아 봐라, 당신이 잡힌 이유를. 아무 이유가 없어. 그냥 잡힌 거야!! 이게 너의 세계야!

어쩌면 쇠창살은 우리들이 사는 세계 그 자체일지 모르겠다. 이 세계는 나가도, 나가도 쇠창살이다. 우리가 착각하는 자유는 애당초 존재하지 않는 것이다. 우리는 있지도 않은 답을 강구하느라 있지도 않은 자유를 기만적으로 끌고 온 것은 아닐까? 아무런 성찰 없이 쇠창살을 '구속'으로 예단하고, 무의미하게 그것으로부터 벗어나려고 노력한 게 아닐까? 바로 그때 우리 스스로 고안한 상상의 단어가 자유가 아닐까 하는 것이다. 페터에게도, 우리에게도 자유란 없다.

• 우리에게 출구는 저곳이다 •

그런데 흥미로운 부분이 바로 이 지점이다. 몸부림쳤지만 더 이상 어찌해 볼 도리가 없는 지점, 쇠창살 하나쯤은 깨부수고 나갈 수 있겠지만, 나가 봐야 덫에 걸리거나 고양이에게 먹힐 뿐인 지점, 그러니까 이렇게 죽거나 저렇게 죽거나 하는 수밖에 없을 지점, 그래서 어떤 유용한 가치도 힘을 발휘할 수 없는 지점, 결국 자유도 기만이 되는 지점. 이 순간에 원숭이 페터는 말한다.

> 자유는 전 원하지 않았습니다. 다만 하나의 출구를 오른쪽, 왼쪽, 그 어디로든 간에, 저는 다른 요구는 하지 않았습니다. 출구 또한 비록 하나의 착각일 뿐이라고 하더라도. 요구는 작았습니다. 착각이 더 크지는 않을 테지요. 계속 나아가자, 계속 나아가자! 궤짝벽에 몸을 눌러 붙인 채 팔을 쳐들고 가만히 서 있지만은 말아야지.(프란츠 카프카, 「학술원에의 보고」, 『변신 / 시골의사』, 111쪽)

고백건대, 나는 페터의 이 문장을 읽을 때마다, 저 '출구'라는 단어를 '운명'으로 바꾸어 읽고 싶었다. 페터는 자유를 원하지 않는다. 다만 단 하나의 운명을 원한다. 기묘하지 않은가? 출구가 없는 막다른 골목에서 도로 출구를 찾고 있으니 말이다. 그 출구로 나간다고 한들 상상의 자유가 있을리 만무하다. 이 순간 페터는 도발적으로 외친다. "계속 나아가자, 계속 나아가자!" 자신의 운명을 찾아 나선 것이다. 그 무엇이라도 강하게 욕망하는 순간, 그것은 운명이 된다. "계속 나아가자!"란 욕망은 원숭이에게 운명의 길을 계속 찾아 나서게 한다. 페터에게 출구를 찾는 것은 욕망과 운명을 동시에 찾는 일이다. 그게 혹시 착각으로 판명 날지라도, 그 착각이 지금 상황보다 더 못하겠냐는 거다. 이것은 완전히 새로운 욕망, 새로운 출발이다. 아포리아는 운명을 찾아 나서도록 한다.

우리는 페터가 이런 의식을 갖게 된 지점의 특이성에 주목해야 한다. 그는 잡혔고, 더 이상 손 써볼 일이 남아 있지 않았으며, 이제 어떻게 죽을지 고민해야 하는 그런 상황에서야 자신의 처지를 깨닫는다. 마치 덫과 고양이 사이에서야 자신의 처지를 깨닫는 쥐와 같다. 그러나 쥐와 원숭이는 다르다. 쥐는 방을 옮겨 가는 회피 때문에, 결국 자신의 욕망이 벽에 휘어 버리지만(쥐는 급기야 덫으로 달려들고 만다!), 원숭이는 벽을 응시하면서 자신의 운명을 정면으로 '원한다'. 우리는 이 미묘한 차이를 깨달아야 한다. 조여 오는 벽들로부터 살 구멍을 찾아서 뒷걸음질 치는 쥐는 그 욕망이 구부러지면서 소멸해 가지만, 자신의 처지를 깨닫고 벽을 정면에서 응시하는 원숭이 페터는 자신의 욕망을 새롭게 구성하고 꼿꼿하게 강화한다. 이제 가만히 있지는 말아야지. 계속 앞으로 나아가자! 이판사판 아니던가.

　　그러나 이 냉철한 원숭이는 새로운 욕망을 히투루 다루지는 않는다. 누가 그렇게 하라고 지시하지 않았지만, 막다른 벽을 관찰하고 또 관찰한다. 이 관찰하는 태도는 카프카의 다른 단편 「법 앞에서」(이 단편은 장편 『소송』에 삽입되기도 하였다)라는 작품에서도 볼 수 있다. 법 앞에 당도한 시골 사람. 그는 법 앞에서 자신을 가로막고 서 있는 문지기를 여러 해를 두고 살펴본다. 일종의 공부다. 그러다 보니 문지기의 모피 옷깃에 있는 벼룩까지 알게 되었고, 이제 그 벼룩들한테도 자기를 도와 문지기의 마음을 돌려 달라고 부탁하는 경지에까지 이른다.[프란츠 카프카, 『소송』, 권혁준 옮김, 문학동네, 2010, 268쪽.] 이런 경지에 있었는지, 원숭이 페터도 학술원에서 이런 말을 한다. "만약 제가 앞서 말씀드린 저 자유의 신봉자였더라면, 저는 분명 이 사람들의 침울한 눈길에서 제게 보여진 출구보다는 망망대해 쪽이 낫다고 했을 겁니다."[프란츠 카프

결국 페터는 막다른 벽, 즉 사람들의 침울한 눈길(원숭이에게는 인간이 벽이었다!)에서 출구를 본다. 사람들로 둘러싸인 벽들 속의 원숭이 한 마리. 그 원숭이가 끊임없이 관찰했던 사람들 눈망울에서 마침내 출구를 본 것이다. 원숭이는 말한다. "집적된 관찰이 저를 비로소 확정된 방향으로 밀어넣었던 거죠"[프란츠 카프카, 「학술원에의 보고」, 앞의 책, 113쪽] 원숭이는 막다른 골목에서 '자유'라는 착각을 버리고, 운명을 욕망하여 벽(사람들)을 관찰하였다. 그 순간 그는 자신의 운명이 가리키는 방향대로 앞으로 나아갈 수 있었다. 이를 일러 말하길, '인간출구'. 여기서 원숭이 페터는 놀라운 이야기를 한다. "저는 출구가 없었습니다. 그렇지만 출구 없이는 살 수 없으니 만들어 내야만 했습니다."[프란츠 카프카, 「학술원에의 보고」, 같은 책, 110쪽] 그렇다면 원숭이는 막다른 곳에서 운명(=욕망)을 만들어 내고 있다고 말해야 하지 않을까? 더 이상 어쩌지 못하는 아포리아 속에서 기어코 만들어 내고야 만 운명.

침뱉기, 파이프 피우기, 독주 마시기. 원숭이가 벽(사람들)을 관찰하는 열의를 보이자, 이제 벽(사람들)이 자신을 가르치려 든다는 것을 안다. 어떤 사람은 혼자 자꾸 자기에게 와서 술병을 내밀고 가르치려고 한다. 어떤 사람이 술 마시는 모습을 원숭이에게 보여 주는 장면은 압권이다.

그는 병을 들어 입으로 가져갔고, 저와 저의 시선도 그를 따라 목구멍 안까지 쳐들렸습니다. 그는 저에게 만족하여 고개를 끄덕이고 병을 입술에 댑니다, 저는 점차 깨달아가는 데 들떠서, 낄낄거리며 가로세로 아무데나 마구 긁어 대고, 그는 기뻐하며 병을 입에 대고 한 모금 마십니다. 그를 쫓아하지 못해 안달이 나고 절망한 나머지 저는 오줌을 질질 싸 제 우리 안을 더럽히고, 그러면 그러는 것이 다시금 그에게 커다란 만족을 주지요. 그리고는 술병을 쭈욱 뻗쳐 내밀었다가는 휘익 다시 쳐들어 올려 과장되게 교훈적으로 몸을 뒤로 벌떡 젖히고 단숨에 비웁니다. 저는 너무도 큰 욕망에 지쳐, 더 이상 쫓아하지도 못하고 힘없이 쇠창살에 매달려 있고, 그러는 동안 그는 배를 쓰다듬으며 이빨을 드러내고 빙긋이 웃음으로써 이론 수업을 끝내는 거예요.[프란츠 카프카, 「학술원에의 보고」, 같은 책, 114~115쪽.]

이제 원숭이 페터는 이 단 하나의 출구, 단 하나의 욕망, 단 하나의 운명에 맞추어 자신의 모든 것을 걸고 있다. 이 순간에는 욕망도 운명이 된다. 인간에 만족을 주며 그들의 모든 것을 자기 것으로 만드는 데 모든 욕망을 투여하는 저 간절한 모습을 보라. 깨달아 가는 데 들뜨고, 쫓아하지 못해 안달이 나고, 오줌을 질질 싸 스스로 우리 안을 더럽히는 간절함이란 상상만 해도 쩌릿쩌릿하다. 그 욕망이 어찌나 컸던지 발버둥치다 지쳐서 쇠창살에 매달려 있게 되었다지 않은가. 이제 원숭이 페터는 자신의 본성을 잊어버리기로 한 것 같다. 새로운 욕망 위에서 둘러싸인 벽들(=사람들)과 새로운 관계를 맺게 된 것이다. 그리고 새로운 관계 속에서 원숭이 페터는 드디어 완전히 새로운 운명을 맞이하고 있었다. 카프카가 제시하는 출구의 독특함도 바로 여기에 있다. 그것은 막다른 골목에 다다른 자의 유기체적 감수성을 일거에 넘어서는 방식으로 출구를 생산하는 것이다.

「변신」에서 그레고르가 '동물-되기'를 통해 가족이라는 막다른 골목을 돌파했다면, 「학술원」에서는 원숭이 페터가 '인간-되기'를 통해 인간들과 새로운 배치를 생산함으로써 자신의 새로운 출구를 만들어 낸다. 출구란 다름 아니라 현재의 유기체적인 감수성을 넘어서서, 나를 '내가 아닌 상태'로 변화시킴으로써 벽이 '벽이 되도록 했던 조건'을 바꾸는 것이다. 나(원숭이)도 바뀌고, 벽(사람들)도 바뀐다. 여기서 우리는 아주 기묘한 지대에 도착한 느낌이 든다. 출구와 운명과 욕망이 한 덩어리가 되는 그런 자리. 그러니까 깨달아 들뜨고, 쫓아하지 못해 안달이 나고, 절망한 나머지 오줌을 질질 쌀 정도로 우리 안을 더럽히는 저곳. 우리에게 출구는 바로 저 현장이다!

• 출구, 새로운 신체를 만들다 •

그러나 원숭이는 인간-되기로 인간이 된 것이 아니다. 원숭이는 인간도 원숭이도 아닌 또 다른 존재가 된 것이다. 원숭이가 인간출구로 뛰어 들어갈 때, 그가 진화의 욕망 때문에 그 출구로 달려 들어간 것이 아니라는 점을 기억해야 한다. 그는 무엇이 될지도 모르면서 그 출구로 달려 들어갔다. 그게 혹여 착각일 뿐이더라도 그 길로 갔을 것이다. 그 길밖에는 없었으니까. 그래서 그것이 단 하나의 출구이자 운명이자 욕망이 될 수 있었다. 이 출구를 걸어 들어가면 갈수록 무엇이 되고자 하는 유기체적인 목표는 소멸한다.

이 관점에서 원숭이 페터는 카프카 그 자신과 크게 달라 보이지 않는다. 카프카는 친구 막스 브로트에게 단편소설 몇 개를 빼고는 자신의 작품, 편지 및 원고를 모두 없애 버리라는 유언을 남겼다. 자신이 직접 출판한 작품은 남기려는 반면에, 끝까지 마무리 지을 수 없었던 다른 작품들은 모두 폐기하기를 원한 것이다. 이를 두고 여러 해석이 있지만 나는 그 유언 그대로를 받아들이고 싶다. 정말 유통시키고 싶지 않았거나, 유통시킬 필요가 없었기 때문이라고 말이다. 원숭이 페터는 마지막 장면에서 다음과 같은 말로 마무리한다.

> 전체적으로 보아 저는 아무려나 제가 도달하고자 했던 것에 도달했습니다. 그것이 애쓸 가치가 없었다고는 말하지 마시기를. 저는 아무튼 그 어떤 인간의 심판도 바라지 않습니다, 다만 지식을 널리 알리고자 할 뿐입니다, 저는 보고하고 있을 따름입니다, 여러분께도요, 학술원의 고매하신 신사 여러분, 저는 보고했을 뿐입니다.[프란츠 카프카, 「학술원에의 보고」, 『변신 / 시골의사』, 118쪽.]

원숭이 페터는 인간출구라는 운명을 보고 나서부터, 앞뒤 가리지 않고 배우고, 한 방에서 다른 방으로 끊임없이 뛰어들면서 배운다. 덕분에 다시 과거의 원숭이로 되돌아가려면 "제 살에서 가죽을 벗겨야" 할 정도로 변해 있다. 원숭이는 이제 원숭이로 되돌아가지 못한다. 사실 원숭이는 '유럽인의 평균치 교양 수준'에도 도달했기에 자신의 시도를 완성하기도 하였다. 그러나 그것은 기껏해야 '유럽인의 평균치 교양'에 불과할 뿐이고, 그저 흔들의자에 앉은 채로 창밖을 내다보는 정도일 뿐이고, 집에 있는 암침팬지를 보노라면 견딜 수 없는 지경에 불과하다. 따라서 '유럽인의 평균치 교양수준'은 다시 출구를 찾아 나가야 할 쇠창살일지도 모르겠다. 그렇지만 이 순간에 원숭이 페터는 어느 누구의 심판도 바라지 않고 있다. 페터는 절정의 성공을 향유하지도 않았으며, 그렇다고 한줌의 성취라고 가치없게 생각하지도 않았다. 그는 자신의 어떤 결과물에도 인간의 심판을 원하지 않는다.

아마도 그것은 자신의 모든 성과물을 과정 중에 있는 그 무엇으로 인식하기 때문일 것이다. 그래서 카프카는 자신의 글도 과정 중에 있는 글이므로 그것 자체로 완성되었지만 종국적으로 완결되지 않았다는 의미에서 불살라 버리라고 하지 않았을까? 그래서 원숭이 페터는 말한다. 이것은 보고일 따름입니다. 그저 보고일 뿐이죠. 혹여 뭔가 마음에 들지 않으시면 찢어 버려도 됩니다! 그저 저의 수많은 시도들일 뿐인데요. 그것들은 어린애들 블록 쌓기 같은 것이다. 이렇게 쌓아 허물고, 저렇게 쌓아 허물기를 무한 반복하기.

이런 의미에서 카프카의 글쓰기, 원숭이의 출구 찾기는 '하나의 실험들'이기도 하다. 각각은 완성되었지만, 종국적으로 완결되지 않은 실험들의 묶음이다. 이 실험들의 결과물은 어디 있을까? 그것들은 글-기계들(카프카)로, 인간-기계들(원숭이)로 계속 앞으로 나아간다. 원숭이의 인간-기계가 원숭이와 함께 인간-벽을 돌파하였듯이, 카프카의 글-기계는 카프카와 함께 새로운 신체가 되어 카프카의 수많은 벽들을 돌파한다.

그래서 나는 "저는 슬쩍 달아났습니다"[프란츠 카프카, 「학술원에의 보고」, 『변신/시골의사』, 118쪽]라는 페터의 수줍은 고백을 사랑한다. '슬쩍'이라는 부사가 알려 주듯, 그것은 모든 소수자들처럼 아무도 눈치 채지 못하게 달아난다는 말이다. 그는 보이지 않는 존재로 변하여 달아난다. 나는 지금 내가 쓰고 있는 이 글과 함께 보이지 않는, 다른 신체가 되었다. 아마 그 보이지 않는 신체가 단 하나의 출구를 찾아 걸어가고 있을 것이고, 따라서 그곳에 내 운명이 있을 것이다. 이제 또 한 번 슬쩍 달아날 참이다. 자유가 있다면 바로 그것이 자유다.

부처의 출발은 '부처'다

선종의 종조, 육조 혜능

한국 불교는 기이한 이야기 하나를 전한다. 신라 의상대사의 제자 중한 사람인 삼법 스님은 당나라 혜능^{慧能/惠能, 638~713}을 크게 흠모하였다. 그러던 중 그는 혜능이 입적했다는 소식을 듣고 생전에 만나지 못한 것을 크게 애통해했다. 그런데 어느 날 그가 혜능의 설법을 담은 『육조단경』^{六祖壇經}(이하 『단경』)의 초안을 보다가 뜻밖의 내용을 발견한다. "내가 입적한 뒤 5~6년 후 내 머리를 베어 가는 놈이 있을 것"이라는 대목을 본 것이다. 그 순간 무릎을 탁, 치며 아주 엉뚱한 결심을 하고야 만다. 다른 사람이 가져가기 전에 내 힘으로 그걸 가져와야겠다! 삼법 스님의 실천력은 대단했다. 그 길로 당대 최고 권력자인 김유신의 부인에게 달려갔다. 부인은 삼법의 계획을 듣고 2만금이라는 큰돈을 선뜻 내놓는다. 이렇게 해서 삼법이 배를 타고 당나라로 들어간 때는 722년. 당나라 삼장법사는 경전을 가지러 천축으로 갔지만, 신라 최고의 지성인이자 의상대사의 제자인 삼법은 죽은 혜능의 목을 가지러 당나라로 간다. 과연 혜능의 머리는 어떻게 되었을까?

또한 현대 중국사는 흥미로운 이야기 하나를 전한다. 대장정의 혁명가 마오쩌둥^{毛澤東}이 혜능의 열광적인 독자였다는 것이다. 마오쩌등의 도서 담당 비서는 마오가 생전에 『단경』을 자주 찾았고, 외출할 때도 여러 번 휴대했다고 회고한다. 마오는 어머니의 영향으로 어린 시절부터 불교에 호감이 있기도 했고, 무엇보다 그 자신이 선불교에 남다른 관심을 갖고 있었다. 그는 청년 시절부터 『단경』을 여러 차례 탐독했던 것으로 전해진다. 심지어 어느 스님과의 환담에서 『단경』이 '노동인민적'[이은윤, 『육조 혜능 평전』, 동아시아, 2004, 217쪽.]이라고 높이 평가하기도 한다.

이런 이야기들은 혜능의 영향력을 단적으로 보여 준다. 동쪽 변방국의 한 중이 머리를 잘라 오겠다고 결심하고, 반反종교적이어야 할 공산주의자가 '노동인민적'이라고 추앙할 정도였으니 말이다. 이렇게 후대의 숭배자들에게 머리가 잘려 나갈 위험에 처했던 자, 그러나 공산주의 혁명가의 경탄을 받으며 혁명의 씨앗이 되었던 자, 혜능은 바로 그런 사람이었다.

• 불성무남북 : 모든 사람은 평등하다 •

황매 오조사 선방 안. 남루한 남방 옷을 입은 청년이 무릎을 꿇고 있다. 키는 보통보다 작았고, 달걀형의 얼굴은 햇볕에 많이 타 있으며, 눈자위가 움푹했고, 광대뼈는 밑으로 쭉 처진 전형적인 남방 사람이다. 속세에서는 나무꾼으로 살았다고 한다. 양손 여러 곳에 거친 상처자국이 남아 있다. 반대편 노승은 실눈을 가느다랗게 치켜뜨고 무거운 입을 뗐다.

"어디서 굴러온 놈이냐? 대체 여기까지 뭣 하러 왔느냐?"

"저는 영남 신주 사람인데, 오직 부처님의 가르침을 구하고자 왔습니다."

"아니, 영남사람이라면 오랑캐가 아니더냐. 오랑캐가 감히 부처가 될 수 있단 말이냐!"

그러자 주변에서 간간이 웃음소리가 새어 나왔다. 이런 말을 들으면 대개는 얼굴이 일그러지며 발길을 돌릴 것이다. 그러나 이 단구의 청년은 아랑곳 않고 고개를 쳐든다. 그리고 노승의 눈을 무심히 쳐다보며, 어눌하지만 확고한 어조로 이렇게 대답한다.

"사람에게는 남북이 있을지 모르지만, 불성에는 남북이 있을 수 없습니다. 오랑캐 몸이라고 생각하신다면야 물론 스님과 같지 않겠지만, 불성으로 보면 저와 스님 사이에 무슨 차별이 있을 수 있습니까?"

순간 노승은 눈을 치켜뜨고 이 무지렁이를 지긋이 쳐다본다. 불성이나 수행과는 도무지 거리가 멀 것 같은 청년이다. 하지만 웬만해선 돌아가지 않을 당돌함이 그의 전신에 배어 있었다. 순간적으로 노승은 잠시 더 이야기하려다 멈추고 청년에게 이렇게 말하고 방을 나가 버렸다. "너는 방앗간에 가서 일이나 해라!"

동아시아 지성사가 오래도록 전해 온 섬광과도 같은 순간이다. 두고두고 회자된 이 장면은 온갖 것들이 겹치고 접힌 혁명적인 출발점이 되었다. 청년 앞에 앉아 있는 노승은 오조五祖 홍인대사. 이 노승의 입에서 튀어나온 "영남 오랑캐[獦獠]"는 고대 중국인들의 오랜 무의식이 표현된 말이다. 여기서 오랑캐를 뜻하는 한자어 '갈료'獦獠는 본래 '사냥개'를 가리킨다. 결국 홍인은 청년에게 "야, 이 무식한 놈아! 사냥개가 무슨 얼어 죽을 놈의 부처냐? 썩 꺼지거라!"며 모멸스런 말을 던진 셈이다. 그러나 청년은 거침없이 대답한다. '불성무남북!'佛性無南北 어째서 당신과 내가 다릅니까? 귀한 놈과 천한 놈에게 깨달음이 다를 리 있겠습니까? 불성에는 남북이 있을 수 없습니다! 이 당돌한 말로 강렬한 장면을 만들어 낸 무지렁이 청년, 바로 이 청년이 훗날 동아시아 불교사를 완전히 뒤엎은 선종의 종조이자, 우리나라 조계종의 시원인 육조 혜능이다.

혜능의 공부는 당나라 중엽 이후 사회·경제적 발전과 갈등이 격화되고 있던 사회 현실에서 출발했다. 파산한 하급관료들이나 서족庶族 지주들은 승려 지주와 귀족 지주들에 대해서 강한 반발심을 갖고 있었다. 이들은 무의식적으로 귀족들의 차별성, 특히 불성의 차별성을 강하게 거부하였다. 누구는 깨닫고, 누구는 깨닫지 못한단 말인가. 따라서 혜능의 '불성무남북'에는 당대의 또 다른 무의식, 즉 '우리는 똑같다'는 무의식이 담겨 있는 셈이다.

이 첫 장면 하나만으로도 혜능의 혁명성이 단번에 드러난다. '반야바라밀'般若波羅蜜: 분별과 집착이 끊어진 완전한 지혜를 성취함은 어떤 사람에게든 가능한 것이다. 깨닫기 위한 최소한의 조선도 필요없다. 만일 있다면 오직 너와 내가 평등하다는 사실만 필요할 뿐이다. 그래서 청년 혜능은 불성무남북, 불성은 남북이 다르지 않다는 말로 이 전제를 거침없이 드러냈다. 물론 혜능 말고도 역사의 수많은 사람들이 평등을 이야기했다. 하지만 혜능의 혁명성은 평등을 주장했다는 데 있는 것이 아니라, '똑같음'을 자명한 출발로 당연시한다는 점에 있다.

혜능에게 평등은 쟁취해야 할 그 무엇이 아니라, 하나의 공리^{公理}이다. 평등과 깨달음은 그것을 목표로 수행하거나 투쟁하여 쟁취할 것이 아니다. 마치 불성은 본래 청정하나 흐린 마음이 그것을 가리고 있는 것처럼, 평등도 세상의 통념과 편견에 의해 가려져 있다. 그래서 원래부터 평등했음을 보여 줄 수 있을 뿐이다. 이것을 알면 바로 깨닫는다. 그래서 '돈오'^{頓悟 : 단번에 깨달음}다. 이것이야말로 단순하고 명쾌한 혜능선의 핵심이면서, 사람들이 오랫동안 그를 사랑한 근원이기도 하다.

• 본래면목 : 모든 사람이 청정하다 •

혜능은 일자무식이다. 평생 읽지도 쓰지도 못했다. 어느날 오조 홍인이 1천 명이 넘는 오조사(당시 동산사) 학인들에게 게송을 하나씩 지어 보라 했다. 그걸 보고 '가사'^{袈裟 : 승려가 어깨에 걸친 법의}를 전해 주겠다는 것이다. 이 말을 듣자 제자 중 가장 뛰어났던 신수상좌^{神秀上座}가 게송을 지어 회랑 벽에 써 놓았다. "몸은 보리수요 / 마음은 밝은 거울 같으니 / 때때로 부지런히 털고 닦아서 / 티끌 먼지 안 묻게 하리"^{(혜능,} 『육조단경』, 정화 풀어 씀, 법공양, 2012, 26쪽)

그런데 이틀 뒤, 혜능이 그 게송을 보았다. 그러나 혜능은 글자를 몰랐기 때문에 게송을 직접 읽을 수가 없어 옆에 있던 사람에게 읽어 달라고 부탁한다. 옆에서 읽어 주는 게송을 듣고 혜능은 곧바로 뜻을 알아챘다. 그러고는 즉시 자신의 게송을 한 수 읊고자 했다. 역시 혜능은 옆에 있는 사람에게 자신이 읊은 게송을 글자로 써 달라고 부탁한다. 그러자 바로 핀잔이 들린다. "자네가 게송을 읊겠다고? 참으로 희한한 일이구나." 하지만 이런 핀잔에도 혜능은 여전히 어눌하지만 확고한 어투로, "미천한 사람에게도 고귀한 지혜가 있을 수 있고, 귀한 사람도 전혀 지혜를 갖지 못할 수 있어요"라면서 "사람을 경시하면 무량의 죄과를 면치 못한다오"라고 응수한다. 지혜는 글을 아느냐 모르느냐에서 나오는 것이 아니다. 글의 상相을 넘어서, 글이 지시하는 무상성無相性을 깨달아야 지혜인 것이다. 그래서 불러준 게송이 다음 두 편이다.

"보리수도 본래 없으며 / 밝은 거울 또한 없다 / 불성이 항상 청정하거늘 / 어디에 티끌 먼지 있을까."
"마음은 보리수요 / 몸은 밝은 거울 / 맑은 거울이 본래 청정하거늘 / 어디가 티끌 먼지 물들까."[혜능, 『육조단경』, 32쪽]

혜능의 게송은 신수의 게송과는 확연히 다르다. 신수는 깨달음을 점진적인 노력의 결과, 즉 '점수漸修 : 단계적으로 깨달음'로 보았지만, 혜능은 깨달음에 들어서는 길이 점진적인 설차가 아님을 보여 준다. 먼지가 애초부터 있지 않은 것은 두말할 것도 없고, 그 먼지가 끼게 되는 거울조차 있지 않음을 깨달아야 한다는 말이다. 그것을 안다면 닦을 먼지가 또 어디 있겠냐는 반문이다.

혜능은 이 게송을 신수의 게송 옆에 붙여 두고, 방앗간으로 돌아 갔다. 홍인화상은 회랑에 내려와 혜능의 게송을 보고 내심 깨우침이 있는 게송이라고 반긴다. 하지만 자신의 칭찬이 혜능을 해치게 만들까 염려하였다. 하여 게송을 떼어내 발로 짓밟아 찢어 버리면서 아직 견성에 이르지 못한 게송이라고 거짓 폄하한다. 혜능을 위해서 '미견성'未見性: 깨닫지 못함의 가면을 씌운 것이다. 그러나 홍인은 그 순간 마음속으로 가사와 법을 혜능에게 전해 제6대 조위를 잇도록 하려는 결단을 내리고 있었다.

다음날 홍인은 비밀리에 방앗간을 찾아갔다. "쌀을 다 찧었느냐?" "방아는 다 찧었습니다만, 아직 쌀 속에 섞여 있는 뉘를 고르지 못했습니다." 말인즉슨 견성은 했는데, 아직 스님의 검증을 받지는 못했다는 뜻이다. 홍인은 뒤돌아서며 방아를 세 번 탁탁 쳤다. 오늘밤 삼경에 방장실로 오라는 말이다. 007 영화를 방불케 하는 은밀한 작전! 혜능이 삼경에 방장실을 찾자, 홍인은 가사로 문을 가려 불빛이 새어나가지 않도록 하고는 『금강경』을 가르쳐 준다. 아마 역사상 가장 밀도 있고, 가장 긴장되며, 가장 아름다운 수업 중 하나였을 것이다.

이 아름다운 수업에 보답하듯 혜능은 한 번 듣고 즉시 깨쳤다. 홍인은 바로 전승의 증표인 가사를 혜능에게 전해 준다. 선종의 제6대 조사가 탄생하는 순간이다. 홍인과 '불성무남북'으로 불꽃 튀기는 선문답을 하고 방아를 찧은 지 8개월이었다. 심지어 그는 삭발 수계식도 하지 않은 행자에 불과했다. 정식 스님도 아니었던 것이다. 완전히 파격적인 전승이다. 그만큼 홍인이나 혜능은 통념과 거리가 먼 사람들이었다.

그러나 이 순간부터 혜능에게는 고난의 은둔 생활이 시작된다. 홍인이 당부한다. "만약 이곳에 계속 있다가는 사람들이 그대를 해칠 수 있으니, 어서 빨리 먼 곳으로 떠나야 하네. 부지런히 남쪽으로 가되 3년 동안은 법을 펴려 하지 말게."[혜능,『육조단경』, 39쪽] 이 말을 들은 혜능은 즉시 길을 떠났다. 그러나 오조의 법통과 가사가 방앗간에서 잡역 하던 행자 따위에게 전해지자, 수백 명의 학인들은 혜능을 추격하여 가사와 발우鉢盂: 절에서 쓰는 승려의 공양 그릇, 바리때를 빼앗아 오기로 결정한다. 홍인의 염려가 현실이 된 것이다.

대추격이 시작되었다. 이 추격 속에 일어난 멋진 장면 하나 더. 추격대의 선봉이었던 혜명은 한대 이후의 명문가 집안의 자손이었다. 어려서 불교에 입문하여 23세 때 구족계具足戒: 비구와 비구니가 지켜야 할 계율를 받고 오조 문하에 있던 중, 의발衣鉢: 스님이 쓰던 가사와 바리때이 없어졌다는 소식을 듣고 뒤쫓아 왔다. 혜명의 추격이 코앞에 오자, 혜능은 의발을 길가 바위 위에다 놓고 숲속으로 숨었다. 혜명이 그 의발을 거두려 하다가, 무슨 생각에선지 "제가 일부러 멀리까지 쫓아온 것은 법을 구하기 위해서이지, 가사가 필요한 것이 아닙니다."[혜능, 앞의 책, 40쪽]라고 외쳤다. 그러자 숲속에서 나와 혜명과 대면한 혜능. 그가 말한다. "선도 악도 생각하지 않을 때 바로 그때 너의 본래면목本來面目: 본래의 모습은 어디 있는가?" 그리고 또 말했다. "네가 스스로 자신의 면목을 되돌이켜 본다면 비밀은 바로 너에게 있다!"[한형조,『무문관, 혹은 "너는 누구냐"』, 여시아문, 1999, 144쪽] 그 순간 혜명은 크게 깨달았다.

사실 이 말은 오조사 남쪽 회랑에 써 놓은 혜능 자신의 게송을 풀어 말한 것과도 같았다. 본래면목이란 무엇인가? 그것은 청정한 불성이다. 그런데 청청하다는 말은 또 무엇인가? 사실 보리수에 비유될 만한 몸도 원래 없고 밝은 거울에 비유될 마음도 원래 없다. 몸도 없고 마음도 없기에 몸과 마음을 닦아 청정하게 한다는 뜻 또한 성립될 수 없다. 그러므로 '청정하다'는 말은 역설적으로 청정하다는 뜻조차 품지 않아야 한다. 즉 청정함은 청정함조차 없는 것이다. 따라서 '본래면목'은 청정하기도 하고 청정하지 않기도 하다. 그런 의미에서 그것은 선도 악도 아니다. 오로지 인연만 있을 뿐이다. 하지만 그 인연조차 끊임없이 변하므로 있다고도 없다고도 할 수 없다. 바로 이것을 일컬어 '청정하다'고 한다. 그래서 그것은 무상한 것이다.

그 순간 혜명은 뺏으려는 가사도, 전승도 무상하다는 것을, 그리고 깨달음의 비밀은 오로지 내 안의 불성에 있음을 깨닫는다. 혜명은 발길을 돌려 따라오던 추격 대열을 오조사로 되돌렸다.

• 풍번문답 : 오직 마음이 움직인다 •

혜능은 두 달여 만에 영남(조계)에 도착했다. 그러나 법석을 열고 선법을 펴기까지에는 험난한 가시밭길을 걸어야만 했다. 혜능은 산속으로 들어가서 사냥꾼들과 어울려 살면서 3년을 보낸다. 살생이 금지된 스님과 살생으로 먹고 사는 사냥꾼. 상과 무상이 서로 의지하듯, 살생과 불살생이 묘하게 의지해 있었다. 동료들이 산짐승몰이를 할 때 그에게 그물을 지키라고 하면 그중에 걸려든 동물을 놓아주곤 했다. 사냥꾼과 같이 생활한 기간이 짧게는 3년, 길게는 17년이었다고 한다. 그러던 어느 날 혜능은 불현듯 이러다 늙어 버리면 불법을 전파할 시간이 다 달아나겠다는 생각에 산을 내려왔다.

그때 어느 절 앞 당간지주에 걸린 깃발이 나부끼는 것을 본 두 스님이 쟁론을 벌인다. "바람이 펄럭인다." "아니, 깃발이 펄럭인다." 사람들이 모여들었다. 그 절의 주석駐錫스님인 인종 스님도 지켜보았다. 그 순간 옆에서 지켜보던 혜능이 끼어들어 좌중을 놀라게 한다. "깃발이 펄럭이는 것도 아니고, 바람이 펄럭이는 것도 아니다. 펄럭이는 것은 당신들의 마음이다."(한형조, 『무문관, 혹은 '너는 누구냐'』, 164쪽)

유명한 풍번문답風幡問答 이야기다. 움직이는 것은 바람도 깃발도 아니다. 움직인다는 것은 기억된 이미지가 인식 대상으로 재구성되어 나타난 현상이다. 움직인다고 생각하는 저것은 기억이 만들어 낸 '생각의 생각', '가상의 가상'이다. 깃발이 나부끼는 저 현상도 '기억'이 만들어 낸 것이므로, 그 인식조차 과거의 인식이 반복된 것이다. 이런 관점에서 마음 밖에서 진리를 구하려고 한다면, 온통 과거의 인식 속을 헤매는 것이 될 뿐이다. 깨달음은 과거의 인식에서 벗어나야 가능하다. 그래서 혜능은 혜명에게 "모든 비밀은 너에게 있다"고 외쳤던 것이다. 모든 것은 마음에 있다. '바람'도 '깃발'도, 심지어 '움직임'도 과거의 반복으로 인식된 대상이다.

그렇다고 마음이 그대로 진리가 되는 것은 아니다. 마음조차 마음이라고 할 수 없는 마음이다. 왜냐하면 그것조차 인연 따라 끊임없이 변해 가기 때문이다. 이런 인연의 무상성이 마음이 되고, 그 마음이 바퀴가 되어 다시 인연을 무상하게 만들어 간다. 무상한 인연이 만들어지는 바로 그 순간, 과거의 인식패턴도 동시에 작동하며 마음을 만들어 낸다. 그때 가상으로 솟아나는 것이 '바람과 깃발이 움직인다'는 상相=이미지이다. 상의 상, 상의 상의 상…… 놀랍게도 상은 무상과 함께 끊이지 않고 물결처럼 퍼져 나간다.

그런데 묘한 것은 이 상相이 없으면 무상無相조차 없다는 점이다. 왜냐하면 무상한 인연은 마음이라는 형상이 없으면 굴러가지 못한다. 또 인연이 굴러가야, 그 인연 따라 마음이 구성된다. 이처럼 인연과 마음은 톱니바퀴처럼 맞물려 있다. 무상은 상이 있기 때문에 무상이고, 상은 무상한 것으로부터 생성되어 상이다. 어쩌면 한쪽이 없으면 둘 다 없는 것이기도 하고, 서로에게 의지하면 모든 것이 있는 것이기도 하다. 중요한 것은 '서로 맞물려 있음'이다. 그것을 깨닫는 순간 무상한 인연에 의해 마음이 움직일 뿐, 마음이 만들어 낸 상相인 바람과 깃발과 움직임은 허상임을 분명히 알 수 있게 된다.

그 절에서 『열반경』을 강설하고 있던 인종 스님은 혜능이 고수임을 단번에 알아보았다. 일찍이 선종의 법통(의발)이 남쪽으로 내려왔다는 이야기는 전해들은 바 있었다. 인종의 질문에 혜능은 의발을 보여 주고 자신이 육조六祖임을 밝혔다. 혜능은 여전히 행자의 신분이었다. 비로소 혜능은 머리를 깎았고 비구계를 받게 하는 삭발 수계식이 거행되었다. 드디어 정식 출가를 하게 된 것이다. 집을 떠난 지 3년 8개월, 오조 홍인으로부터 의발을 받은 지 3년, 나이는 39세. 하지만 여전히 그는 글을 읽지 못했고, 세상은 여전히 바람과 깃발만 보았다.

이제 『단경』의 처음으로 거슬러 가보자. 『단경』의 첫 절은 '스승을 찾아가는 이야기尋師'로 시작한다. 혜능의 아버지는 북경 근처인 범양에서 하급 관리를 하다가 좌천되어 영남 신주로 내려갔다. 신주에서는 성곽의 초소를 지키는 미관말직이었다. 여기서 낳은 늦둥이가 혜능이다. 하지만 세 살 때 부친마저 세상을 떠나고 만다. 어머니와 혜능은 별수 없이 남해로 이사해야 했다. 나무꾼 혜능의 삶은 스무살이 넘도록 가난의 연속이었고, 혜능은 세상이 본래 그런 줄 알았다.

그러던 혜능에게 아주 묘한 순간이 찾아왔다. 어느 날 손님 한 사람이 나무를 사겠다고 해서 관가에 가 나무를 팔았다. 그런데 관가의 문을 나서다가 어떤 사람이 뭔가를 읽고 있는 걸 듣게 되었다. 그 경문은 너무나 아름답고 황홀했다. 물어 보니 『금강경』이라고 한다. 생전 듣도 보도 못한 말이었다. 전혀 글자를 모르는 혜능이 바람결에 흐르는 언어에 매혹당한 것이다. 그 순간 그는 스스로의 표현대로 무상에 서 있지도, 상에 서 있지도 않았다. 훗날 혜능은 "경전 자체에는 의문이 없는데 마음에 의심이 있다."[혜능, 『육조단경』, 199쪽]고 하였다. 아마 혜능이 처음 『금강경』을 들었던 때도 그런 마음이었을 것이다. 또 이런 말도 했다. "마음이 청정하면 서방정토도 여기서부터 멀지 않다."[혜능, 앞의 책, 162쪽] 결국 마음이 청정하다는 것은 '언제나 이미' 청정하다는 것이다. 청정하려는 사람은 자신이 출발부터 청정하다는 것을 깨달아야 한다. 출발 자체를 단번에 뒤집는 것이다. 몇 년을 공부했고, 몇 권을 읽었고, 몇 명에게 배웠는지는 아무 소용이 없다. 깨달음은 출발을 뒤집는 것이다. 그 순간 그들은 '언제나 이미' 깨달은 자들이다.

마오쩌둥이 혜능에게 매료되었던 것도 바로 그런 점이다. 마오쩌둥은 혜능에 대해 다음과 같이 말한다.

혜능은 모든 개인이 각자 불성을 가지고 있다고 주장하면서 독창적인 돈오성불설을 제창, 번쇄한 불교를 간이화하는 한편, 인도 전래의 불교를 중국화했다. …… 그의 영향으로 중국에 전래된 인도 불교의 지고한 지위가 흔들렸고, 심지어는 부처를 꾸짖고 조사를 매도하는 가불매조呵佛罵祖: 부처를 꾸짖고 조사를 욕하다에까지 이르렀다. 그는 전통적인 우상과 계율을 부정하면서, 용감하고 독창적인 혁신을 통해 중국 실정에 맞는 외래 종교의 중국화를 이룩했다.(임극과의 대화)[이은윤, 『육조 혜능 평전』, 226쪽.]

중요한 것은 혜능에 의해 중국화된 불교가 인도 불교의 지위를 흔들었다고 설명하는 장면이다. 마오쩌둥의 말대로 혜능의 선종은 유가, 도가, 묵가 같은 중국 전통사상과 불교의 융합이다. 서로 흡수되며 영향을 주고받았다. 그러면서 중국 불교는 인도 불교가 갖고 있는 통념과 우상을 뒤흔들어 놓는다. 선종은 정통 불교의 통념적인 부처를 꾸짖기까지 한다. 바로 그 가불매조의 정신과 실천이 마오를 매료시킨 것이다. 마오는 혜능의 말대로 모든 사람이 언제나 이미 불성을 가지고 있다는 점을 분명히 깨닫고 있었다. 이 관점과 똑같이 그는 대장정 시기와 옌안 투쟁 시기를 거치면서 누구나 원래부터 똑같다는 점을 항상 강조하였다. 그래서 그들의 '민주주의' 정신은 '모든 고난을 함께, 평등하게 짊어진다'는 원칙이었다.[조너선 D. 스펜스, 『무질서의 지배자 마오쩌둥』, 남경태 옮김, 푸른숲, 2003, 124쪽.] 오직 이 정신만이 대장정을 이끄는 힘이었다. 그런 의미에서 마오의 대장정은 평등을 쟁취하기 위해서 투쟁한 것이 아니다. 그들은 이미 평등했다. 대장정을 통해 '언제나 이미' 평등했음을 증명했을 뿐이다.

그래서 혜능이 말한바, 중생이 부처다[衆生是佛]. 중생衆生은 "무리지어[樂] 사는 것[生]"이다. 따라서 무리지어 살고 있는 우리가 언제나 이미 부처다. 깨달음으로 가는 대장정의 출발점은 곧 불성무남북, 즉 평등인 셈이다. 그리고 그 평등의 근거가 청정한 본래면목이며, 기억에 얽매이지 않는 마음 알아차림이다. 그런 의미에서 부처로 가는 길의 출발점은 부처다. 중생이었다가 부처가 되는 것이 아니다. 불평등하였다가 평등해진 것이 아니다. 부처는 언제나 이미 부처였다. 혜능은 이 혁명적 출발로 삶을 뒤집었다. 마오쩌둥은 그 출발로 세상을 뒤집었다. 출발이 끝이다.

자, 우리의 삼법 스님은 어떻게 되었을까? 혜능의 머리를 취하는 것이 그리 쉬운 일은 아니었다. 그때 신라에서 유학 온 현지 유학생 대비 스님을 만난다. 그리고 서로 의기투합하였다. 꼭 목을 탈취합시다! 두 스님은 중국인 장정만을 고용하여 마침내 소주 보림사 육조탑에서 혜능의 머리를 탈취하는 데 성공한다. 바로 그 머리를 모셔온 곳이 하동군 화개면 쌍계사. 믿거나 말거나이다. 중국에는 탈취 기도가 있었으나 실패하였다고 기록되어 있다. 대비 스님이 잡혔다가 그들의 자비로 풀려났다고 말이다. 그렇다면 삼법과 대비가 혜능을 실제로 찾아간 것은 사실인 셈. 이런 발칙한 상상을 해본다. 야밤에 찾아온 동방의 스님에게 혜능이 밤새 『금강경』을 강해하고, 그에게 제7조를 승계하는 상상 말이다. 가만히 생각해 보니 혜능의 목은 잘렸어야 맞다. 그 계획 자체가 혜능 그 자신과 신라 스님들이 공모한 '가불매조'였을지도 모를 일 아닌가.

참고한 책들

김수영, 『김수영 시선』, 민음사, 1989

나쓰메 소세키, 『그후』, 윤상인 옮김, 민음사, 2003

_____, 『나는 고양이로소이다』, 김난주 옮김, 열린책들, 2009

_____, 『도련님』, 오유리 옮김, 문예출판사, 2006

_____, 『런던소식』, 노재명 옮김, 하늘연못, 2010

_____, 『마음』, 오유리 옮김, 문예출판사, 2002

_____, 『문』, 유은경 옮김, 향연, 2009

_____, 『문명론』, 황지헌 옮김, 소명출판, 2004

_____, 『문학예술론』, 황지헌 옮김, 소명출판, 2004

_____, 『산시로』, 최재철 옮김, 한국외국어대학교출판부, 2005

_____, 『소가 되어 인간을 밀어라』, 미요시 유키오 엮음, 이종수 옮김, 미다스북스, 2004

_____, 『풀베개』, 오석윤 옮김, 책세상, 2006

_____, 『행인』, 유숙자 옮김, 문학과지성사, 2001

니체, 프리드리히, 『바그너의 경우/우상의 황혼/안티크리스트/이 사람을 보라/디오니소스
송가/니체 대 바그너』(니체전집 15), 백승영 옮김, 책세상, 2002

_____, 『선악의 저편/도덕의 계보』(니체전집 14), 김정현 옮김, 책세상, 2002

_____, 『즐거운 학문/메시나에서의 전원시/유고(1881년 봄~1882년 여름)』(니체전집 12),
안성찬·홍사현 옮김, 책세상, 2005

_____, 『차라투스트라는 이렇게 말했다』(니체전집 13), 정동호 옮김, 책세상, 2000

다케우치 요시미, 『일본과 아시아』, 서광덕·백지운 옮김, 소명출판, 2004

들뢰즈, 질, 『니체와 철학』, 이경신 옮김, 민음사, 2001

_____, 『매저키즘』, 이강훈 옮김, 인간사랑, 1996

들뢰즈, 질·가타리, 펠릭스, 『탈주의 공간을 위하여: 들뢰즈·가타리의 정치적 사유』, 이호영 옮

김, 푸른숲, 1997

라비노비치, 알렉산더 , 『혁명의 시간: 러시아 혁명 120일 결단의 순간들』, 류한수 옮김, 교양인, 2008

레닌, 블라디미르 일리치, 『무엇을 할 것인가?』, 최호정 옮김, 박종철출판사, 1999, 221쪽

_____, 「슬로건에 관하여」, 『레닌저작집 7-2』, 레닌출판위원회 옮김, 전진, 1992

루쉰, 『거짓자유서 / 풍월이야기 / 꽃테문학』(루쉰전집 7권), 루쉰전집번역위원회 옮김, 그린비, 2010

_____, 『노신문집 3』, 다케우치 요시미 편, 한무희 옮김, 일월서각, 1987

_____, 『노신문집 4』, 다케우치 요시미 편, 한무희 옮김, 일월서각, 1986

_____, 『노신문집 6』, 다케우치 요시미 편, 한무희 옮김, 일월서각, 1987

_____, 『들풀 / 아침꽃 저녁에 줍다 / 새로 쓴 옛날이야기』(루쉰전집 3권), 루쉰전집위원회 옮김, 그린비, 2011

_____, 『무덤 / 열풍』(루쉰전집 1권), 루쉰전집번역위원회 옮김, 그린비, 2010

_____, 『아침꽃을 저녁에 줍다』, 이욱연 편역, 창, 1991

_____, 『외침 / 방황』(부쉰선집 2권), 루쉰전집번역위회 옮김, 그린비, 2010

마르크스, 칼, 『자본론 I』(상), 김수행 옮김, 비봉출판사, 1989

_____, 『자본론 II』, 김수행 옮김, 비봉출판사, 1989

밀스, 사라, 『현재의 역사가 미셸 푸코』, 임경규 옮김, 앨피, 2008

박지원, 『세계 최고의 여행기, 열하일기』(상)·(하), 고미숙·길진숙·김풍기 엮고 옮김, 북드라망, 2013

_____, 『연암집』(상)·(중)·(하), 신호열·김명호 옮김, 돌베개, 2007

보일, 데이비드, 『세계를 뒤흔든 공산당 선언』, 유강은 옮김, 그린비, 2005

볼테르, 『쟈디그·깡디드』, 이형식 옮김, 펭귄클래식 코리아, 2011

사토 요시유키, 『권력과 저항: 푸코, 들뢰즈, 데리다, 알튀세르』, 김상운 옮김, 2012

살렘, 장, 『고대원자론』, 양창렬 옮김, 난장, 2009

서비스, 로버트, 『레닌』, 정승현 옮김, 시학사, 2001

세네카, 『세네카 인생론』, 김천운 옮김, 동서문화사, 2007

_____, 『인생이 왜 짧은가』, 천병희 옮김, 도서출판 숲, 2005

스펜스, 조너선 D., 『무질서의 지배자 마오쩌둥』, 남경태 옮김, 푸른숲, 2003

쑨거, 『다케우치 요시미라는 물음』, 윤여일 옮김, 그린비, 2007

알튀세르, 루이, 「레닌과 철학」, 『레닌과 미래의 혁명』, 진태원 옮김, 그린비, 2008

_____, 『아미앵에서의 주장』, 김동수 옮김, 솔, 1991

에리봉, 디디에, 『미셸 푸코, 1926~1984』, 박정자 옮김, 그린비, 2012

에피쿠로스, 『쾌락』, 오유석 옮김, 문학과지성사, 1998

에픽테토스, 『엥케이리디온: 도덕에 관한 작은 책』, 김재홍 옮김, 까치, 2003

이은윤, 『육조 혜능 평전』, 동아시아, 2004

카프카, 프란츠, 『변신 / 시골의사』, 전영애 옮김, 민음사, 1998

_____, 『소송』, 권혁준 옮김, 문학동네, 2010

키케로, 『노년에 관하여 / 우정에 관하여』, 천병희 옮김, 도서출판 숲, 2005

푸코, 미셸, 『감시와 처벌 : 감옥의 역사』, 오생근 옮김, 나남출판, 2003

_____, 『말과 사물』, 이규현 옮김, 민음사, 2012

_____, 『미셸 푸코의 문학비평』, 김현 편역, 문학과지성사, 1989

_____, 『성의 역사 1 : 앎의 의지』, 이규현 옮김, 나남출판, 2004

_____, 『성의 역사 2 : 쾌락의 활용』, 문경자·신은영 옮김, 나남출판, 2004

_____, 『성의 역사 3 : 자기에의 배려』, 이영목 옮김, 나남출판, 2004

_____, 『자유를 향한 참을 수 없는 열망』, 정일준 옮김, 새물결, 1999

_____, 『주체의 해석학: 1981~1982, 콜레주 드 프랑스에서의 강의』, 심세광 옮김, 동문선, 2007

푸코, 미셸·뜨롬바도리, 둣치오, 『푸코의 맑스』, 이승철 옮김, 갈무리, 2004

플라톤, 『고르기아스』, 김인곤 옮김, 이제이북스, 2011

_____, 『메논』, 이상인 옮김, 이제이북스, 2009

_____, 『알키비아데스 I·II』, 김주일·정준영 옮김, 이제이북스, 2007

_____, 『에우튀데모스』, 김주일 옮김, 이제이북스, 2008

_____, 『테아이테토스』, 정준영 옮김, 이제이북스, 2013

_____, 『파이드로스』, 조대호 역해, 문예출판사, 2008

_____, 『플라톤의 네 대화편—에우티프론 / 소크라테스의 변론 / 크리톤 / 파이돈』, 박종현 옮김, 서광사, 2003

_____, 『향연』, 강철웅 옮김, 이제이북스, 2010

한형조, 『무문관, 혹은 "너는 누구냐"』, 여시아문, 1999

혜능, 『육조단경』, 정화 풀어 씀, 법공양, 2012

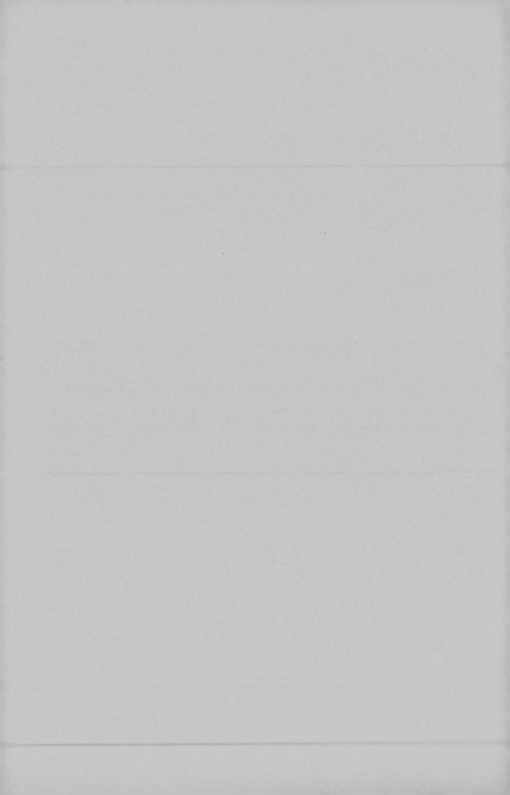